Marc-Alain Ouaknin, Dory Rotnemer

Die große Welt des jüdischen Humors

Marc-Alain Ouaknin
Dory Rotnemer

Die große Welt des jüdischen Humors

Aus dem Französischen
von Enrico Heinemann
und Reinhard Tiffert

Quell

Dies ist eine Auswahl jüdischer Geschichten,
wie Sigmund Freud sie liebte.
Mein Großvater, der siebzehn Sprachen sprach,
hatte sie mir erzählt, alle auf jiddisch …

Inhaltsverzeichnis

Eine Bemerkung vorweg

Jeder hat wohl schon einmal die ebenso bemerkenswerte wie widersinnige Erfahrung gemacht, daß es nicht immer lustig ist, eine Witzesammlung zu lesen.
Lesen und Erzählen sind zwei völlig verschiedene Dinge. Wenn man einem anderen oder mehreren einen Witz erzählt, baut sich jedesmal eine gewisse Spannung auf, die einen Teil der Wirkung des Witzes ausmacht. Die Worte bekommen eine Kraft, die beim bloßen Lesen nicht zu spüren ist.
Eine Witzesammlung ist nicht zum Lesen gedacht! Was wir hier vorstellen, ist folglich kein Buch.
Vielmehr handelt es sich um eine Sammlung aus vielfältigen Fragmenten, die nicht hintereinander weg gelesen werden sollten; denn eine solche Aneinanderkettung widerspräche der geistigen »Lockerung«, die der Humor bewirkt.

Lesen Sie, erzählen Sie und genießen Sie ... Doch keinesfalls mehr als eine oder zwei Geschichten auf einmal. Kenner wissen mit Maßen zu genießen.

Einleitung

»Wie lautet die Definition für einen Juden?« Sehr einfach: Wenn man ihm einen Witz erzählt, kennt er ihn schon immer in anderer Form.«

Jeden Freitag abend, wenn wir um die Sabbattafel versammelt saßen, war es bei uns Brauch, mit unseren oft zahlreichen Sabbatgästen Texte aus der Bibel zu lesen, sie zu deuten und Sabbatlieder anzustimmen. So ist es in jüdischen Familien seit alters Tradition, sich in Harmonie der Gemeinschaft zu erfreuen.

Eines Tages begann einer unserer Gäste zur großen Freude der Kinder, aber auch der Erwachsenen wie selbstverständlich lustige Geschichten zu erzählen. Die erste war die Geschichte von dem Mann, der auf der Place d'Italie Papier in kleine Fetzen reißt und auf den Platz wirft. Als sich ihm ein Polizist nähert und ihn fragt, warum er das mache, antwortet ihm jener, er vertreibe damit die Elefanten. Der Polizist entgegnet, auf der Place d'Italie gebe es doch keine Elefanten, worauf der Mann triumphierend erwidert: »Sehen Sie, es wirkt!«

Unsere Kinder verlangten nach weiteren Geschichten, und so kam der Gast Woche um Woche mit einer bunten Auswahl neuer Witze unterschiedlichster Art und gab sie zum besten.

Nach einigen Monaten wurde für uns das gemeinsame Sabbatmahl zum Inbegriff nicht nur für Gesang und Bibelauslegung, sondern auch – und vielleicht mehr noch – für Anekdoten, Erzählungen und Schwänke.

Mit der Zeit stand unsere Familie in dem Ruf, bestens bewandert zu sein in jüdischen und nichtjüdischen Witzen. Die Gäste waren gewarnt. Wer zu uns kam, mußte etwas zum großen opus humoristicum beisteuern.

Ich fragte mich damals, ob dieses allmähliche Hinübergleiten von der Bibelauslegung zum Humor, von der erbaulichen Lektüre zum schallenden Gelächter nicht eigentlich dem Geist des Rituals entsprach, das wir bei jedem gemeinsamen Sabbatmahl begingen.

Mit anderen Worten, ich fragte mich, welche Beziehungen zwischen Humor und jüdischer Religion bestehen, inwiefern der Humor nicht sogar Bestandteil des jüdischen Lebens ist – eine Frage, die sich Rabbiner und Philosoph gemeinsam stellten.

So begann eine lange Untersuchung, deren Ergebnisse ich hier in groben Zügen zusammenfassen möchte. Ich werde sie in Form von Zitaten präsentieren und anschließend entsprechend kommentieren.

In den biblischen Texten kommt dem Humor eine grundlegende Bedeutung für den Fortgang der Geschichte zu. In der Tat bedeutet Geschichte – im Hebräischen *toldot* – soviel wie »Zeugungen, Nachkommenschaft«. A zeugte B und so weiter. Die hebräische Geschlechterfolge beginnt mit Abraham dem Hebräer, *Avraham haivri.* Die Geschichte ist bekannt: Abraham heiratete die schöne Sarah, die zu ihrem Unglück keine Kinder gebären kann. Nach zehn gemeinsamen Ehejahren und nachdem die Magd Hagar Abraham ein Kind mit Namen Ismael gebar, wird Abraham verkündet, daß er einen Sohn bekommen werde.

»Da fiel Abraham auf sein Gesicht nieder und *lachte.* Er dachte: Können einem Hundertjährigen noch Kinder geboren werden, und kann Sarah als Neunzigjährige noch gebären?

Gott entgegnete: ›Nein, deine Frau Sarah wird dir einen Sohn gebären, und du sollst ihn Isaak (Jizchak) nennen‹«, das heißt, »er lacht«. (Gen 17,17.19) Das Kind, dessen Zukunft aus Lachen, einem ewigen Lachen bereitet sein wird …

Kurz darauf wird auch Sarah verkündet, daß sie Mutter werde. »Wie soll dies zugehen, dachte sie bei sich, bin ich doch bereits neunzig Jahre alt. *Sarah lachte* daher still in sich hinein und sprach zu sich: Ich bin doch schon alt und verbraucht und soll noch das Glück der Liebe erfahren?

Auch ist mein Herr doch schon ein alter Mann!« (Gen 18, 12)
In dem Bibeltext ist es Gott selber, der den Namen Isaak, Bote des Lachens, verleiht. Er unterstreicht dadurch nicht nur das Erstaunen, mit dem die altersgebeugten künftigen Eltern die Prophezeiung aufnehmen, sondern auch, daß die Öffnung des Mutterschoßes, dieses Tors zur Schöpfungskraft, zur göttlichen Schöpfergeste, von lachender Art ist: *Gott lachte und die Welt wurde ...*
Abraham oder das erste biblische Lachen: das ist Werden, Gebären. Raschi* erklärt den Namen Isaak folgendermaßen: »JiZCHaK: Das Lachen Abrahams, zugleich auch Name seines Sohnes, der nach dieser Begegnung geboren wird; es ist weder ein Wort noch ein Name, sondern eine Zusammenfügung von Buchstaben, die zunächst jeder für sich etwas bedeuten, bevor sie als ganzes Wort Bedeutung erhalten.«

Im Hebräischen werden nur die Konsonanten geschrieben, wobei jeder Buchstabenkonsonant auch eine Zahl ausdrückt. Die Vokale müssen durch den Leser hinzugefügt werden. Die Praxis, zwischen Buchstaben und Zahlenwerten eine gleichwertige Beziehung herzustellen, nennt man *Guematria.* Dabei geht es nicht darum, etwas zu beweisen, sondern zum Denken anzuregen. Allerdings muß man dieser Einladung auch folgen. So erklärt Raschi, indem er der Auslegung des Midrasch folgt, die Buchstaben J, Z, CH und K folgendermaßen:

J = 10: das sind die zehn Prüfungen, denen sich Abraham unterzogen hatte, oder die zehn Jahre, die Abraham hatte warten müssen, um ein Kind von Sarah zu bekommen.
Z = 90: Sarahs Alter bei der Geburt Isaaks.

* Abkürzung für Rabbi Schelomo Jizchaki (1040–1105), der bedeutendste jüdische Bibel- und Talmud-Erklärer, dessen Kommentare bis heute allen rabbinischen Bibel- und Talmudausgaben beigedruckt sind.

CH = 8: der achte Tag, der Tag der Beschneidung.
K = 100: Abrahams Alter bei der Geburt Isaaks.
Für das erste Lachen der biblischen Geschichte hat Gott selber die Buchstaben durcheinander geschüttelt, und das Ergebnis ist ein schallendes Gelächter:
– Werde ich nach zehn Jahren des Wartens noch einen Sohn bekommen?
– Aber sie ist doch neunzig Jahre alt!
– Einen Sohn, der am achten Tag beschnitten werden muß!
– Aber ich bin doch hundert!

Der Humor und das Lachen lassen der Zeit Zeit, ihr Werk zu verrichten, und öffnen so die Pforten der Geschichte ...
Für Raschi beruht das Wesen Isaaks-JiZCHaKs, das heißt das Wesen des Lachens und aller Arten künftigen Lachens auf dem Wort, dem Wortspiel. Fast zweitausend Jahre vor Freud weist Raschi auf den Zusammenhang zwischen Lachen und Wort hin, ein Zusammenhang, den Freud später in einer eigenen Abhandlung ausführlich darlegen wird. Das Lachen, der Witz in seinem Verhältnis zum Unbewußten.
Wir sehen also, das Lachen schüttelt die Buchstaben durcheinander, es ist eine besondere Art des Wahns, der die Zunge löst, um sie zum Sprechen zu bringen. Das Wortspiel ist eine Möglichkeit, die Sprache wieder mit Lebendigkeit und Kraft zu füllen und mit ihr den Menschen, der zu leben und zu genießen vergißt.
Das Lachen bringt frischen Wind, es sprengt die Verkrustungen der Sprache. Dieser Wind macht die Wörter durchlässig, läßt sie wieder atmen und öffnet sie für andere Wörter, andere Sätze, reißt sie in einen sich ständig wandelnden Reigen. Alles schießt zusammen zu Bewegung, Spiel und ungewohnter Verbindung.
Beim Buchstabenschütteln gibt es keinen festen Sinn mehr, die Bedeutungen geraten in Fluß, jede Grenze, berechenbare Größe, unüberwindliche Schranke fällt dahin.
Isaaks Geburt ist ein großer Witz, ein veritabler Scherz, ein

Ereignis wider alle Logik, das die gewohnten Bahnen des Denkens hinter sich läßt. Und gerade dadurch macht dieses Ereignis die Geschichte erst möglich.

Geschichte, das heißt hier ein vom Lachen geprägtes Leben, eines, das althergebrachte Bedeutungen sprengt. Ein Leben, das keinen fertigen oder vorfabrizierten Sinn gelten läßt.

Geschichte, das ist ein fröhliches Leben nach dem Vorbild der Nomaden, eines, das nicht im voraus weiß, wohin es geht. »Der Weg ist sein Ziel.« Das fröhliche Leben erfindet sich unterwegs ... Die Geburt Isaaks wider alle Logik und damit die Geburt des Lachens übersteigt alles Denken, das es sich in der Illusion bequem gemacht hat, Logik und Wahrheit zu verwalten.

Nach Raschis Kommentar werden die engen Grenzen der Logik durch das Spielen mit der Sprache aufgehoben. Buchstabenschüttelnd und sprachspielend sind wir in der Lage, »der Sprache den lebendigen Atem der Rede einzuhauchen«.

Sprechen lernen heißt zuallererst hören lernen. Das Wesen des Humors liegt im Wortspiel, das uns die Ohren öffnet. Wir hören mit einemmal Dinge, für die uns die Gewohnheit taub gemacht hatte. Gewohnheit und Verschleiß durch täglichen Gebrauch sind die Gründe, weshalb Ideen und Gedanken bis zur Unkenntlichkeit entstellt werden, wie Münzen, die solange von Hand zu Hand gehen, bis ihr Bild nicht mehr zu erkennen ist.

Das Spiel mit der doppelten Bedeutung sorgt oft für Mißverständnisse, die uns die Ohren öffnen.

[Der folgende Text von Jacques Prévert baut auf dem Gleichklang des französischen Wortes »suis« (1. ich bin; 2. ich folge) auf – ein unübersetzbares Wortspiel. RT]

Der Führer: »Folgen Sie mir bitte!«

Ein Tourist: »Ich folge dem Führer.«

Sein Hund: »Ich folge meinem Herrchen.«

Eine hübsche Frau: »Ich folge dem Führer. Also bin ich kei-

ne Frau, denn ich folge einem Mann.« *[frz. Donc je ne suis pas une femme puisque je suis un homme.]*
Der Tourist: »Ich folge dieser Frau.«
Sein Hund: »Und ich folge ebenfalls dieser Frau, denn ich folge meinem Herrchen.«
Der Führer: »Folgen Sie mir bitte. Ich folge nicht dem Führer, weil ich der Führer bin. [frz. *Moi je ne suis pas le guide puisque je suis le guide.]*
Der Tourist: »Ich würde zu gern wissen, wer die hübsche Frau ist, der ich folge.«
Und so weiter.

Ein anderes Beispiel für gleiche Lautung, bei der sich zwei Wörter gleich anhören:
»Höre, Israel, der Ewige ist unser Gott, der Ewige ist *Einzig.«*
[frz. »...l'Éternel *est Un«* – homonym mit *éteint* (= erloschen).
Worauf das Kind fragt: »Wann zünden wir ihn wieder an?«

An dieser Stelle sei auch an den Witz vom Blinden und dem Lahmen erinnert, der von Lichtenberg stammt und den Freud in seinem Buch *Der Witz und seine Beziehung zum Unbewußten* zitiert.
»Wie geht's?« fragt der Blinde den Lahmen.
»Wie Sie sehen«, antwortet der Lahme dem Blinden.

Dem Witz gelingt es, die Wörter so in Szene zu setzen, daß sie ihre ursprüngliche, inzwischen verblaßte Bedeutung zurückerhalten. Dieser Aspekt des Humors trifft in besonderer Weise für jüdische Witze zu, denn es besteht eine methodische Nähe zum Midrasch, der Sammlung von Auslegungen der hebräischen Bibel. Bei dieser Form der Bibelauslegung suchen die Exegeten nach gleichklingenden Wörtern, um sie dann auf der Bedeutungsebene zu vergleichen. Der ganze Text bekommt so eine neue Klanggestalt und zugleich einen neuen Bedeutungshorizont. Dieses Verfahren

gibt manchen Bibelübersetzungen bisweilen einen komischen Anstrich, wenn bewußt der ursprüngliche Wortsinn statt des üblich gewordenen gesucht wird. So übersetzt zum Beispiel Martin Buber in der Sintflut-Episode Gottes Wort an Noah:
»ER sprach zu Noah: ›Komm, du und all dein Haus, in den Kasten!‹«* (Gen 7,1) Noahs Kasten! Wir spüren den Humor, und doch ist es durchaus ernst gemeint und für deutsche Ohren nicht so ungewöhnlich, da auch schon Luther so übersetzte. Buber gibt dem Wort lediglich seine ursprüngliche Bedeutung wieder. Das hebräische *téva* wurde in der lateinischen Übersetzung zu arca, was wiederum auf das griechische *kibotos* zurückgeht. *Téva* mit »Kasten« zu übersetzen ist demnach eine humorige Art, das Wort wieder in seine urspüngliche und später verlorengegangene Bedeutung einzusetzen. Der Leser, der bei »Kasten« aufhorcht, wird innehalten und sich fragen, was es damit auf sich hat.
Wenn schließlich Baalschemtow, der Stifter des Chassidismus, das hebräische *téva* mit »Wort« übersetzt, so erinnert er für Ohr und Geist, daß das Wort *téva* zweifellos ein »Kasten« ist, wie Buber übersetzt, daß aber auch ein »Wort« gemeint ist, was zu der Übersetzung führt: »Und der Herr sprach zu Noah: ›Geh in das Wort, du und dein ganzes Haus‹« – ein herrliches Beispiel für den Humor des Kommentators, der dem Bedeutungsreichtum der Bibel nachspürt und dem Textverständnis eine neue überraschende Wendung verleiht.

Der Übersetzer ist also nicht notwendigerweise ein Verräter, wie es das wortspielerische italienische Sprichwort *traduttore, traditore:* »Übersetzen heißt verraten«, behauptet. Im Gegenteil, der Übersetzer kann auch heilen, wenn er der abgenutzten Sprache zu neuem Glanz verhilft ...
Nehmen wir ein weiteres Beispiel für das Spiel mit dem

* Nach Buber, Die heilige Schrift

Doppelsinn, wie es in der Midrasch-Auslegung gepflegt wird. Im biblischen Bericht über die Erschaffung der Frau heißt es: »Es ist nicht gut, daß der Mensch allein bleibt. Ich will ihm eine Hilfe machen, die ihm entspricht.«
Alle Kommentatoren, vor allem aber Raschi, betonen, daß das Wort *kenégdo,* hier mit »die ihm entspricht« übersetzt, ursprünglich »gegen ihn« bedeutet: Ich erschaffe eine Frau gegen ihn (= im Gegenpart), sagt Gott. Als mögliche Brechung des Seins (in der philosophischen Lesart).

Ein weiteres schönes Beispiel für den doppelsinnigen Gebrauch von Wörtern:
Ein Jude trifft einen anderen Juden vor dem Badehaus.
»Hast du genommen ein Bad?« fragt der eine.
»Wieso?« fragt der andere dagegen, »fehlt eins?«
Zwar ist das nicht das einzige wortspielerische Verfahren, aber an ihm wird die Beziehung zwischen Humor und Sprache deutlich.

Ein anderes Beispiel:
Auf einer Abendgesellschaft in den feinen Kreisen treffen sich zwei Gäste auf der Terrasse, um ein wenig frische Luft zu schnappen.
»Ah!« äußert sich der eine zufrieden. »Ein wunderbarer Abend. Vorzügliches Essen ... Bezaubernde Toiletten, finden Sie nicht?«
»Dazu kann ich nichts sagen«, bemerkt der andere.
»Wieso nicht?«
»Ich bin noch nicht hingegangen.«

Wenn man von einer Parallelität zwischen den Techniken des Humors und der Auslegung des Midrasch ausgeht, wird man die Talmud-Passage verstehen, wonach der Gelehrte Rabba seinen Unterricht stets mit einer *mila debdi'houta* begann, das heißt mit einer witzigen Bemerkung, wörtlich »mit ein paar witzigen Wörtern« ...
Ohne einen Sinn für Humor bleibt der Talmud und im wei-

teren das jüdische Denken ein Buch mit sieben Siegeln. Im Gegensatz zum Ernst der philosophischen Logik stellt der talmudische Humor oder der jüdische Humor ganz allgemein die fertigen Wahrheiten in Frage, vor allem aber stellt der Denkende sich selbst in Frage.
Der Humor von Midrasch und Talmud maßt sich jedoch nicht an, eine Wahrheit gegen die andere auszuspielen. »Der Humor verlangt vom einzelnen noch etwas mehr: daß er auch über sich selbst spottet, damit das entlarvte, vom Sockel gestürzte Idol nicht sogleich durch ein neues Idol ersetzt wird« (Vladimir Jankélévitch).
Damit sich das Denken nicht in einer einzig gültigen Wahrheit einschließt, was der Vergötzung eines Sinns gleichkäme, zieht der Talmud die Dialogform vor, in der jeder seine Sicht der Dinge darlegen kann, selbst wenn sie sich gegenseitig widersprechen. Wir haben darin eine ungemein reiche Quelle des Humors, die zugleich eine grundlegende philosophische Revolution darstellt. Es gibt keine einzig gültige Wahrheit, sondern nur eine Vielfalt unterschiedlicher Sehweisen.

Die jüdische Kultur ist eine Kultur, die auch einander widersprechende Auffassungen gelten läßt, wie zum Beispiel in der Geschichte, die man – vermutlich zu Unrecht – ebenfalls dem Talmud zuschreibt. So sollte ein Lehrer vor seinen Schüler einen Streit zwischen zwei Parteien schlichten. Dem ersten, der seinen Fall vorgetragen hatte, gab der Lehrer nach langem Nachdenken recht. Als aber der zweite mit seiner Darlegung fertig war, gab er diesem ebenfalls recht. Den Schülern, die sich über dieses Vorgehen wunderten, antwortete er nach neuerlichem Nachdenken: »In der Tat, auch ihr habt recht.«
Diese Geschichte, die Henri Atlan zu Beginn seines Buchs *A tort et à raison* (»Zu Recht und zu Unrecht«; der französische Titel kann bei rascher Aussprache auch verstanden werden als *La Torah a raison* = »Die Torah hat recht«) erzählt, gibt uns auf humorvolle Weise etwas Ernstes zu ver-

stehen, daß es nämlich mehrere Formen der Vernunft gibt, von denen jede auf eine ihr eigene, legitime Weise den Gegenstand unserer Wahrnehmung interpretiert …
»Gegen die Gefahren, die von dem Bedürfnis nach einer Verabsolutierung der Ethik (und der Politik) ausgehen, gibt es eine mögliche Abhilfe: der ernstgemeinte Humor der Vielgestaltigkeit und Relativität des Wissen, der Vernunft, des Unbewußten und der Sprache …«

Der Mensch mit Humor vermeidet es, sich auf einen einzigen Sinn der Welt festzunageln, er bleibt ständig auf der Suche. Er weigert sich, irgendeinen Satz als endgültige Wahrheit anzuerkennen. Seine Definition lautet, keine Definition zu haben. In letzterem klingt die Identitätsfrage an. Die Geschichte der Juden, die mit Abraham und seinem Sohn Isaak, dem »Lachen Gottes«, anhebt, kann nur weitergehen, wenn der einzelne stets darauf achtet, sich nicht mit einem bestimmten Menschenbild zu identifizieren.
Der Mensch mit Humor ist jederzeit bereit, Bedeutungen auch wieder zu relativieren. Oder mit anderen Worten: Immer wenn er versucht sein könnte, sich in seinem eigenen Bild zu spiegeln, zerbricht er diesen Spiegel wieder.
Der jüdische Humor lehrt uns vor allem, daß man sich nicht darüber zu wundern braucht, daß es auf die Frage nach der Identität keine Antwort gibt. Oder – was auf dasselbe hinausläuft – daß sie ständig neue Antworten erhält. »Nicht nur gibt es keine Definition des Juden, sondern alles, was den Menschen betrifft, entzieht sich einer endgültigen Antwort« (H. Meschonic). Es gibt keine Identität, sondern nur Möglichkeiten für Identitäten, Identitäten, die sich bisweilen auch widersprechen: Ich bin das eine und zugleich sein Gegenteil.

Ein Beispiel:
Polen zu Beginn der dreißiger Jahre. Ein junger Jude verläßt zum erstenmal sein Schtetl und verbringt einige Monate in der Hauptstadt Warschau. In die Heimat zurückgekehrt,

trifft er seine alten Freunde wieder und erzählt von seinen Erlebnissen.
»Warschau ist eine wunderbare Stadt! Wie reich und vielfältig das Leben dort ist! Ich habe dort einen orthodoxen Juden getroffen, der nur vom Talmud spricht. Den ganzen Tag denkt er über die Tora und ihre Überlieferung nach, und wenn man ihn anspricht, hat er sogleich ein Bibelzitat parat. Ich habe einen atheistischen Juden getroffen, der von Gott nichts wissen will. Er gibt nichts auf all die Wundergeschichten, mit denen man, wie er sagt, nur Kinder und Einfältige unterhält. Ich habe einen jüdischen Unternehmer getroffen, der Herr über Fabriken mit Hunderten von Beschäftigten ist und in einer Luxuslimousine spazierenfährt. Und ich habe dort einen begeisterten jüdischen Kommunisten getroffen, der nur über die Gleichheit aller Menschen und den Kampf gegen die Unterdrückung der Klassen spricht.«
Die Freunde betrachten den jungen Mann verwundert:
»Aber mein Lieber, was ist daran so erstaunlich?« sagt einer von ihnen. »Warschau ist eine sehr große Stadt mit Zehntausenden von Juden. Kein Wunder also, daß du dort so verschiedenen Juden begegnet bist!«
»Ihr habt nichts verstanden«, erwidert darauf der junge Mann. »Es war immer derselbe Jude!«

Diese Kernfrage nach der Identität ist eine beliebte Herausforderung an den Humor, insbesondere an den jüdischen Humor, und findet sich in einer Reihe von gegensätzlichen Begriffspaaren wieder wie zum Beispiel:
– der Mann und die Frau
– der Arme und der Reiche
– die Jugend und das Alter
– der Jude und der Nichtjude
– der Jude und der Antisemit usw.
Diese Gegensatzpaare sind jedoch nicht dazu da, um Trennungen aufzuzeigen und Unterschiede zu betonen, sondern dienen im Gegenteil dazu, sie zu verwischen und in Frage zu

stellen. Das unterscheidet einen jüdischen Witz von einem – zumeist antisemitischen – Witz über die Juden. Die Beschreibung des Juden im jüdischen Witz will ihn bewußt nicht auf klischeehafte Züge wie zum Beispiel Geld, körperliche Gestalt etc. festlegen. Der jüdische Witz benutzt diese Stereotypen nur, um sie gleichzeitig zu sprengen. Das Lachen bewirkt somit die Auflösung der Unverletzbarkeit der Identität. Es wirkt an der Grenze, wo Identität und Nicht-Identität im Streit liegen. Diese Grenze befindet sich in ständiger Bewegung, innerhalb derer man sich verliert, sich findet und wieder verliert, und dies ohne Ende …

Im antisemitischen Witz dagegen wird der Jude so beschrieben, wie die anderen ihn sehen wollen. Seine Identität steht im voraus fest, und der Witz ist lediglich eine wirksame Methode, die Stereotypen und Vorstellungen vom Juden in Umlauf zu halten, die dazu führen, ihn gleichsam in Haft zu nehmen, das heißt ihn ein für allemal auf ein bestimmtes Bild hin festzulegen …

»Warum haben die Juden so große Nasen? Weil Luft nichts kostet!« – ein typisches Beispiel für einen antisemitischen Witz, über den sicherlich auch viele Juden gelächelt haben. Aber eben eine Karikatur, die das, was ein lebendiges Wesen ist, verdinglicht, es festnageln, ja es, wenn man so will, mit Worten und Begriffen töten will. Die mit Klischees arbeitende Karikatur ist ein sprachlicher und ideologischer Sarg, eine tödliche Sprachgeste, die das genaue Gegenteil dessen ist, was der Humor beabsichtigt.

Die Identitätsfrage bezeichnet den Kern der jüdischen Problematik. Der Jude hat im Lauf der Geschichte unter vielen Nationen gelebt, die ihn nicht immer als Bürger ihresgleichen akzeptiert haben. So hat er sich eine fließende Identität geschaffen, die manchmal pathologische Züge annehmen und von der leichten Neurose bis zur Psychose reichen kann.

Die Figuren Woody Allens sind lebensnahe Beispiele der jüdischen Identitätsproblematik. Man denke nur an Zelig, dessen proteushafte Gestalt schon wieder karikierende

Züge aufweist. Auch *Die Verwandlung* von Kafka kann in ähnlicher Weise interpretiert werden. So betrachtet ist Kafkas Erzählung vor allem ein humoristischer Text.
In jüdischen Witzen werden nichtjüdische Personen oft mit Spott bedacht. Das ist eine gute Methode, die soziale Ablehnung zu kompensieren, die die Juden seit langem erfahren haben. Das Unglück, abgelehnt und gehaßt zu werden, haben die Juden nicht erst in der westlichen Welt und nicht erst in der Moderne kennengelernt. Schon die Bibel berichtet im Buch Ester von dem Antisemiten Haman, der alle Juden in den 127 Provinzen des persischen Reiches ausrotten will. Dank des Eingreifens der Königin Ester, die ihre jüdische Herkunft vor ihrem Gemahl, dem Perserkönig Artaxerxes, anfangs verschweigen konnte, enden Haman und mit ihm seine zehn Söhne an dem Galgen, der eigentlich für Mordechai, den geistigen und politischen Führer der Juden in der Stadt Susa, errichtet worden war.

Alljährlich gedenken die Juden dieses Ereignisses mit einem Fest, dem Purim-Fest, bei dem die biblische Geschichte laut vorgelesen wird. Die Zuhörer, Kinder und Erwachsene, sind verkleidet, was die Absicht, die Identität zu verwischen, noch unterstreicht. Immer wenn der Vorleser den Namen Haman ausspricht, betätigen die Kinder eine Rassel und buhen den bösen Feind des jüdischen Volkes aus. Wenn es dann schließlich heißt, Haman solle gehenkt werden, nehmen alle das Urteil mit unbändiger Freude auf. Die Zuhörerschaft in einer kleinen Synagoge verwandelt sich dann in die Menge, die einst in Susa der Hinrichtung Hamans beiwohnte, des Mannes, der den Juden Tod und Vernichtung geschworen hatte.
Jeder Witz, der den Antisemiten zur Zielscheibe hat, dient dem gleichen Zweck.
Ähnlich ist es mit denjenigen Bibeltexten, die von einer Auseinandersetzung zwischen Juden und Nichtjuden – hier als Götzendiener zu verstehen – berichten. Auch sie können anders gelesen werden. Hier dient der Humor der Verhöh-

nung der Götzendiener und soll den Glauben der Leser stärken.
Im ersten Buch der Könige schlägt der Prophet Elija den Baalpriestern vor, einen Altar zu errichten und das Feuer zum Darbringen des Opfers vom Himmel zu erbitten. Doch Baal gibt kein Zeichen. Darauf sagt Elija zu ihnen: »Ruft lauter! Er ist doch Gott. Er könnte beschäftigt sein, könnte beiseite gegangen oder verreist sein. Vielleicht schläft er und wacht dann auf« (1 Kön 18,27).

Nach Bibel und Talmud war es vor allem der Chassidismus, in dem die Kunst mehr oder weniger humorvoller Geschichten gepflegt wurde. Die chassidischen Lehrer sind berühmt für ihre Witze und Bonmots, die von ihren Schülern von Generation zu Generation überliefert wurden.
Oft sind sich die Verfasser unschlüssig, ob diese Geschichten unter der Rubrik Humor oder unter der Rubrik chassidische Unterweisung einzuordnen sind. Vielleicht handelt es sich einfach nur um eine Unterweisung auf humorige Art, darum, eine Moral zu lehren oder ein bestimmtes Verhalten anzuprangern.

Rabbi Levi Jizchak von Berditschew beobachtete einst, wie ein Mann, angetan mit Gebetsschal und Tefillin (Gebetsriemen), die Räder seines Wagens reparierte. Daraufhin erhob er die Augen zum Himmel und sprach: »Herr der Welt, schau nur, wie wunderbar doch deine Kinder sind. Sogar bei einer so groben Arbeit tragen sie ihre Gebetstracht!«
Was uns diese Geschichte sagen will, ist klar; sie enthält eine Philosophie der Nächstenliebe und vertritt die Auffassung, daß man die Welt aus ganz verschiedenen Blickwinkeln sehen und deuten kann. Anstatt sich zu vorschneller Kritik hinreißen zu lassen und den Mann dafür zu tadeln, daß er während des Gebets einer profanen Arbeit nachgeht, kehrt der Rabbi die Perspektive um und sieht in der Situation gerade das Schöne und Erhebende: Sogar bei profanen Beschäftigungen bleibt der Mensch mit Gott verbunden!

Solchen Wechseln des Blickwinkels – eine besondere Eigenschaft des chassidischen Humors – kann man auch sonst im jüdischen Humor begegnen, allerdings in einer völlig verschiedenen Tonart.
»Das Ehepaar X lebt auf ziemlich großem Fuß. Nach der Ansicht der einen soll der Mann viel verdient und sich dabei etwas zurückgelegt haben, nach anderen wieder soll sich die Frau etwas zurückgelegt und dabei viel verdient haben« (zitiert nach Freud: Der Witz und seine Beziehung zum Unbewußten).

Ein wichtiger Aspekt des jüdischen Humors betrifft die Sprache, in der die Witze und Geschichten erzählt werden. Sicherlich stammen sehr viele jüdische Witze aus der Kultur der Schtetl (Ortschaften mit mehrheitlich jüdischer Einwohnerschaft) und wurden ursprünglich in Jiddisch erzählt. In diesem Zusammenhang sei daran erinnert, daß die jiddische Sprache im 10. Jahrhundert im Gebiet des ehemaligen Lotharingiens aus einer Verbindung mehrerer Sprachen entstand und sich zu einem eigenständigen Idiom entwickelte. Die Bestandteile, aus denen es hervorging, waren das Hebräische, das Laas (mit Hebräisch versetztes Altfranzösisch), das Mittelhochdeutsche und später die slawischen Sprachen. Max Weinreich gibt in seinem Buch History of the Yiddish Language ein Beispiel für diese Sprachenvielfalt: *»Nochn bentschn hot der sejde gekoift a ssejfer«,* was übersetzt heißt: »Nach dem Segen hat der Großvater ein religiöses Buch gekauft.«
Die einzelnen Wörter dieses Satzes lassen sich folgendermaßen zuordnen:
- *ssejfer* kommt aus dem Hebräischen,
- *bentschn* ist Romanisch,
- *nochn, hot, der, gekoift* ist Deutsch,
- *sejde* kommt aus dem Slawischen.

Das Jiddisch hat sich erst gegen Ende des 15. Jahrhunderts völlig herausgebildet und gefestigt, als Juden in großer Zahl

nach Osteuropa auswanderten und sich in Polen, Galizien, Ungarn, Rumänien und Rußland niederließen. Lange Zeit war das Jiddische mit der Vorstellung vom finsteren Mittelalter verbunden und mit Bedeutungen befrachtet wie: verhaßte Vergangenheit, Jargon, Sprache ohne Grammatik, abstoßendes Kauderwelsch, unästhetisch, Exil. Die Ausdrücke, mit denen die Sprache selbst bezeichnet wurde, entsprachen diesem Urteil: Abfall, Schmutz, Spinnweben, Lumpen, Bastard, illegitime Frau, Vettel, Stiefmutter usw.
Gegen Ende des 19. Jahrhunderts änderte sich diese Einschätzung grundlegend. Man begann nun, das Jiddische als eine echte Nationalsprache anzusehen. Im Jahr 1908 fand in Tschernowitz ein Sprachen-Kongreß statt, bei dem das Jiddische als eine der Nationalsprachen des jüdischen Volkes anerkannt wurde.
Leo Rosten, der Verfasser von *The Joys of Yiddish,* schreibt in seinem Vorwort: »Ich halte das Jiddische für eine Sprache mit einem ganz besonderen Zauber. Wie ein Straßenjunge, der sich stets aus der Klemme zu ziehen versteht, ist das Jiddische mit allen Wassern gewaschen, listig und kühn. Es verfügt über ungeahnte Kräfte, ist anpassungsfähig und vor allem von einem mächtigen Überlebenswillen beseelt ... Das Jiddische eignet sich zum Ausdruck auch der feinsten psychologischen Nuancen. Es schwelgt in Gefühlen, kennt aber auch beißenden Sarkasmus. Es liebt die Meditation, weil es auf eine traurige Vergangenheit zurückblickt. Es kultiviert das Paradox, weil es weiß, daß nur das Paradox den Ungerechtigkeiten dieses Lebens gerecht werden kann. Es liebt die Ironie, denn wie hätten die Juden in einer schrecklichen Welt ihre geistige Gesundheit bewahren können, wenn nicht durch einen spöttisch-sarkastischen Blick? In seinem Wesen pendelt das Jiddische zwischen *Schmaltz* (Rührseligkeit) und Spott.«
Die gleichen Züge prägen auch große Teile des jüdischen Humors. Auch in heutiges Deutsch übersetzt, kann man in bestimmten Wendungen noch die Musik des Jiddischen heraushören. Auch nehmen wir in der Rolle bestimmter jü-

discher Gestalten beim Erzählen unwillkürlich den jiddischen Akzent an. Das Jiddische ist an sich schon Parodie, der Akzent ist dann die Parodie der Parodie ...

Mit einem Juwel solchen Humors hat mich Doktor Hugues Zysman beschenkt, dem ich an dieser Stelle nochmals danke:

Ein kleiner Junge will mit seiner kleinen Schwester Papa und Mama spielen.

»Wie machen wir das?« fragt die Schwester.

»Ganz einfach«, antwortet der Bruder. »Wir gehen in die Schlafkammer der Eltern und schließen ab.«

»Und dann?« fragt die Schwester.

»Dann ziehen wir uns aus!«

»Und dann?«

»Dann schlüpfen wir unter die Bettdecke!«

»Und dann?«

»Dann machen wir das Licht aus!«

»Und dann?«

»Und dann? Na dann reden wir jiddisch!«

Freilich sollte man aus dem Gesagten nicht voreilig schließen, daß es außerhalb des Jiddischen keinen jüdischen Humor gebe. Die sephardischen Juden Nordafrikas, Marokkos, Algeriens und Tunesiens haben ihren eigenen originellen Humor entwickelt, der seine Grundlage im Gebrauch einer spezifisch jüdischen Sprache besitzt, ob es nun das Judenspanisch oder das Judenarabisch ist. Dabei ist eine reiche Literatur entstanden, die vom Märchen und Sprichwort über die *romansa* (gesungene Ballade), die *konsejas* (moralische Geschichten), die *pasajes* (Erlebtes) bis hin zu Anekdoten und *chakas* (Witzen) reicht.

Der sephardische Humor, der in der Sprache und Kultur Spaniens wurzelt, geht oft bis in die traurige Epoche der Inquisition zurück. Viele der Hauptdarsteller in den Witzen und mehr oder weniger lustigen Geschichten verkörpern Inquisitoren oder, in späterer Zeit, Pfarrer oder andere kirchliche Amtsträger.

Der bedeutendste Vertreter des sephardischen Humors ist unserer Ansicht nach der Romancier Albert Cohen, der Vater von Gestalten wie Eisenfresser, Solal und anderer kühner Helden, die überall, wo sie auftreten, mediterrane Sonne und den Duft der Ionischen Inseln verbreiten. Das Werk Albert Cohens hat manches gemein mit Rabelais, dem großen französischen Humoristen, von dem einige Gelehrte heute annehmen, sein wahrer Name sei »Rabbi Letz« gewesen, was im Hebräischen soviel wie »der komische Rabbi« bedeutet.

Wer Cohens Roman *Les Valereux* (»Die Tapferen«) liest, fühlt sich auch an Charlie Chaplin und die Marx Brothers erinnert: eine Mischung aus skurriler Phantasie und Burleske, Komik und Nostalgie.

Es wäre daher eine ungebührliche Vereinfachung, den Humor auf bestimmte geographisch oder kulturell definierte Regionen festzulegen, da er doch allem Anschein nach die Funktion hat, die vielen Schranken zu überwinden, die den einzelnen umgeben, und eine Identität lächerlich zu machen, die eigentlich nur der Identifikation dient.

Im jüdischen Humor Nordafrikas tauchen die bekannten Figuren des arabischen Humors auf, so zum Beispiel der *Ch'ha oder Djoha,* der noch andere Namen tragen kann. Stets verkörpert er den scheinbar Naiven, der in immer neue Abenteuer verwickelt wird, in denen sich, wie Chaim Vidal Sephia so schön sagt, »Honig und Galle« mischen.

Ch'ha oder Djoha, der Verrückteste unter den Verrückten, zugleich der Weiseste, Listigste, Naivste, Dümmste und Klügste, der einzige Lügner, der immer nur die Wahrheit sagt.

Wie gesagt: Einen Juden erkennt man daran, daß, wenn man ihm einen Witz erzählt, er ihn immer schon in einer anderen Form kennt! Folglich enthält die vorliegende Sammlung von 500 Witzen mindestens 1000!

Alle die hier versammelten Beispiele jüdischen Humors – und nicht die von Antisemiten erfundenen – reizen zwar zum Lachen, doch nicht einfach um des Lachens willen wie die gewöhnlichen harmlosen Witze, die uns für nichts und wieder nichts in Gelächter ausbrechen lassen. Viele jüdische Witze haben einen kaum merklichen Anflug von tragischer Ironie.

Isaac Stern wurde eines Tages gefragt, warum er sich gerade für das Violinspiel entschieden habe, worauf er antwortete, bei einem Pogrom sei eine Violine leichter mitzunehmen als ein Klavier!

Der jüdische Humor ist ein Bekenntnis, ein öffentliches Bekenntnis, ein fortlaufender Kommentar zu dem, was aus den Juden inmitten der anderen Menschen geworden ist, das humoristische Archiv der Alltagsgeschichte aus den Ghettos und Mellahs, den kleinen schmutzigen und dunklen Gassen Krakaus oder den sonnendurchfluteten Marrakeschs.

Was sich ihre Bewohner zu erzählen haben, ist oft erhellender als die große Geschichte, denn es kommt aus einem inneren Bedürfnis, dem Bedürfnis, sich immer wieder den alten und langen Weg des Juden durch die Geschichte der Menschheit zu erzählen.

Der Jude, der immer auch sich selbst verspottet, scheut weder beißende Satire noch schonungslose Offenheit, meidet aber die zynische Pose. Bei aller Kritik wahrt er einen gewissen Respekt vor sich selbst und der jüdischen Gemeinde, über die er sich lustig macht.

Teils mit ätzender Schärfe, teils mit sanfter Nachsicht drehen sich die Witze dieser Sammlung um charakteristische Gestalten des jüdischen Lebens: Von der jiddischen Mame, dem Wunderrabbi und dem Schnorrer vergangener Zeiten bis hin zum heutigen Psychoanalytiker oder Jerusalemer Busfahrer, von jüdischen Vätern auf der Suche nach passenden Schwiegersöhnen bis hin zu einer der Hauptgestalten aller Witze: dem Allmächtigen höchstselbst! Gott und seine treue Gefährtin, die Religion. Gott und seine treulosen Geschöpfe, die immer wieder gegen ihn aufbegehren und ihm ständig Fragen stellen …

Aber der jüdische Humor ist keine endlose Klage!

Er hat die engen Gassen der Ghettos verlassen und flaniert nun auf New Yorker Avenuen und Pariser Boulevards. Früher wurden jüdische Witze auf jiddisch, judenspanisch oder judenarabisch erzählt; die heutige zweite Generation erzählt die Witze in ihrer jeweiligen Landessprache, aber mit dem gewissen Akzent, der unsere innigste Verbindung zu dieser Welt markiert. Die dritte Generation wird die Witze ohne Akzent erzählen, aber vielleicht mit dem Hinweis: »Eigentlich gehört das mit jüdischem Akzent erzählt.«

Französischstunde in der jüdischen Schule irgendwo in Galizien. Der Lehrer fragt: »Was heißt ›bon‹ auf deutsch?«
Sami: »Git.«
Lehrer: »Moritz, verbessere das!«
Moritz: »Gut.«
Lehrer, lobend: »Git!«

Erster Teil

Die Welt innerhalb der jüdischen Gemeinschaft

I

Gott, Religion, Identität und Messias

Das Denken der Juden, gleich welcher Richtung sie angehören, kreist stets um die Grundfrage nach der eigenen Identität: Was heißt es, Jude zu sein? Warum soll man Jude sein? So auch jener berühmte Forschungsreisende, der jahrelang das Verhalten äquatorialafrikanischer Elefanten studierte, mit viel Material, Filmen und Fotos zurückkehrte und alles unter dem Titel veröffentlichte: Die Elefanten und die Judenfrage. Befaßt man sich ernsthafter mit der Materie, so fällt auf, daß Juden, Nichtjuden und sogar Antisemiten über Juden stets in interrogativer Form reden, was sich in Ausdrücken wie die »Judenfrage« oder das »Judenproblem« niederschlägt. Ob als Frage oder Problem formuliert, Gedanken zum Judentum sind niemals einfach. Der Jude ist einer, der über den Sinn seines Judentums nachdenkt! Die jüdische Identität ist Gegenstand einer endlosen Betrachtung, einer Suche, die den Lauf der Gedanken bestimmt.

»Wohin reitest du, Herr?«
»Ich weiß es nicht«, sage ich, »nur weg von hier, immerfort weg von hier, nur so kann ich mein Ziel erreichen.«
»Du kennst also dein Ziel?« fragt er.
»Ja«, antworte ich, »ich sagte es doch: ›Weg-von-hier‹, das ist mein Ziel ...« (Franz Kafka)

Diese endlose Suche spiegelt sich in der Vorstellung vom Messias wider, dessen Ankunft unbeirrbar erwartet wird. Witze über den Messias sind ein Heilmittel gegen die Verzweiflung, ein lindernder Balsam gegen Unglück und schwere Not.
Ein Heros dieser großen burlesken Saga ist zuweilen Gott selbst, wobei in der Frage nach der jüdischen Identität der Glaube wider Gottvertrauen stehen kann. Und der bald präsente, bald abwesende Gott wird von der von ihm geschaffenen Kreatur nach Belieben angerufen und in der Existenz verleugnet.

Wenn ich nicht da bin, spricht Gott,
Versuche nicht, mich zu sehen,
Denn du findest mich nicht.
Aber erzähle Geschichten,

In ihnen lodert verborgen meine Flamme,
Ich bin des Rätsels Kern,
Der Frage Kern,
Der Zeit schönstes Stück ...

Ich weiß, Gott, wir sind dein auserwähltes Volk, aber könntest du dir zur Abwechslung nicht ein anderes erwählen?
(Scholem Alejchem)

***

Habe ich den Glauben? Ganz sicher kann ich mir dessen nie sein; denn der Glaube ist genau jenes Hin- und Herschwingen zwischen Doch und Doch-nicht, das auch bei aller Erschütterung und Furcht dennoch nie zur Verzweiflung führt. Er ist diese ewige Sorge, die um sich selber kreist, diese Sorge, ob man den Glauben hat. Und diese Sorge eben, das ist der Glaube.

***

Jedesmal wenn Rabbi Israel Baalschemtow sah, wie sich gegen das jüdische Volk ein Unheil zusammenzog, pflegte er eine bestimmte Stelle im Wald aufzusuchen; dort entfachte er ein Feuer, sprach ein Gebet, und das Wunder geschah: Das Unheil zog sich zurück.
Als einige Zeit später sein Schüler, der Maggid von Meseritsch, aus den gleichen Gründen den Himmel um Hilfe anflehen sollte, begab er sich zu derselben Stelle im Wald und sagte: »Herr der Welt, leih mir dein Ohr. Ich weiß nicht, wie es zugeht, das Feuer zu entfachen, aber noch kann ich das Gebet aufsagen.« Und das Wunder geschah.
Wieder einige Zeit später ging Rabbi Mosche Löb von Sasow in den Wald, um sein Volk zu retten, und sagte: »Ich weiß nicht, wie es zugeht, das Feuer zu entfachen, ich kenne auch nicht das Gebet, aber ich kann die Stelle bestim-

men, und das sollte genügen.« Und auch das genügte, und das Wunder geschah.
Schließlich kam die Reihe an Rabbi Israel von Rizin, die Bedrohung abzuwenden. In seinem Lehnstuhl sitzend, nahm er seinen Kopf zwischen die Hände und sprach zu Gott: »Ich bin nicht fähig, das Feuer zu entzünden, noch kenne ich das Gebet, ich kann auch nicht die Stelle im Wald wiederfinden. Alles, was ich zu tun vermag, ist, diese Geschichte zu erzählen.« Wird es genügen? Es genügte.
Alles aber, was wir heute wissen, ist, daß wir nicht einmal mehr die Geschichte erzählen können, und das einzige, was wir noch zu tun vermögen, ist, von diesem Unvermögen zu erzählen ... Genügt selbst das noch?

Gott schuf den Menschen, weil Er Geschichten liebt.

***

»Noah!«
»Ja, was willst du?«
»Führe eines der Flußpferde hinaus und hole mir ein anderes.«
»Wieso?«
»Weil du zwei Männchen geholt hast! Du solltest ein Männchen und ein Weibchen holen!«
»Nein! Das werde ich nicht! Geh doch selbst hinaus!«
»Noah, du weißt genau, du strapazierst meine Geduld über die Maßen!«
»Meinetwegen, aber ich habe es satt! Ich bin krank und müde, ich habe die Schufterei satt. Den ganzen Tag habe ich gerackert, das geht seit Wochen so. Der Kopf tut mir weh, ich bin krank und abgespannt, ich kann einfach nicht mehr ...«
»Noah!«
»Jaaaaaaa!«
»Wie lange kannst du dich eigentlich über Wasser halten?«

***

Gott bittet Mose, er möge ihm sagen, welches Gelobte Land er sich wünsche. Mose denkt nach, wägt die Vor- und Nachteile gegeneinander ab, zieht verschiedene Gesichtspunkte in Betracht und entscheidet sich schließlich für Kalifornien. Aber Mose stottert, wie jedermann weiß, und so lautet seine Antwort:
»Ka … Ka …«
Gott, der seinen Diener umgehend zufriedenstellen möchte, begreift:
»Kanaan willst du? Dieses öde Land?! Nun gut, Momo, du willst Kanaan, also sollst du Kanaan haben.«

***

Ein fortschrittlicher amerikanischer Jude, ein leidenschaftlicher Atheist, ist erpicht darauf, seinem Sohn die bestmögliche Ausbildung zu geben. Er schickt ihn an New Yorks renommierteste überkonfessionelle Schule, die einstmals katholische Trinity School.
Ein paar Tage später kehrt Danny aus der Schule heim und verkündet dem Vater:
»Daddy, ich weiß jetzt, was ›Trinität‹ bedeutet. Das bedeutet ›Dreifaltigkeit‹, und das bedeutet Vater, Sohn und Heiliger Geist!«
Der Vater ist in seinen Überzeugungen verletzt und gerät in Rage:
»Danny! Merk dir bloß das eine: Wir haben nur einen Gott! Und an den glauben wir nicht!«

***

Dieser Anekdote ließe sich der tiefschürfende Gedanke hinzufügen:
Es gibt keinen Gott … und wir sind sein auserwähltes Volk!
(Woody Allen)

Und um diesen Gedanken weiterzuspinnen:

Wenn es Gott nicht gibt, habe ich für meinen Teppichboden zuviel bezahlt! *(Woody Allen)*

***

Drei zum Katholizismus konvertierte Juden warten im Vorzimmer der Audienzhalle des Papstes darauf, eingelassen zu werden. Sie diskutieren über ihren Glaubensübertritt.
»Ich bin aus Liebe zum anderen Glauben übergetreten«, sagt der erste und fügt mit Blick auf die skeptischen Gesichter der anderen hinzu: »Natürlich nicht aus Liebe zum Christentum, sondern zu einer Christin. Ihr könnt euch denken, daß sie mich zum Glaubensübertritt gedrängt hat.«
»Ich bin konvertiert, damit ich auf der gesellschaftlichen Stufenleiter höher hinaufkomme«, verrät der zweite. »Ich bin bereits Bundesrichter geworden, und mein Ansehen ist enorm gestiegen.«
Schließlich verkündet der dritte: »Ich habe den christlichen Glauben angenommen, weil ich überzeugt bin, daß die Lehren Christi besser sind als die des Judentums.«
»Ach nein?!« rufen die beiden anderen. »Erzähl das, wem du willst. Du hältst uns wohl für Nichtjuden!«

***

David blickt ins Fenster eines Delikatessengeschäftes, vor allem auf das Regal mit Fleisch, Schinken, Pasteten und Würsten. In dem Augenblick, da er eintreten will, kracht ein gewaltiger Donnerschlag. Im Laufschritt eilt David davon und murmelt:
»Schon gut. Darf man nicht einmal mehr anschauen, was es gibt?«

***

Ein einsamer Bergsteiger erklimmt einen Gipfel im ewigen Eis. Weit oben verliert er den Halt, rutscht ab und wird zu-

nächst vom Seil festgehalten. Aber das Seil rollt sich immer weiter ab, spannt sich, und schließlich reißt es. Der Bergsteiger stürzt ein Stück tiefer und kann sich mit den Fingern gerade noch an einer vereisten Felskante festhalten. Unter ihm gähnt zweitausend Meter tief der Abgrund. Er versucht sich hochzuziehen, aber vergeblich. Er ruft, um keine Lawine auszulösen, mit möglichst gedämpfter Stimme:
»Ist da jemand?«
Nur die Stille antwortet. Unmerklich lauter versucht er sein Glück erneut:
»Ist da jemand?«
Jetzt erhebt sich eine gewaltige Stimme:
»Ja, ich bin da! Gott!«
Der Bergsteiger faßt Mut und harrt voller Hoffnung der Dinge, die da kommen werden, während aus seinen Fingern die letzten Kräfte weichen. Die Stimme fährt fort:
»Vertraue mir, mein Sohn. Laß los. Zwei wunderschöne weiße Engel fangen dich auf.«
Trotz der aussichtslosen Lage behält der Bergsteiger die Nerven. Kaum ist die Stille wieder eingekehrt, ruft er zaghaft:
»Ist da noch jemand?«

***

Ein strenggläubiger Jude spricht auf einem Felsen am Meeresstrand sein Nachmittagsgebet. Er betet, während das Meer zu steigen beginnt, den Fels umspielt und weiter steigt. Voller Inbrunst betet der Jude weiter. Ein Boot fährt vorüber. Die Insassen geben Zeichen und rufen ihm zu, doch er betet unbeirrbar weiter. Das Meer steigt weiter, droht den Felsen zu überspülen. Ein zweites Boot fährt vorüber. Wieder ertönen Rufe, wieder will man ihn retten, doch der Jude vertieft sich weiter ins Gebet. Das Meer steigt weiter, leckt über seine Füße. Ein drittes Boot fährt vorüber, doch der Jude betet weiter. Das Meer schwappt über seine Schultern, steigt ihm bis an den Mund, während

er standhaft weiterbetet. Schließlich schlagen die Wellen über seinem Kopf zusammen.
Oben im Himmel platzt es aus ihm heraus:
»Mein Gott, du läßt mich ertrinken, während ich dich lobpreise! Wieso rettest du mich nicht!«
»Das ist doch ...,« antwortet Gott empört. »Ich sende dir ein Boot, und du steigst nicht ein. Ich sende dir ein zweites Boot, und du steigst wieder nicht ein. Ich sende dir ein drittes Boot, und dann wagst du es noch, mir Vorwürfe zu machen!«

***

An einem Unglückstag zerschellte einst vor einer unbewohnten Insel im Pazifik im Sturm ein Schiff. Der einzige Überlebende war ein frommer Jude, dem es gelang, sich schwimmend auf die Insel zu retten. Bescheiden richtete er seinen jüdischen Alltag ein, heiligte den Sabbat und die Feiertage und aß immer nur koscher.
Zehn Jahre vergingen. Da kam wieder ein schrecklicher Sturm auf, und wieder scheiterte vor der kleinen Insel im Pazifik ein Schiff. Wieder entkam nur eine einzige Menschenseele, diesmal ein junges Mädchen, das die Wogen ans Ufer spülten. Nach Stunden erlangte sie das Bewußtsein zurück. Als ihr der Schiffbrüchige seine Lebensgeschichte erzählt hatte, zeigte sie sich bestürzt: So ganz allein! Zehn lange Jahre hindurch! Mit einem Augenaufschlag und verführerischer Pose sagte sie:
»Ich komme, Ihnen das zu bringen, was Sie all die Jahre am meisten vermißt haben!«
Der Schiffbrüchige jauchzte begeistert:
»Wuss? Matsses?*«

***

Bereit, sich in den Tod zu stürzen, steht ein Jude auf einer Felsklippe und jammert verzweifelt:

* Jiddisch = »Was? Matzen?« – Matzen, die ungesäuerten Brote des jüdischen Passah-Festes.

»O mein Gott! Warum habe ich von dir nie Hilfe bekommen? Dem Schicksal ausgeliefert, hatte ich nie eine Chance im Leben, nicht ein einziges Mal! Warum verfolgst du mich so erbittert? Als Waisenkind, ganz ohne Familie, mußte ich mich durchs Leben schlagen! Immer wieder verlor ich meine Arbeit, keine Frau ist bei mir geblieben, ich habe keine Kinder, warum? Ein Bein habe ich verloren, ich ... oh ...«
Schluchzer ersticken seine Stimme.
Ungehalten tönt eine Stimme aus dem Himmel:
»Wenn du es genau wissen willst, weil du mir furchtbar auf die Nerven gehst!«

***

Am Ende eines delikaten Abendessens verkündet Joseph seinem alten Freund, dem buckligen Cordier:
»Mein lieber Cordier, wir arbeiten schon zehn Jahre zusammen. Jetzt möchte ich Ihnen etwas anvertrauen, das ich seit langem sagen will.«
»Was ist es, mein lieber Joseph?«
»Nun, Cordier, ich bin Jude.«
»Mein lieber Joseph, Ihr Vertrauen ehrt mich. Deshalb möchte auch ich Ihnen ein Geheimnis verraten: Ich bin bucklig.«

Gorbatschow weilt zum offiziellen Staatsbesuch in Washington. Auf dem Schreibtisch im Oval Office des Weißen Hauses fällt ihm ein goldenes Telefon auf. Interessiert erkundigt er sich genauer nach dem Gerät.
»Das ist unser Heißer Draht zu Gott«, antwortet ihm der amerikanische Präsident.
»Darf ich den benutzen?«
»Aber gern.«
Gorbatschow spricht eine halbe Stunde lang mit Gott. Nach dem Gespräch fragt er den Gastgeber, wieviel er ihm schulde.
»Zehntausend Dollar.«

Gorbatschow ist über die astronomische Summe überrascht, zahlt aber anstandslos. Tage später führt ihn das Besuchsprogramm weiter nach Israel. Auf dem Schreibtisch des israelischen Premiers entdeckt er erneut ein goldenes Telefon.
»Ach? Ist das der Heiße Draht zu Gott? Darf ich den benutzen?«
»Aber bitte.«
Gorbatschow redet und redet mit Gott. Nach drei Stunden hängt er schließlich auf und fragt, was er schuldig sei.
»Fünfzig Agurot*«, lautet die Antwort.
»Oh! In den Vereinigten Staaten habe ich für ein kürzeres Gespräch unglaublich viel mehr bezahlt.«
»Natürlich, bei uns ist das ja auch ein Ortsgespräch.«

***

Rabbi Pinchas von Korez, ein Meister der chassidischen Bewegung, meinte: »Alle Freuden kommen aus dem Paradies; auch ein einfaches Scherzwort, sofern es nur im Geist aufrichtiger Freude gesagt wird.«

***

Schmuel ist seit Monaten arbeitslos. Verzweifelt fragt er den Rabbiner, ob er ihm nicht eine Arbeit verschaffen könne, auch eine ganz niedere.
»Ich sehe da nur eine Möglichkeit, Schmuel: Postierte dich am Eingangstor des Ghettos und warte auf den Messias. Wenn er auftaucht, verkündigst du allen seine Ankunft.«
»Aber Rabbi, damit ist doch kein Geld zu verdienen.«
»Das nicht, Schmuel, aber wenigstens gehst du einer geregelten Arbeit nach.«

***

* Ungefähr dreißig Pfennig
** Der höchste jüdische Feiertag. An diesem strengen Fastentag darf fünfundzwanzig Stunden lang weder gegessen noch getrunken werden.

Reb David begegnet Reb Mosche:
»Du hältst dich wohl für den Messias?«
»Ich halte mich nicht für den Messias, ich bin der Messias!«
»Ach? Und woher weißt du das? Wer hat dir das gesagt?«
»Das hat Gott mir gesagt!«
»Was? Gar nichts habe ich dir gesagt!«

***

Ein Student fragt eines Tages seinen Rabbiner, der der reformierten Bewegung angehört, ob der Messias seiner Ansicht nach orthodox, konservativ oder liberal sein werde. Der Rabbiner denkt einen Augenblick nach und antwortet: »Er wird orthodox sein. So können alle an seiner Tafel speisen.«

***

Bellassen sucht seinen Rabbiner auf.
»Ich habe gesündigt und möchte erfahren, wie ich Buße tun kann.«
»Welche Sünde hast du denn begangen?« erkundigt sich der Rabbiner.
»Es ist nur einmal geschehen. Ich habe mir vor dem Essen weder die Hände gewaschen noch den Segen gesprochen.«
»Nun, wenn es nur einmal vorkam, ist es halb so schlimm. Aber sagen Sie, was hat Sie gehindert, sich die Hände zu waschen und den Segen zu sprechen?«
»Es war mir peinlich, wissen Sie. Es war nämlich in einem nichtkoscheren Restaurant.«
»Hmm! Und warum essen Sie denn in einem nichtkoscheren Restaurant?«
»Ich konnte nicht anders. Alle koscheren Restaurants waren geschlossen.«
»Hmm! Hmm! Und warum waren die koscheren Restaurants geschlossen?«
»Wegen Jom Kippur!«**

***

Drei Juden aus einem kleinen algerischen Dorf fahren geschäftlich nach Algier. In der Hauptstadt machen sie sich über unkoschere Delikatessen her und vergnügen sich mit Dirnen. Später werden sie beim Rabbiner ihres Dorfes angezeigt und bekommen eine Buße auferlegt: Acht Tage lang müssen sie mit Kichererbsen in den Schuhen umhergehen. Zwei haben gequälte Mienen, während dem dritten die Erbsen nichts auszumachen scheinen.

»Hast du denn nichts in den Schuhen?«

»Doch, das schon!« antwortet der dritte Sünder. »Aber nach einer halben Stunde sehe ich zu, daß ich die Kichererbsen gekocht kriege.«

2

Der Sabbat

Der Sabbat, der Samstag, ein Feier- und Ruhetag, gehört zu den wichtigsten und heiligsten Einrichtungen des Judentums. Nach der jüdischen Bibel wurde am Sabbat, dem siebten Schöpfungstag, die Ruhe erschaffen. So bedeutet Schabbat *im Hebräischen denn auch »alles schöpferische Werk ruhenlassen«. Der Sabbat ist ein Ruhetag für den gesamten jüdischen Haushalt, für den Herrn, seinen Knecht, für das Vieh und den Fremden. Das Gebot, den Sabbat zu heiligen, ist das fünfte der Zehn Gebote. Auch erinnert das 2. Buch Mose daran, daß die Juden diesen Tag im Gedenken an den Auszug aus Ägypten heiligen sollen.*

Madame Lebrun fährt am Schaufenster eines Trödlers vorbei. Dabei fällt ihr Blick auf einen hübschen Sekretär, genau das Stück, das sie schon lange sucht. Da sie in Eile ist, merkt sie sich die Adresse, um am nächsten Tag wiederzukommen. Aber am folgenden Tag steht sie vor verschlossenen Türen. Sie erkundigt sich im Nebenhaus:
»Hat der Trödler den Laden zugemacht?«
»Nein, überhaupt nicht. Nur arbeitet Monsieur Benisti samstags nicht. Er ist sicher in der Synagoge oder zu Hause.«
Madame Lebrun läßt sich die Adresse geben und fährt zu dem Trödler nach Hause. Er ist gerade im Begriff, das Haus zu verlassen. Madame Lebrun erläutert ihm kurz den Grund ihres Besuchs.
»Tut mir leid, Madame. Meine Religion verbietet mir, am Samstag irgendeinen Handel abzuschließen oder Geld anzurühren.«
»Wann darf ich dann wiederkommen?«
»Heute abend ab sechs Uhr.«
Nachdem sie sich über den Preis geeinigt hatten, geht Madame Lebrun. Nach wenigen Schritten ruft Monsieur Benisti ihr nach:
»Madame! Madame! Könnten Sie nicht eine Anzahlung leisten?«

***

Der Sabbat des Sabbat ist Jom Kippur, der höchste Feiertag der Juden. Trotzdem kann der junge Rabbiner Sanders, ein passionierter Golfspieler, dem brennenden Verlangen nicht widerstehen, einige Löcher zu schlagen. In der Gebetspause eilt er nach Hause, schnappt den Golfsack und stiehlt sich zu einem Club, wo ihn keiner kennt. Ist ein Wunder geschehen? Keine Menschenseele auf dem Golfplatz. Niemand. Das schlechte Gewissen nagt an ihm, es ist stärker als er. Aber wo er nun schon einmal da ist, wie sollte er da unverrichteter Dinge wieder gehen?
Über ihm gerät der Himmel in Aufruhr. Der Satan macht den Herrn auf den elenden Sünder aufmerksam:
»Siehe, o Herr, wie dieser Strolch den heiligsten Tag des Jahres, deinen Tag, entweiht!«
»Warte nur«, antwortet Gott streng, »du wirst sehen, welche Strafe ihn ereilt.«
Gespannt wartet Satan, was geschehen wird.
Derweil bereitet Sanders den ersten Abschlag vor. Ein Wunder! Der Ball fliegt sofort ins Loch! Der zweite Ball: erneut auf Anhieb eingelocht! So geht es die ganze Zeit. Eine Meisterleistung, tadellos! Sanders strahlt: das Spiel seines Lebens, herrlich!
Da beginnt Satan aufzubegehren:
»Wie, Allmächtiger? Das nennst du Strafe?«
»Natürlich! Denn es ist ja keiner da, vor dem er sich mit der Meisterleistung angeben kann!«

3

Die Synagoge, Gebete und der Synagogendiener

S*ynagoge« heißt auf Hebräisch* bet ha-knesset, *wörtlich: »Haus der Zusammenkunft«. Deshalb ähnelt die Synagoge entgegen der üblichen Vorstellung von einer Kultstätte oft eher einem Clubhaus oder gar einem Börsenparkett … So pflegt man sich nach dem Gottesdienst zum* Kiddusch, *einer Weihe mit Wein, zu versammeln, zu dem der Rabbiner einen heiligen Text kommentiert. Die Synagoge, ein Ort der Begegnung und des Studiums, dient natürlich auch als Stätte des Gebetes …*
Nicht das Bauwerk macht die Synagoge aus, sondern das Zusammenkommen von mindestens zehn Personen. Dies mag erklären, warum die Synagoge ein beliebter Hintergrund für jüdische Witze ist: als Ort der Begegnung und Schauplatz eines Geschehens …
Die zentralen Figuren der Synagoge sind der Rabbiner und der Schamasch *oder Synagogendiener, der oft im Gotteshaus wohnt, die Instandhaltung besorgt und Vorkehrungen trifft, damit der Gottesdienst ordnungsgemäß ablaufen kann. Die Volksliteratur präsentiert ihn stets als eine etwas skurrile, aber sympathische Figur …*

Herr Worms aus Osteuropa bewirbt sich an der Synagoge der französischen Stadt Bar-sur-Marne um den Posten des Schamasch. Der Verwaltungsrat befürwortet vorbehaltlos die Einstellung, doch bei der Unterzeichnung des Arbeitsvertrages stellen die Herren konsterniert fest, daß Worms nicht schreiben kann. Einen Analphabeten können sie nicht einstellen.
Worms wird daraufhin Hausierer. Seine Geschäfte gehen gut. Als er sich einen Wagen leisten kann, gehen seine Geschäfte noch besser. Er macht einen Laden auf und dann einen zweiten. Als er eine weitere Filiale eröffnen will, benötigt er einen Bankkredit.
Der Bankdirektor freut sich über den solventen Kreditnehmer und überreicht Worms zur Unterzeichnung die Papiere. Worms signiert mit einem Kreuz. Der Bankdirektor traut seinen Augen nicht:
»Sie können nicht schreiben?«

»Wie Sie sehen.«
»Und trotzdem sind Sie als Geschäftsmann so erfolgreich! Wozu hätten Sie es erst gebracht, wenn Sie schreiben könnten!«
»Zum Schamasch der Synagoge von Bar-sur-Marne!«

***

Ein Schiffskapitän entdeckt auf einer einsamen Pazifikinsel einen Schiffbrüchigen, der dort fünf Jahre zuvor gestrandet ist. Horwitz-Robinson Crusoe beehrt den Kapitän mit einer Führung über seine Insel: Mit eigenen Händen hat er ein Wohnhaus und zwei Synagogen errichtet, eine am Fuß eines Hügels und eine zweite auf der Spitze. Der Kapitän ist überrascht:
»Warum haben Sie gleich zwei Synagogen gebaut?«
»Ganz einfach! In diese hier gehe ich regelmäßig, und in die da oben setze ich keinen Fuß!«

***

Zwei gläubige Juden diskutieren in der Synagoge:
»Wirklich, unser Chasan* ist ganz hervorragend«, versichert der eine.
»Pah, mit der Stimme könnte ich auch so schön singen!«

***

Ein Fremder in der Stadt ist auf der Suche nach Greenberg, dem Vorsteher der Synagoge.
»Welchen Greenberg suchen Sie? Ach, *den* Greenberg! Der hat doch eine Affäre mit seiner Sekretärin, außerdem läßt er andere nie zu Wort kommen! Im Haus neben der Synagoge wohnt er, im Stadtzentrum.«
Im Stadtzentrum sucht der Fremde weiter.

* Der Vorbeter, der auch singt

»Greenberg sagen Sie? Ja, der zahlt doch seine Schulden nicht, ein ganzer Batzen, ich kann Ihnen sagen! Ein freundschaftlicher Rat von mir: Spielen Sie mit dem bloß nicht Karten, der legt Sie rein! Da hinten wohnt er.«
Der Fremde biegt in die richtige Straße ein und fragt eine Frau nach Greenberg.
»Greenberg? Das letzte Haus in der Straße. Wissen Sie eigentlich, daß der seine Frau prügelt? Ich höre sie bis zu mir schreien und jammern. Und sein Haus braucht dringend einen neuen Anstrich.«
Als der Fremde seinen Mann endlich gefunden hat, fragt er ihn neugierig:
»Sagen Sie, warum sind Sie eigentlich Vorsteher der Synagoge geworden? Was bringt das?«
»Viel bringt es nicht«, räumt Greenberg ein, »aber wissen Sie, ein bißchen Kawod* brauchen wir doch alle.«

***

Zwei Juden beten Seite an Seite in einer französischen Synagoge. In ihrer Nähe hört man den einen murmeln:
»Herr, Du Weltenherrscher, Schöpfer des Universums, Du, der Du alles besitzt, ich bitte Dich, flehe Dich an, beschere mir in diesem Jahr einen Gewinn von einer Million Francs. Was ist für Dich schon eine Million? Ein Tropfen Wasser im Ozean? Ein Sandkorn in der Wüste? Ein Stern mehr am Firmament, Gott, ich bitte Dich!«
Daneben murmelt der andere beharrlich:
»Mein Gott, ich bitte Dich, schenke mir ... fünf Francs ..., damit ich mir ein Sandwich leisten kann. Du weißt, wie treu ich Dir bin, dreimal am Tag bete ich, ich bitte Dich, mein Gott, nur fünf Francs!«
Daraufhin wendet sich sein Nachbar ihm zu, zieht eine Münze aus der Tasche und hält sie ihm hin:
»Da, hier hast du deine fünf Francs. Kauf dir dein Sandwich

* gesellschaftliche Anerkennung

und laß den lieben Gott sich um ernsthafte Dinge kümmern!«

***

Der alte Isaak setzt Gott in der Synagoge heftig zu:
»Herr, was sind für Dich schon dreitausend Jahre? Nur eine Minute! – Herr, was sind für Dich eine Million Francs? Ein Centime! – Herr, schenk mir doch einen Centime!«
Von droben eine Stimme:
»Gerne, aber warte eine Minute!«

***

Gary Allouche, ein wohlhabender Geschäftsmann und praktizierender Jude, fliegt an einem Freitag nach Tokio. Er erkundigt sich nach der Synagoge, sucht sie auf und tritt ein. Die Gläubigen beginnen zu beten. Nur Japaner! Schlitzaugen und gelbliche Gesichtshaut, sogar der Rabbiner! Am Ende des Gottesdienstes tritt der Rabbiner an ihn heran:
»Für uns ist es eine große Ehre, einen ausländischen Besucher begrüßen zu dürfen. Sind Sie als Tourist hier?«
»Ich bin auf Geschäftsreise.«
»Ach! Entschuldigen Sie die Unhöflichkeit, aber sind Sie Jude?«
»Ja, mit Leib und Seele.«
»Wirklich erstaunlich, Sie sehen überhaupt nicht so aus!«

***

Am Rosch Haschana, dem jüdischen Neujahrstag, stürzt ein Mann in die Synagoge und rennt fast den Schamasch über den Haufen.
»Heh! Ihre Eintrittskarte!« ruft der Synagogendiener. (Wegen des Andrangs an Feiertagen verkaufen Synagogen Eintrittskarten. Ohne sie ist ein Sitzplatz kaum zu haben.)
»Oh! Ich habe keine, aber ich muß mit Mosche Kohn spre-

chen, unbedingt. Ich gehe dann sofort wieder.«
»Ohne Eintrittskarte kommen Sie hier nicht herein!« erwidert der Schamasch energisch.
»Aber es ist furchtbar dringend«, beteuert der Mann, »ich sage es Ihnen doch! Ich gehe sofort wieder!«
»Na schön! Dann kommen Sie herein«, seufzt der Synagogendiener. »Aber lassen Sie sich bloß nicht beim Beten erwischen!«

***

Der Schamasch der Synagoge ist verzweifelt: Die Hochzeit ist seit zwei Stunden vorüber, aber die Gäste stehen plaudernd in der Halle und wollen einfach nicht gehen. Ratlos ruft er beim Rabbiner an:
»Was soll ich machen? Sie wollen einfach nicht gehen.«
»Rufen Sie: ›Feuer!‹«
»Habe ich schon: Sie haben sich nicht von der Stelle gerührt.«
»Rufen Sie: ›Haltet den Dieb!‹«
»Habe ich auch schon probiert, hat nichts genützt.«
»Dann führen Sie eben eine Kollekte durch!«

***

Bei einer Nahostfriedenskonferenz beugt sich Bill Clinton zu seinem israelischen Gesprächspartner Yitzhak Rabin hinüber. Vertraulich fragt er:
»Unter uns, Rabin, wie schafft ihr Juden es eigentlich, daß ihr als erste an alle Informationen herankommt? Das ist doch euer großes Erfolgsrezept!«
Rabin denkt einen Augenblick nach, dann antwortet er:
»Ich werde es Ihnen sagen: Wenn Juden am Tag des Sabbat zur Synagoge gehen, dann geschieht dies, um zu beten, aber auch und vor allem, um sich auszutauschen und Geschäfte zu machen. Alles passiert in der Synagoge, glauben Sie mir.«
Clinton beschließt, gleich am nächsten Sabbat inkognito

zur Synagoge zu gehen. Mit falschem Bart, weißem Hemd, Anzug und Käppchen findet er sich am Freitagabend in einer der vielen Synagogen der Großstadt ein. Die andächtige Stille überrascht ihn, doch wartet er geduldig ab. Auch während des Gottesdienstes wahren die Gläubigen eine würdevolle Ruhe. Schließlich beugt der Präsident sich zu seinem Nachbarn hinüber und flüstert:
»Was gibt es Neues?«
Der Nachbar:
»Psst! Bill Clinton soll demnächst hier vorbeischauen.«

***

Der steinreiche Großindustrielle Tajeb hat beschlossen, das diesjährige Jom-Kippur-Fest ganz in der Synagoge zu verbringen. Er ruft seinen Prokuristen zu sich und legt ihm ans Herz:
»Vallon, ich möchte am morgigen Tag unter keinen Umständen gestört werden, auch nicht bei einem Börsenkrach, einem Erdbeben oder einer Kriegserklärung. Ich bleibe den ganzen Tag in der Synagoge. Falls mit meiner Familie etwas ist, dürfen Sie kommen, aber sonst unter keinen Umständen!«
»Natürlich, Monsieur le Directeur. Ich werde Sie morgen nicht stören.«
Tajeb verbringt den Tag seit dem frühen Morgen in der Synagoge und betet so inbrünstig wie schon lange nicht mehr. Am Ende des Fastentages sieht er am Eingangstor Vallon stehen. Der Prokurist gestikuliert, ruft und scheint eine dringende Mitteilung zu haben. Verärgert verläßt Tajeb die Synagoge.
»Vallon, ich sagte Ihnen doch, stören Sie mich unter keinen Umständen! Gott behüte, es ist doch nichts mit meiner Familie?«
»Nein, nein, Monsieur Tajeb, das nicht. Ich wollte nicht stören, aber ich habe eine Offerte vorliegen, je 1550 Francs für 100 000 Aktien Ihrer Ölgesellschaft, ein sehr günstiges

Angebot, aber eine so wichtige Entscheidung wollte ich nicht ohne Absprache mit Ihnen treffen.«
Tajeb wird rot vor Zorn.
»Vallon, Sie sind entlassen! Sie haben richtig gehört! Entlassen! Und zwar aus zwei Gründen! Erstens, weil Sie nicht gehorchen, denn ich sagte doch, ich will nicht gestört werden! Zweitens, weil Sie unfähig sind, denn die Papiere, die Sie für 1550 Francs verkaufen wollen, werden hier schon seit Beginn des Nachmittags für 1710 Francs gehandelt!«

***

Touitou hat am heutigen Sabbat einen nichtjüdischen Freund zur Synagoge mitgenommen. Um eine Passage aus der Thora zu lesen, bietet Touitou eine Spende von zweihundert Francs. Sofort ruft sein Freund:
»Dreihundert Francs!«
»He! Bist du meschugge geworden?«
»Wieso! Wenn du für ein Geschäft zweihundert Francs bietest, kann ich dreihundert investieren!«

4

Rabbiner, Rabbis und ihre Schüler

Der Rabbiner oder auf Hebräisch Raw *oder* Rabbi *oder auf Jiddisch* Rebbe *ist eine Zentralfigur des jüdischen Lebens und damit des jüdischen Humors. Die unterschiedlichen Strömungen des Judentums haben verschiedene Rabbiner hervorgebracht: liberale, orthodoxe, konservative und sogar weibliche. Aber unabhängig davon haben alle Rabbiner ihren harten Beruf heute in einem Institut oder im Rabbinerseminar erlernt.*

Und womit beschäftigt sich der Rabbiner? Er ist das Herz seiner Gemeinde. Er leitet die Zeremonien von Geburt, Bar-Mizwa *(Jünglingsweihe), Hochzeit und Tod. Er befaßt sich im Selbststudium mit den heiligen Texten, legt die Glaubenslehren des Judentums aus und ist verantwortlich für die Talmud-Thora-Schule seiner Synagoge, in der die Kinder samstags, sonntagmorgens und mittwochmorgens in der Religion unterwiesen werden. Der Rabbiner predigt, spendet Trost und Stärkung. Er besucht Kranke in den Hospitälern und holt Alte für kurze Zeit aus der Einsamkeit. Er berät Familien in Fragen, die vom Schulbesuch bis zum Eheleben reichen. Und er hat ein offenes Ohr für die Probleme der Leidenden. Der Rabbiner vereint folglich mehrere Funktionen auf sich: Er leitet den Gottesdienst, ist Prediger, Lebensberater, Sozialarbeiter und Psychologe. Darüber hinaus vertritt er die jüdische Gemeinschaft gegenüber nichtjüdischen Einrichtungen.*

So auch jener englische Rabbiner, der an einem Abend des Seder (während des Passah-Festes) zur Queen gerufen wird. Mit anderen verdienstvollen Persönlichkeiten will sie ihn zum Ritter schlagen. Vor Verleihung des Titels muß jeder angehende Ritter eine Formel sprechen. Als der Rabbiner an die Reihe kommt, ist er in Gedanken bei seiner Familie an der Sedertafel und hat seinen Spruch vergessen. Er stammelt und stottert, und schließlich kommt der Satz heraus, der am Abend des Passahmahles gesprochen wird: »Ma nischtanna halaila hase mikol haleilot?« *(»Warum ist dieser Abend anders als andere Abende?«) Ratlos wendet sich die Queen an ihren Minister:* »Why this knight is different of the other knights?«

In einem kleinen Schtetl wird ein polnisches Dienstmädchen schwanger. Die Hausherrin Rotenberg erkundigt sich nach dem Vater.
»Es ist vom Rabbi, gnädige Frau.«
»Wie! Vom Rabbi! Bist du von Sinnen!«
»Nein, nein, ich versichere Ihnen, es ist vom Rabbi!«
Am nächsten Tag ist der Skandal dem ganzen Schtetl bekannt. Der Rabbi zitiert das Dienstmädchen zu sich:
»Du behauptest, ich sei der Vater deines ungeborenen Kindes.«
»Jawohl, Rabbi.«
»Das ist unmöglich! Ich kenne dich überhaupt nicht! Ich habe dich nie gesehen!«
»Schon, aber meine Herrin ist unfruchtbar, und deshalb ist sie vor einigen Wochen zu Ihnen gekommen. Sie haben ihr eine Flasche Medizin gegeben. Die habe ich versehentlich ausgetrunken und bin schwanger geworden.«
»Zum Schwangerwerden gehört mehr, als Arznei zu trinken, dazu gehört auch ein Mann, verstehst du?«
»Ach ja. Aber Männer gibt es bei uns mehr als genug.«

***

Michal, ein Meister der chassidischen Bewegung, kam einst in eine Stadt. Die Würdenträger hießen ihn willkommen. Beim Empfang sah er sich prüfend ihre Gesichter an und konnte sofort sagen, welche Probleme sie drückten und wie sie zu lösen seien. So stand er bald darauf in dem Ruf, er könne den Charakter eines Menschen an dessen Stirn ablesen. Deshalb zog sich manch einer, der ihn besuchen wollte, den Hut bis auf die Nase herunter.
»So täuscht man sich!« rief Rabbi Michal aus. »Um wieviel leichter durchdringt ein Blick, der tief bis unter die Haut geht, einen Hut!«

***

Rabbi Zee Wolf von Sbaradsch bekam eines Tages mit, wie seine Frau dem Dienstmädchen vorwarf, es habe kostbares

Porzellan zerschlagen. Die Hausherrin verlangte Ersatz, das Mädchen beteuerte seine Unschuld, und der Streit dauerte so lange fort, bis erstere schließlich beschloß, die Sache vor das Rabbinatsgericht zu bringen. Beim Ankleiden fiel ihr auf, daß ihr Mann sich ebenfalls zum Ausgehen anschickte.

»Warum ziehst du dich an?« fragte sie verwundert.

»Weil ich die Absicht habe, ebenfalls zum Gericht zu gehen«, erklärte der Rabbi.

»Das ist nicht nötig. Ich brauche dich wirklich nicht, vertue keine Zeit. Ich weiß genau, was ich zu sagen habe«, wandte die Frau des Rabbis ein.

»Ja, daran zweifle ich nicht. Aber dein Mädchen weiß nicht, was es sagen muß. Also werde ich es verteidigen. Wer sonst sollte das tun?«

***

Während eines bitterkalten Winters irgendwann im 19. Jahrhundert froren die Armen eines russischen Schtetl noch mehr als gewöhnlich. An einem besonders eisigen Tag ging der Rabbi zum einzigen reichen Juden der Stadt, einem notorischen Geizhals, um ihm Geld für die Armen zu entlocken. Auf sein Klopfen hin öffnete der Mann persönlich die Tür. Als einziger im ganzen Schtetl erschien er im Hemd, so gut beheizt war sein Haus.

»Treten Sie ein, Rabbi, drinnen ist es warm.«

»Nein, nicht nötig, ich habe nur eine Minute Zeit.«

Dann jedoch verwickelte der Rabbi den Mann in ein langes Gespräch und fragte ihn nach seiner gesamten Familie aus. In der offenstehenden Tür klapperte der Reiche vor Kälte schließlich mit den Zähnen. Immer wieder bat er den Rabbi herein, doch dieser lehnte standhaft ab.

»Und der Cousin Ihres Schwagers. Der ist doch aus der Stadt fortgezogen. Wie geht es ihm?« fragte der Rabbi weiter.

Blaugefroren verlor der Reiche schließlich die Geduld:

»Zur Sache, Rabbi, was wollen Sie eigentlich?« fragte er.
»Ich möchte Sie um Geld bitten, damit ich für die Armen im Schtetl Kohlen kaufen kann.«
»Nun, warum gehen wir dann nicht hinein und besprechen es im Warmen?«
»Weil wir uns dort an Ihren warmen Kamin setzen würden. Wenn ich Ihnen dort erkläre, die Armen frieren, verstehen Sie nicht und geben mir fünf oder zehn Rubel. Aber wenn Sie draußen in der Kälte stehen, und ich sage Ihnen, die Armen frieren, dann verstehen Sie mich besser, nicht wahr?«
Erleichtert gab der Mann dem Rabbi hundert Rubel, wenn auch nur, um die Tür hinter sich schließen und sich wieder an seinen geliebten Kamin setzen zu können.

***

Ein Rabbi und sein Schüler übernachten auf Reisen in der Herberge in derselben Kammer. Sehr früh läßt sich der Schüler wecken, um mit dem Zug weiterzureisen. Eilig zieht er sich im Dunkeln an. Erst am Bahnhof fällt ihm auf, daß er in die Kleider seines Meisters geschlüpft ist:
»So ein Dummkopf, dieser Wirt! Weckt statt mich den Rabbi!«

***

Ein bettelarmer Jude bittet seinen Rabbi um Rat und Unterstützung:
»Ich kann nicht mehr. Wir, also ich, meine Frau, ihre Mutter und unsere sechs Kinder leben zusammengepfercht in einer winzigen Kammer. Wir nennen nur eine kleine Ziege unser eigen. Wir sind uns alle im Weg, sind furchtbar gereizt und streiten immerzu. Es ist unerträglich, Rabbi, was soll ich nur tun?«
»Hol deine Ziege zu dir in die Kammer und komm in einem Monat wieder.«
»Wie, Rabbi? Aber es ist doch jetzt schon zu eng!«
»Hol die Ziege zu dir.«

Der arme Mann kann den Rat, um den er selbst gebeten hat, kaum zurückweisen. So spricht er nach einem Monat erneut beim Rabbiner vor:
»Rabbi, jetzt ist es noch schlimmer, außerdem stinkt es fürchterlich; sie macht überall hin!«
»Bleib dabei und komm in einem Monat wieder.«
Ein Monat vergeht. Verzweifelt kommt der Mann wieder.
»Ich bringe mich um, Rabbi, das ist die Hölle auf Erden!«
»Wirf die Ziege hinaus.«
Der arme Mann eilt nach Hause. Am nächsten Tag kehrt er freudestrahlend zum Rabbi zurück:
»Rabbi, Sie sind ein Engel, und ich lebe im Paradies! Nie war mein Heim so groß!«

***

Zwei eng miteinander befreundete Rabbiner teilen eine Leidenschaft: den Fußball. Eines Tages leisten sie einander einen Schwur. Wer zuerst stirbt, muß dem anderen im Traum erscheinen und ihm offenbaren, ob auch im Jenseits Fußball gespielt wird.
Der eine stirbt, hält sein Versprechen und erscheint dem Freund im Traum.
»Und? Welche Nachrichten bringst du aus dem Jenseits?«
»Ich bringe dir zwei Nachrichten, eine gute und eine schlechte. Zuerst die gute: Auch im Jenseits wird Fußball gespielt, und es gibt hervorragende Rasen. Jetzt die schlechte: Du spielst schon nächste Woche mit.«

***

Zwei Schüler einer Jeschiwa, einer Talmudschule, diskutierten über das Leben und den Tod. Nach langem Überlegen kam der eine von den beiden zu dem Schluß: »Wenn man alles bedenkt, glaube ich, daß der Tod kein Unglück ist, weil man auf Erden von so vielen Sorgen heimgesucht wird, daß es besser wäre, nicht geboren zu sein.«

»Ich bin ganz deiner Meinung«, erwiderte der andere, »aber wie vielen Menschen ist dieses Glück beschieden?«

***

Ein Mann, der in seinem Leben schlimm gesündigt hatte, suchte eines Tages Rabbi Naftali auf, um zu erfahren, wie er Buße tun könne. Da er sich schämte, alle seine Sünden zuzugeben, verfiel er auf den Gedanken, dem Rabbi vorzumachen, er komme im Namen eines Freundes, der sich selbst nicht hertraue. Rabbi Naftali, der die List sofort durchschaute, lächelte den Mann an und seufzte:
»Welch ein Tor, dein Freund! Er hätte doch selbst herkommen und behaupten können, er komme für einen Freund!«

***

Eine kleine Vorstadtsynagoge sucht einen Rabbiner. Ein Monat vergeht, ein weiterer und schließlich ein dritter, und niemand meldet sich. So geht ein Jahr ins Land, dann ein weiteres. Im dritten Jahr geht die Bewerbung eines jungen japanischen Rabbiners ein. Er wird für sechs Monate zur Probe eingestellt. Obwohl er sich ausgezeichnet bewährt hat, wird ihm anschließend eröffnet, er werde nicht übernommen. Fassungslos bittet er um eine Erklärung:
»Ist mein Gottesdienst am Sabbat nicht gut?«
»O doch, Ihre Gottesdienste sind hervorragend«, erhält er zur Antwort.
»Sind meine Festtagsgottesdienste nicht gut?«
»Doch, Sie machen das ausgezeichnet.«
»Lese ich nicht gut aus der Thora vor?«
»Doch, Sie lesen tadellos.«
»Sind meine Predigten nicht gut?«
»O doch, Ihre Predigten werden hoch geschätzt.«
»Kümmere ich mich nicht richtig um die Jugendlichen?«
»O doch, Sie machen es genau richtig.«
»Kümmere ich mich nicht richtig um die Alten?«

»Doch doch, auch da machen Sie es recht.«
»Wo also liegt das Problem?«
»Rabbi, wirklich, Sie machen alles sehr gut, aber ...«
»Was stimmt nicht?«
»Jedesmal, wenn Sie zur Thora-Lesung hinaufsteigen, legen Sie beide Hände so merkwürdig zusammen und rufen: ›Waitong!‹«

***

In den Räumen des Brüsseler Hilton findet ein Rabbiner-Kongreß statt. Unter den Hotelangestellten herrscht höchste Aufregung. Auf der Anmeldeliste stehen sämtliche Oberrabiner von Europa und Amerika. Ein Ehrenspalier heißt sie willkommen. Es sind wohlhabende Männer: gut gerundete Rabbinerbäuche, Lacklederschuhe, funkelnagelneue Anzüge und Zigarren im Mund. Ein schwarzer Page macht in der Gruppe einen Rabbiner aus: eine imposante, sehr elegante Erscheinung, langer weißer Bart, vornehme Gebärden, gelassener Gesichtsausdruck und eine respekteinflößende Statur.
Auf ein fettes Trinkgeld hoffend, beschließt der Page, sich bis zum Ende des einwöchigen Kongresses an seine Fersen zu heften. Unaufgefordert ergreift er sein Gepäck und schleppt es auf sein Zimmer. Der Rabbiner dankt herzlich. In den folgenden Stunden liest ihm der Hotelpage jeden Wunsch von den Augen ab und umsorgt ihn, wo immer er kann. Und stets dankt der Rabbiner überschwenglich:
»Wirklich, Jack, meine Anerkennung. Sie sind so entgegenkommend, freundlich und dienstbeflissen. Ich rede mit der Direktion, hebe Sie lobend hervor.«
Trotzdem vermißt Jack am Ende des Tages das erhoffte Trinkgeld.
An zweiten Tag versucht er es mit noch mehr Freundlichkeit, weicht dem Rabbiner keinen Schritt von der Seite, bedient ihn sogar bei Tisch, als sei er sein Kammerdiener. Und wieder sieht er bis zum Ende des zweiten Tages keinen Franc Trinkgeld.

Der dritte und der vierte Tag vergehen. Wieder nichts. Der fünfte und sechste Tag und erneut nichts. Am siebten Tag ist Jack der Verzweiflung nahe: die ganze Plackerei umsonst! Als der Rabbiner abreist, hat Jack alle Hände voll zu tun, dessen Berge von Gepäck im Kofferraum eines Taxis zu verstauen:

»Jack, wenn ich wieder nach Brüssel komme, verlange ich immer nur Sie. Sie sind eine Seele von einem Diener, wie es sie nicht mehr gibt, wenn Sie die Bemerkung gestatten. Ich habe mit der Hoteldirektion gesprochen, sie zu Ihrer hervorragenden Arbeit beglückwünscht. Ich vergesse Sie nicht, glauben Sie mir.«

Nach einem innigen Händedruck zwängt er sich in sein Taxi, das ihn zum Flughafen bringt. Der Fahrer läßt den Motor an. Erschöpft, verbittert und am Ende der Kräfte wirft Jack sich zu Boden. Da setzt das Taxi zurück, überrollt ihn fast, bleibt im letzten Augenblick stehen: Der Rabbiner steigt aus, drückt ihm zehntausend Francs in die Hand und verschwindet im Wagen. Jack ist kurz vor der Ohnmacht:

»Nein, das ist nicht wahr! Die Juden haben Jesus nicht umgebracht! Er ... ist vor Angst gestorben!«

***

Jom Kippur in der Synagoge. Alle Gläubigen beten, da wirft sich der Oberrabbiner, herzzerreißend schluchzend, zu Boden und jammert für alle hörbar:

»Vor Dir, mein Gott, bin ich nichts, gar nichts, weniger noch als Staub!«

Die Gläubigen werfen ihm anerkennende Blicke zu. Da wirft sich neben ihm der Rabbiner der Synagoge zu Boden und schluchzt verzweifelt:

»Gott, was bin ich vor Dir? Nichts, ein Windhauch, ein Sandkorn, verloren im Universum!«

Mit Stolz nehmen die Gläubigen die Demutsbezeigungen ihrer Rabbiner auf. Da tritt der Vorbeter der Synagoge ne-

ben sie und wirft sich jammernd auf die Erde nieder:
»Mein Gott, ich bin ein Nichts, nichts als ein elender Erdenwurm!«
Voller Herablassung wenden sich der Oberrabbiner und der Rabbiner nach ihm um:
»Für wen hält sich dieser Wicht! Der will ein Nichts sein?«

***

Ein italienischer Friseur hat dem Kunden die Haare geschnitten und erfährt, daß dieser ein Pastor ist. Als es ans Bezahlen geht, wehrt der Friseur entschieden ab:
»Herr Pastor, ich bin nicht evangelisch, aber ich empfinde vor allen Männern der Religion tiefen Respekt. Ich lasse nicht zu, daß Sie bezahlen.«
Gerührt verläßt der Pastor den Friseursalon und kehrt eine Stunde später mit einer prächtigen Ausgabe des Neuen Testamentes zurück.
Einige Zeit später läßt sich ein katholischer Priester die Haare schneiden.
»Pater, ich bin katholisch, und von Ihnen nehme ich kein Geld!«
Ergriffen dankt ihm der Priester vielmals, geht und kehrt eine Stunde später mit einem wunderschönen Kruzifix zurück.
Kurz darauf kommt ein Rabbiner zum Haareschneiden. Als es ans Bezahlen geht, lehnt der Friseur ab:
»Ich bin zwar kein Jude, aber vor Männern der Religion habe ich tiefen Respekt. Von Ihnen kann ich unmöglich Geld nehmen.«
Der Rabbiner, tief gerührt, bedankt sich überschwenglich, geht und kehrt eine Stunde später ... mit einem zweiten Rabbiner zurück.

***

Rabbi Joseph Kahaneman, der Gründer der ultraorthodoxen Jeschiwa Ponjowitsch von Bnei Berak, reiste viel und ließ zahlreiche Talmudschulen errichten.

Vor einer Reise hörte er von einem steinreichen Juden, einem möglichen Stifter, der allerdings gegen das orthodoxe Judentum eine fanatische Abneigung hegte. Kahaneman suchte trotzdem ein Gespräch, wobei sich der Ruf des Mannes bestätigte. Trotzdem bettelte er solange um einen Spendenbeitrag für eine Talmudschule, bis dieser ihm schließlich ein Angebot machte:

»Ich finanziere den Bau einer jüdischen Schule. Aber unter einer Bedingung: Es muß allen Schülern offiziell untersagt sein, das Käppchen zu tragen, selbst beim Thora-Studium und beim Segensspruch vor dem Essen.«

»Verpflichten Sie sich unter dieser Bedingung, den gesamten Bau zu finanzieren?« fragte der Rabbi zurück.

»Mit Freuden werde ich für die Kosten einer solchen jüdischen Schule aufkommen«, erwiderte der Mann lachend.

Ein Jahr später ging dem Reichen die Einladung zu deren Einweihungsfeier zu. Über dem Eingangsportal des prachtvollen neuen Gebäudes prangte der Schriftzug: »Neue Mädchenschule von Bnei Berak«.

***

Drei Studenten unterschiedlicher Talmudschulen treffen sich und diskutieren. Natürlich geht es um ihre Rabbis, und jeder versucht den anderen zu übertrumpfen, indem er die Weisheit, den Ruhm, den Feinsinn und die Großmut seines Meisters preist.

»Mein Rabbi ist phänomenal«, sagt der erste. »Wenn man einen Band der Gemara nimmt und irgendwo in die erste Seite eine Nadel hineinsticht, dann kann er einem unfehlbar sagen, welche Wörter auf den folgenden Seiten durchstochen sind.«

»Mein Rabbi ist besser«, prahlt der zweite. »Er kann das Gleiche, wenn man die Gemara von hinten, von der letzten Seite her, durchsticht.«

»Das ist noch gar nichts«, ruft der letzte Student aus. »Mein Rabbi speist an der Tafel Gottes!«

»Wenn dein Rabbi das behauptet hat«, fahren die Kamera-

den ihn an, »dann ist er ein Lügner.«
»Wenn er ein Lügner wäre, würde Gott ihn doch nicht an seiner Tafel speisen lassen!«

***

Ein neuer Rabbiner tritt in einer recht traditionsbewußten Gemeinde sein Amt an. Mit dem Gemeindevorsteher bespricht er seine erste Predigt.
»Ich möchte über den Sabbat reden, über die Notwendigkeit, daß Juden diesen Tag wirklich heiligen, ohne Dinge zu besorgen oder Geld anzurühren.«
»Vergessen Sie das! Der Sabbat ist der einzige Tag in der Woche, wo die Leute ein bißchen Zeit zum Einkaufen haben. Über die Beachtung des Sabbatgebots können Sie nicht reden! ... Können Sie nicht etwas anderes erzählen?«
»Ich könnte über das Koscher-Wesen sprechen.«
»Das können Sie vergessen! Sie glauben ja gar nicht, wie schwer es ist, koschere Lebensmittel zu finden! Und koscheres Fleisch ist ja so teuer! Und dann das zweierlei Geschirr! ... Können Sie nicht über etwas anderes reden?«
»Oder ... nun, ich könnte über die Erziehung zum Judentum sprechen, über die Notwendigkeit, die Kinder in ...«
»Sind Sie meschugge, Rabbi? Die Leute hier wollen sich nicht von ihren Nachbarn unterscheiden. Sie wollen keine Extrawurst. Außerdem läßt die jüdische Schule den Kindern keine Zeit für Dinge wie Musik, Tanz, Basketball, Karate ...«
»Ich verstehe das nicht«, braust der Rabbi auf. »Wenn ich nicht über den Sabbat, über koscheres Essen oder über jüdische Erziehung reden darf, worüber soll ich dann reden?«
»Erzählen Sie uns doch einfach etwas über das Judentum!«

***

Eines Tages erscheint bei Rabbi Uriel ein Jude und bittet um ein Gespräch. Kaum hat der Fremde ihm gegenüber Platz

genommen, redet er wie ein Sturzbach und legt keine Sekunde Pause ein. So geht es eine ganze Zeit:
»Rabbi Ephraim hat mir einmal gesagt ...«
»Lüge!« unterbricht ihn Rabbi Uriel ungeduldig.
»Wie können Sie sagen, ich lüge, wenn Sie noch gar nicht wissen, was er mir gesagt hat?«
»Wie soll er Ihnen etwas gesagt haben, wenn Sie niemanden zu Wort kommen lassen.«

5

Der talmudgeschulte Geist

Ein weiterer wichtiger Ort des jüdischen Lebens ist das Lehrhaus. Das Studium der Schriften ist eine der bedeutendsten Grundlagen des Judentums, ja dessen Grundlage schlechthin. Dem Studium der Thora Zeit zu widmen ist ein besonders wichtiges Gebot jüdischen Lebens.

In den Dörfern Polens oder Marokkos war das Lehrhaus von jeher ein Ort des Rückzugs, der zum kulturellen und gesellschaftlichen Zusammenhalt der jüdischen Gemeinde beitrug.

Wo in der jüdischen Welt vom Studium die Rede ist, geht es vornehmlich um die Auseinandersetzung mit dem Talmud. Der Talmud ist die Niederschrift der mündlichen Kommentare, die seit der Offenbarung am Berg Sinai über Generationen hin bis in unsere Tage hinein entstanden sind. Der jüdische Bibeltext wird durch alle Zeiten hindurch stets neu kommentiert und genauestens auf alle Bedeutungsnuancen hin überprüft – eine geradezu obsessive Textfixierung, die ihren Ausdruck in einem leidenschaftlichen Studium und einer genialen Kasuistik findet.

In seiner gegenwärtigen Form umfaßt der Talmud etwa zwanzig Bände; die Haupttexte sind in Jahrhunderten entstanden, im wesentlichen zwischen dem zweiten und sechsten Jahrhundert. Ein Lehrer des Talmud trägt den Titel Raw oder Rabbi.

Machen wir einen kleinen Besuch im Lehrhaus, dem Bet ha-Midrasch oder der Jeschiwa, wie es auf Hebräisch heißt. Wer hier die andächtige Stille eines Lesesaales erwartet, erfährt beim Betreten einen kleinen Schock: Die Atmosphäre ist seltsam unruhig und gespannt, neben Unordnung herrscht ein dauerndes Kommen und Gehen, der Raum ist erfüllt von lautem Stimmengewirr.

Das Lehrhaus, das auch als Synagoge, oft als Festsaal oder einfach als Speisesaal dient, ist der Kernbereich des jüdischen geistigen und spirituellen Lebens. Zuweilen finden in einem einzigen Saal mehrere hundert Studenten Platz. Und alle lesen und studieren laut!

Hier herrscht nicht die Ruhe einer Klosterbibliothek. Die Gelassenheit des Mönchs geht Studenten des Talmud ab. Still zu sein ist nicht die Regel. Auf den Tischen liegen, reihen oder türmen

sich, aufgeschlagen oder geschlossen, verschiedenformartige Folianten.
Sitzend, stehend, auf Bänken oder Stühlen halb kniend, beugen sich die Studenten über ihre Texte, bald nebeneinander, öfter aber einander gegenüber. Laut lesend, wippen sie den Oberkörper vor und zurück oder seitlich hin und her, wobei sie schwierige Passagen mit ausladenden Bewegungen des Daumens unterstreichen. Bisweilen klopft einer heftig auf sein Buch, den Tisch oder die Schulter eines Chawer, *eines Mitstudenten, während andere fieberhaft in den Seiten eines Kommentars blättern, Bände aus den umlaufenden Wandregalen ziehen oder sie an ihren Standort zurückstellen. Hier tobt ein »Krieg um den Sinn«, dessen Kämpfer erbittert um das Textverständnis ringen, um die richtige Deutung oder um eine passende Erklärung. Über die Bedeutung einer erörterten Passage herrscht (zum Glück) selten Einigkeit, weshalb die Studenten den Meister zu Rat ziehen. Der hört sich die unterschiedlichen Positionen an, kommentiert sie, bezieht Stellung und vermag die erhitzten Gemüter für kurze Zeit zu beruhigen.*
An einem Tisch etwas abseits schläft ein Student mit gekreuzten Armen über seinem Talmudtext. Neben ihm schlürft ein anderer Kaffee, raucht, ganz in sich gekehrt, nach dem aufreibenden Studium eine Entspannungszigarette. Überall herrscht Leben, das Bet ha-Midrasch *ist dauernd in Bewegung, Tag und Nacht tönen Stimmen, liegt über dem Raum der fortdauernde Geräuschpegel freudigen Lernens …*

Die Beschäftigung mit dem Talmud schärft den analytischen Blick für die feinen Nuancen, die jede Situation von der anderen unterscheidet. Im talmudgeschulten Geist mischt sich die klassische, kausale Logik mit der Logik des Traumes und verschmelzen Traum und Wirklichkeit. Im Talmud ist jeder Begriff mit Vorbedacht gewählt, scheinen hinter alltäglichsten Wörtern Doppeldeutigkeiten und Wortspiele auf.
Die Deutungsspielräume im Talmud sind an sich schon eine Form des Humors, die dem Menschen die Möglichkeit gibt, sich immerfort neu zu definieren.

Eines Tages wurde Rabbi Levi Jitzchak von Berditschew gefragt: »Weshalb fehlt bei allen Abhandlungen des Babylonischen Talmuds das erste Blatt und jede fängt mit dem zweiten an?«
»So gelehrt ein Mensch auch sein mag«, antwortete der Rabbi, »er soll sich stets vor Augen halten, daß er noch nicht ans erste Blatt gelangt ist.«

***

Rabbi Jitschmael, ein Gelehrter des Taldmud, verfügte über ein erstaunliches Gedächtnis, das ihn zu keiner Zeit im Stich ließ. Seine zahlreichen Schüler kamen von weither angereist. Dann aber kam ein Jahr, in dem sie seinem Lehrhaus fernzubleiben begannen. Von Tag zu Tag wurden es weniger. Es war so rätselhaft, daß Rabbi Jitschmael sich schließlich auf den Weg machte, um der Sache auf den Grund zu gehen. Was war es, das seine Schüler von ihren leidenschaftlichen Diskussionen fernhielt? Auf dem Marktplatz erfuhr er, daß es ein Wahrsager war! Alle redeten von ihm: Träume sollte er deuten können, die Zukunft weissagen, ein wahrer Zauberkünstler sein!
Rabbi Jitschmael eilte zu dem Wahrsager, einem Samaritaner, in dessen Zelt. Und wen entdeckte er dort, andächtig und mit offenen Mündern lauschend? Seine Schüler! Das wäre gelacht! dachte der Rabbi bei sich und setzte sich dazu.
Der Samaritaner machte sich gerade bereit, vier Besucher zu empfangen. Als erster trat ein alter Mann ins Zelt, verbeugte sich und überreichte Geld.
»Ich sah im Traum, daß ich drei Augen hatte. Was hat dies zu bedeuten?«
»Das bedeutet«, antwortete der Samaritaner, »daß du bald Adleraugen haben wirst.«
»Unmöglich!« brauste der Rabbiner auf. »Dieser Mann ist sicher ein Bäcker. Sieh dir seine geröteten Augen an. Das

dritte Auge aus seinem Traum ist gewiß der Ofen, in den er seine Brote hineinschiebt.«
»Das stimmt«, sagte der Mann, »ich bin Bäcker, und das Feuer meines Ofens brennt mir immer in den Augen.«
Ungehalten gab der Samaritaner dem Bäcker sein Geld zurück und rief den zweiten Besucher herein.
»Mir träumte, ich hätte vier Ohren. Wie habe ich das zu deuten?«
»Das bedeutet, daß du bald weltberühmt sein wirst«, schloß der Samaritaner.
»Aber nein«, widersprach Rabbi Jitschmael, »dieser Mann ist doch Kaufmann, das sieht man ja an seinen Kleidern. Immerzu sitzt er auf seinem Esel und hat dessen Ohren vor Augen, so daß er sie im Traum schließlich auf dem eigenen Kopf sitzen sieht.«
Ärgerlich gab der Samaritaner auch dem Kaufmann sein Geld zurück und rief den dritten Besucher herein.
»Großer Weiser«, sprach dieser, »ich habe von einem Buch mit vierundzwanzig Seiten geträumt. Ist dies ein gutes Zeichen?«
»Ja, denn du hast vom Rechnungsbuch deines Geschäftes geträumt.«
»Wie?« rief Rabbi Jitschmael lachend. »Hast du vielleicht nicht bemerkt, daß er geflickte Kleider trägt? Dieser arme Schlucker ist doch niemals ein Geschäftsmann!«
Der Samaritaner, außer sich vor Zorn, sah sich erneut gezwungen, das Geld zurückzugeben. Dann trat der vierte Mann ins Zelt.
»Ich hatte einen seltsamen Traum«, berichtete er sogleich, »da waren viele Menschen, und alle zeigten mit dem Finger auf mich. Was hat das zu bedeuten?«
»Ausgezeichnet«, antwortete der Samaritaner, »das heißt, daß du bald ein hochgeachteter Stadtrat sein und von allen gegrüßt werden wirst.«
An seine zerknirschten Schüler gewandt, platzte der Rabbiner heraus:
»Also bitte, ihr werdet solchen Unfug doch nicht glauben!

Dieser Mann ist ein stadtbekannter Dummkopf, der seine Felder verkommen und seinen Weizen verfaulen ließ. Das ist der Grund für seine Träume.«
Tatsächlich hatte der Mann seinen Weizen verfaulen lassen, weshalb ihn jetzt die Leute verspotteten.
Daraufhin kehrten die Schüler zu ihrem Meister zurück und nahmen ihr Studium wieder auf. Der Samaritaner aber hatte nicht einen Kunden mehr und sann auf Rache. Er rief einen Freund zu sich und überredete ihn:
»Denk dir einen Traum aus und bitte Jitschmael, er möge ihn deuten. So kann er sich in jedem Fall nur irren, und wir werden das nutzen, um ihn lächerlich zu machen. Dann kommen die Leute wieder zu mir.«
Der Freund suchte den Rabbiner in seinem Lehrhaus auf und fragte ihn wie vereinbart nach der Deutung seines Traumes.
»Ich habe in meinem Traum vier Zedern, vier Akazien und eine Strohgarbe gesehen, auf der ein Esel ruhte. Was denkst du darüber?«
»Sehr interessant«, gab Rabbi Jitschmael zurück. »Obwohl ich überzeugt bin, daß dies alles deiner Phantasie entsprungen ist, antworte ich trotzdem: Die Zedern, das sind die Beine des Bettes, die Akazien sind seine vier Seiten, die Strohgarbe stellt das Stroh deines Lagers dar, und der Esel auf ihm, das bist du!«
Unter dem schallenden Gelächter der Schüler machte sich der Freund des Samaritaners aus dem Staub. Und auch der falsche Prophet suchte eilends Gegenden auf, wo ihn keiner kannte.

***

Ein Nichtjude fragte eines Tages seinen jüdischen Freund:
»Warum antworten Juden auf eine Frage eigentlich immer mit einer Gegenfrage?«
»Warum auch nicht?«

***

Ein jüdischer Student aus Odessa hat den Behörden nach zähem Ringen die Erlaubnis zu einem Besuch in Moskau abgetrotzt. Er steigt in den Zug und setzt sich in ein leeres Abteil. An der nächsten Station steigt ein Mann zu und nimmt neben ihm Platz. Der Student mustert den Neuankömmling und stellt Überlegungen an:
Wie ein Bauer sieht er nicht aus, also kommt er wahrscheinlich aus dem hiesigen Bezirk. Wenn er aus dem hiesigen Bezirk kommt, ist er sicher Jude, da die meisten hier Juden sind. Aber wo kann der Jude hinwollen? Ich bin doch der einzige aus dem Bezirk, der die Erlaubnis hat, nach Moskau zu fahren. Ah, jetzt weiß ich! Unmittelbar vor Moskau ist das Dörfchen, für das man keine Sondergenehmigung braucht. Schön und gut, aber was will er in dem Flecken? Sicher einen Besuch machen, fragt sich bloß, bei wem? Viele jüdische Familien leben da ja nicht, eigentlich nur zwei! Die Rosens und die Jablonskis. Die Rosens sind nicht zum Aushalten, zu denen fährt er bestimmt nicht. Also zu den Jablonskis. Was will er bloß von den Jablonskis? Die haben doch nur Töchter. Ach so, vielleicht ist er ja ein Schwiegersohn. Mit welcher Tochter ist er dann wohl verheiratet? Rachel hat einen Anwalt aus Budapest geheiratet und Myriam einen Juwelier aus Warschau. Dem Bahnhof nach, wo er zugestiegen ist, müßte es Rachels Mann sein. Und wenn ich mich recht entsinne, heißt er Salomon Kohn. Nun, bei dem Antisemitismus in Ungarn hat er seinen Namen bestimmt geändert. In Ungarn wird aus Kohn Kowacs. Und um seinen Namen ändern zu lassen, braucht man schon eine besondere gesellschaftliche Stellung. Also hat er sicher den Doktortitel.
Triumphierend wendet sich der Student an den jungen Mitreisenden:
»Wie geht es Ihnen, Doktor Kowacs?«
»Ausgezeichnet, danke«, antwortet der Mann verblüfft. »Aber woher wissen Sie, wie ich heiße?«
»Das liegt doch auf der Hand!«

***

Ein Zug fährt durch Polen und hält in jedem Nest. An einer Station steigt ein junger jüdischer Bursche zu und setzt sich neben einen respekteinflößenden alten Juden mit einem prachtvollen weißen Bart, lebhaften, schelmisch blickenden Augen und breiten Schultern. Nach ein paar Augenblicken beginnt sich der Bursche zu langweilen und möchte, wie in Zügen üblich, ein Gespräch anknüpfen. Allerdings weiß er nicht so recht, wie er es anstellen soll. Schließlich wendet er sich mit der dümmlichen Frage an ihn:
»Entschuldigen Sie bitte, wissen Sie, wie spät es ist?«
»Natürlich, es ist ...«
Der alte Jude zieht eine wunderschöne goldene Uhr aus der Westentasche und nennt ihm die Zeit.
Zögernd kommt ein Gespräch in Gang. Bald erkennt der jüdische Bursche, daß sein Gegenüber ein bedeutender Mann ist, ein großer Rabbi. Oh, das kann ja sehr interessant werden!
»Und ... haben Sie eine Tochter?«
»Ja, sogar zwei, die eine ist zwanzig, verheiratet und hat einen kleinen Buben, die andere ist achtzehn und noch ledig.«
»Wirklich? Ich bin auch ledig, vielleicht könnten wir da ...«
»Ach! Glaubst du vielleicht, ich will einen Schwiegersohn, der keine eigene Uhr besitzt!«

***

Mose und Abraham liegen im Krankenhaus im Bett nebeneinander. Beide bekommen wegen Ischias Massagen. Während Mose vor Schmerz wieder und wieder aufschreit, atmet Abraham ganz ruhig durch. Als der Masseur verschwunden ist, fragt Mose, noch immer zitternd, verwundert:
»Wie hast du das bloß ausgehalten?«
»Hältst du mich für so blöd, ihm das kranke Bein hinzustrecken?«

***

Jakob hat gehört, Körper sollen sich bei Hitze ausdehnen und bei Kälte zusammenziehen. Er fragt seinen Rabbiner, ob das denn stimme.
»Ganz recht«, antwortet der Rabbiner. »Schau, im Sommer, wenn es warm ist, werden die Tage länger, und im Winter, wenn es kalt ist, werden sie wieder kürzer.«

***

Ein Rabbiner überrascht seine Frau mit einem anderen im Bett.
»Lea, das heiße ich gar nicht gut. So fängt es an, und schließlich endet es damit, daß man am Sabbat raucht.«

***

Aufgeregt kommt eine Frau zu ihrem Rabbiner, um ihm ein ernstes Problem vorzutragen:
»Rabbi, stellen Sie sich vor: Ich schmiere mir heute, wie gewöhnlich, mein Butterbrot, da gleitet mir das Stück aus der Hand! Und raten Sie, Rabbi, was geschieht? Es fällt nicht auf die Seite mit der Butter! Das verstehe ich nicht! Wie ist das möglich?«
Der Rabbiner bittet um eine Woche Bedenkzeit, bis dahin möchte er das knifflige Problem gelöst haben. Nach Ablauf der Zeit verkündet er sein Urteil:
»Eine Schnitte Brot fällt stets auf die Seite mit der Butter, Sie aber haben die falsche Seite geschmiert!«

***

Laurent wettet mit seinem Freund Jonathan, daß er schon nach einem ersten Gespräch mit dem Rabbiner zum Glaubensübertritt zugelassen werde. Der Rabbiner stellt dem Kandidaten einige Fragen und bittet ihn dann, seine beruflichen Qualifikationen zu nennen.

»Ich bin Doktor der Philosophie, meine Dissertation behandelt die sokratische Logik.«
»Ich werfe prüfen, ob Sie die geistigen Voraussetzungen zum Studium des Judentums erfüllen. Ich werde Ihnen Fragen zur Logik stellen, denn das ist ja Ihr Spezialgebiet.«
Laurent ist bereit.
Der Rabbiner streckt zwei Finger in die Luft:
»Zwei Männer steigen durch einen Schlot hinab. Der eine kommt sauber, der andere schmutzig heraus. Welcher von beiden geht sich waschen?«
»Soll das eine Prüfungsfrage zur Logik sein?«
Laurent kann sich das Lachen kaum verkneifen.
»Ganz recht«, antwortet der Rabbiner unbeirrt.
»Na gut! Der Schmutzige geht sich waschen.«
»Falsch. Der Saubere geht sich waschen. Die Logik ist simpel: Der Schmutzige erblickt den Sauberen und meint, er sei auch sauber, also geht er sich nicht waschen. Der Saubere sieht den Schmutzigen und meint, er sei auch schmutzig, also geht er sich waschen.«
»Einleuchtend«, findet Laurent. »Machen wir mit der nächsten Prüfungsfrage weiter.«
Der Rabbiner streckt erneut zwei Finger in die Luft:
»Zwei Männer steigen durch einen Schlot hinab. Der eine kommt sauber, der andere schmutzig heraus. Wer geht sich waschen?«
»Sie haben die Antwort doch eben genannt: Der Saubere geht sich waschen.«
»Falsch. Beide gehen sich waschen. Die Logik ist: Der Saubere sieht den Schmutzigen und denkt, auch er sei schmutzig, also geht er sich waschen. Sieht dagegen der Schmutzige, daß der Saubere sich waschen geht, also geht auch er sich waschen. Folglich waschen sich beide.«
»Darauf wäre ich nicht gekommen«, sagt Laurent. »Stellen Sie eine weitere Prüfungsfrage, jetzt habe ich die Methode sicher erfaßt.«
Der Rabbiner streckt seine beiden Finger in die Luft:
»Zwei Männer steigen durch einen Schlot hinab. Der eine

kommt sauber, der andere schmutzig heraus. Welcher von beiden geht sich waschen?«

»Beide, zu diesem Schluß sind wir doch soeben gelangt.«

»Falsch! Keiner von beiden wäscht sich. Die Logik ist: Der Schmutzige sieht den Sauberen und denkt, auch er sei sauber, und wäscht sich folglich nicht. Der Saubere sieht, daß der Schmutzige sich nicht wäscht, und wäscht sich folglich auch nicht. Also wäscht sich keiner von beiden.«

Kleinlaut bittet Laurent: »Jetzt bin ich ganz sicher, daß ich es begriffen habe. Stellen Sie mir eine letzte Prüfungsfrage.«

Der Rabbiner streckt seine beiden schicksalshaften Finger in die Luft:

»Zwei Männer steigen durch einen Schlot hinab. Der eine kommt sauber, der andere schmutzig heraus. Welcher von beiden geht sich waschen?«

»Keiner geht sich waschen«, antwortet Laurent kaum hörbar.

»Falsch. Merken Sie jetzt, daß die sokratische Logik eine viel zu dürftige Grundlage zur Lösung talmudischer Probleme ist? Die Antwort lautet: Diese Frage ist töricht. Wie ist es möglich, daß zwei Menschen aus demselben Schlot herauskommen und der eine sauber, der andere aber schmutzig ist? Wer das auf Anhieb nicht begreift, dem fehlen zum Talmudstudium alle geistigen Voraussetzungen.«

***

Das Gesetz des Pfaus

Die Geschichte ereignete sich in Polen während des letzten Jahrhunderts. Einem armen Weib, dem Geld geschuldet wurde, wurde von ihrem Schuldner der Betrag in Naturalien ausgezahlt, und zwar in Form eines Pfaus.

Sie hatte noch nie einen Pfau gesehen, und da sie nicht wußte, ob dieses Tier koscher sei, wandte sie sich an ihren Rabbiner.

Der Rabbiner wußte eine Antwort:

»Mein Vater, Oberrabiner Jankel, hat immer betont, der Pfau sei nicht koscher.«

»Aber was fange ich jetzt an mit meinem Pfau?« fragte die Frau.
»Sperre ihn in meinen Hühnerhof, ich werde schon für ihn sorgen, und du darfst ihn jederzeit besuchen.«
So kam der Pfau auf den Hühnerhof des Rabbiners, wo die Frau ihn regelmäßig besuchte. Ein Monat verging, dann ein weiterer ...
Eines Morgens trat sie auf den Hühnerhof und suchte ihren Pfau vergeblich! Sie stürzte zum Rabbiner:
»Rabbi, Rabbi, wo ist mein Pfau?«
»Dein Pfau? Den habe ich gegessen!«
»Wie? Gegessen hast du ihn? Aber du sagtest doch, dein Vater, der Oberrabbiner Jankel, habe stets gesagt, der Pfau sei nicht koscher!«
»Richtig. Aber in der Frage des Pfaus sind mein Vater und ich uns niemals einig geworden!«

***

Wenige Jahre vor dem Tod des großen Dichters Chajim Nachman Bialik wimmelte es in den israelischen Zeitungen vor Spekulationen, wonach er den Literaturnobelpreis bekommen sollte.
Als schließlich ein anderer den Preis erhielt, wurde Bialik um eine Stellungnahme gebeten:
»Ich schätze mich glücklich, daß der Preis an mir vorüberging«, antwortete er. »Jetzt sind mir alle gewogen und nehmen an meinem tristen Schicksal Anteil. Oh, wie sie sich um meinetwillen aufregen: Ein echter Skandal sei das, sagen sie. Bialik, der große Dichter, hat den Nobelpreis nicht gekriegt! Schaut her, an wen sie ihn verschleudert haben! An diesen X! Der reicht ihm doch nicht einmal bis an die Knöchel! Wenn aber ich den Nobelpreis bekommen hätte, da bin ich sicher, hätte so mancher unter denen, die heute eine Lanze für mich brechen, gesagt: Na und? Was ist am Nobelpreis schon Besonderes. Den hat ja sogar der Bialik bekommen!«

***

Doudou Nataf betritt ein Restaurant und bestellt eine Bohnensuppe. Als die Suppe serviert wird, überlegt Doudou es sich anders, läßt sie zurückgehen und bestellt gefüllte Paprika. Kaum hat er den Teller leergegessen, steht er auf und schlendert zum Ausgang.
»Pardon«, sagt der Kellner und baut sich vor ihm auf, »Sie haben Ihre gefüllten Paprika noch nicht bezahlt.«
»Wovon reden Sie?« fragt Doudou entrüstet. »Habe ich für die Paprika nicht die Suppe zurückgegeben?«
»Die Suppe haben Sie ja auch nicht bezahlt.«
»Natürlich nicht! Die habe ich ja nicht gegessen!«

***

Zu Anfang unseres Jahrhunderts sitzt ein alter Jude in einem Coupé der Transsibirischen Eisenbahn. In einem Nest steigt ein Offizier des Zaren zu. Nach einem Augenblick des Schweigens fragt der Offizier:
»Sagen Sie, warum sind Juden so viel intelligenter als andere?«
»Die Ursache ist«, antwortet der Alte nach reiflicher Überlegung, »daß sie Hering essen.«
Daraufhin zieht er aus seinem Reisesack Heringe heraus und beißt genüßlich in einen hinein. Der Offizier zieht den strengen Geruch in die Nase und fühlt sich schon viel intelligenter.
»Wie viele Heringe haben Sie dabei?« fragt der Offizier.
»Ein gutes Dutzend.«
»Und was würden Sie dafür verlangen?«
»Fünfundzwanzig Rubel.«
»Donnerwetter! Das ist gewaltig, aber Sie sollen das Geld haben.«
Der Offizier zahlt die verlangte Summe. Der Jude reicht ihm die Heringe, und der Offizier beginnt sie zu verspeisen. Irgendwann erstarrt sein Gesicht mitten in der Kaubewegung:

»Wie dumm!« ruft er aus. »Für die gleiche Summe hätte ich in Moskau hundert Kilo Hering kaufen können!«
»Sehen Sie«, erwidert der Jude spöttisch, »und schon wirkt es.«

***

Einstein (der Große) sitzt während eines Banketts neben einer etwas unbedarften und affektierten Dame.
»Sagen Sie, Professor, worin besteht eigentlich der Unterschied zwischen Zeit und Ewigkeit?«
»Gnädige Frau«, antwortet der große Naturwissenschaftler, »wenn ich mir die Zeit nähme, Ihnen das zu erklären, hätten Sie auch nach einer Ewigkeit das erste Wort noch nicht verstanden.«

6

Das manchmal seltsame und manchmal unsinnige Verhalten

Wenn Sie einem Bauern einen Witz erzählen, lacht er dreimal: das erste Mal, wenn er ihn sich anhört, das zweite Mal, wenn er ihm erneut durch den Kopf geht, und das dritte Mal, wenn er ihn weitererzählt. Ein Stadtmensch lacht zweimal: wenn er ihn hört und wenn er ihn verstanden hat. Ein Franzose lacht nur einmal: wenn er ihn verstanden hat. Ein Jude fällt einem dagegen gleich zu Anfang ins Wort mit der Bemerkung, den kenne er schon in anderer Form, worauf er ihn selber erzählt, weil seiner natürlich viel besser ist …

Ein bedeutender Aspekt des Humors ist das Absurde: das Absurde einer Situation, eines Gedankengangs, eines Satzgefüges oder eines unpassenden Wortgebrauchs. Wenn Frage und Antwort sich nicht decken, wenn unterschiedliche sprachliche Ebenen aufeinandertreffen … wenn zwei Arten der Logik nicht passen.

Schcha *ist eine volkstümliche Figur der nordafrikanischen Juden. Bald tritt er als Jude, bald als Araber auf. Von den vielen Geschichten, die über ihn im Umlauf sind, geben wir einige wieder.*

Einst flatterte dem berühmten Schauspieler und Regisseur Laurence Olivier ein Brief in Haus. Ein gewisser Zylberstein, Multimilliardär, bat ihn um eine Inszenierung von Shakespeares Hamlet mit den größten Schauspielern der Zeit. Und vor einer unvergleichlichen Kulisse. Diese einzigartige Aufführung, so hieß es, solle in acht Monaten die Königin von England, den Papst und die Staats- und Regierungschefs der bedeutendsten Kulturnationen der Welt in Entzücken versetzen. Geld spielte keine Rolle, schon fürs erste lag ein Scheck über eine Million Pfund bei.

Tief überrascht rief Olivier bei der Bank an, um sich zu vergewissern, daß ihm kein Streich gespielt wurde. Der Scheck, so die Auskunft, war in der Tat gedeckt. Olivier erklärte sich zu dem gewaltigen Projekt bereit. Für den Hamlet wählte er Paul Rilley aus, sicher der geeignetste Mann. Sechs Monate unermüdlicher Proben folgten. Jeder Auftritt, jede Gebärde, jeder Satz mußte perfekt sitzen. Dann rückte das Datum der Aufführung näher, noch zwei Monate, dann noch einer, zwei Wochen, nur noch Tage. Schließlich war der große Tag da – und mit ihm die Katastrophe. Am entscheidenden Tag stürzte Paul Rilley eine Treppe hinab und konnte nicht mehr aufstehen. Nach der sofortigen Einlieferung ins Krankenhaus stellten die Ärzte zwei Brüche fest. Beide Beine wurden eingegipst mit dem Rat, das Bett für mindestens zwei Monate nicht zu verlassen. Der Hamlet war ausgefallen! Laurence Olivier war wie vor den Kopf geschlagen. Er hatte keine Vorsorge getroffen, nicht für Ersatz gesorgt! Was tun? Sofort rief er Zylberstein an, den Auftraggeber der Aufführung.

»Rühren Sie sich nicht von der Stelle, ich bin sofort da«, erklärte der Milliardär.

Wenig später stand er in Rilleys Krankenzimmer. Obwohl klein und schmächtig, strahlte Zylberstein doch eine gewaltige Autorität aus.

»Ich bin am Boden zerstört, glauben Sie mir«, fing Olivier an, »ich weiß nicht, was tun, ich habe alles verpatzt, ich hätte bedenken müssen ...«

»Beruhigen Sie sich«, unterbrach ihn der kleine Mann. »Ich kann den Hamlet auswendig, ich werde ihn selbst spielen.« Sprach's und ging.

Laurence Olivier war verblüfft: Der kleine Mann sollte den Hamlet spielen! Wie lächerlich! Ganz zu schweigen davon, daß er gar nicht geprobt hatte! Wahrscheinlich beherrschte er nicht einmal richtig den Text! »To be or not to be!« Welche Schmach für diese ergreifende Szene!

Dann aber eine Überraschung: Zylberstein spielte die Rolle geradezu perfekt. Er schien über sich selbst hinauszuwachsen, war offenbar eigens für die Aufführung mindestens dreißig Zentimeter größer geworden. Die anwesende Prominenz war einhellig begeistert und spendete frenetischen Beifall. Olivier, so hingerissen wie überrascht, suchte den Hamlet in seiner Garderobe auf. Es war tatsächlich Zylberstein, der kleine Mann. Olivier beglückwünschte ihn, frag-

te, wie er das alles nur geschafft habe …
»Ganz einfach!« antwortete Zylberstein. »Das ist doch alles nur Theater!«

* * *

Folgende Geschichte gebe ich wieder, weil sie mein Vater Daniel Rotnemer so sehr liebt. Die letzte Antwort habe ich aus seinem Mund zahllose Male gehört, denn er sieht sie als Inbegriff für all die absurden und unpassenden Bemerkungen, die für so viele Leute charakteristisch sind.

Ein junger Tolpatsch fragte seinen Freund:
»Wie machst du das nur. Du kommst an Klassemädchen heran, und mit mir geht nicht eine aus.«
»Tja, mein Lieber, das Geheimnis liegt darin, daß man den Mädchen etwas zu sagen hat, und jüdische Mädchen lieben vor allem drei Themen: das Essen, die Familie und die Philosophie. Frag sie, was sie gerne ißt, komm dann auf ihre Mutter und Geschwister zu sprechen und leite schließlich zur Philosophie über. Dann kann sie zeigen, wie intelligent sie ist.«
Auf diese Ratschläge vertrauend, verabredet sich der Bursche mit einem Mädchen und bläst sofort zum Angriff:
»Mögen Sie gefilte Fisch?«
»Überhaupt nicht«, antwortet das Fräulein.
»Und haben Sie Brüder?«
»Nein, ich bin die einzige Tochter.«
»Aber nehmen wir an, Sie hätten einen Bruder. Würde sich der für Philosophie interessieren?«

* * *

Schcha galt in der Stadt als besonders starker Kerl, und keiner reichte ihm das Wasser. Eines Tages sagte ihm einer:
»In Marrakesch gibt es einen, der ist noch stärker als du.«
Da wurde Schcha so zornig, daß er beschloß, den Mann zu suchen, um sich mit ihm zu messen. Nach Marrakesch gereist, fragte er auf der Straße einen Juden:

»Weißt du, wo der Jude wohnt, der so stark ist?«
Der Mann antwortete:
»Sehr wohl weiß ich das.«
Schcha freute sich auf eine baldige Begegnung und fragte weiter:
»Wenn ich dir Geld gebe, führst du mich zu ihm?«
»Abgemacht, ich führe dich hin«, antwortete der Mann. »Nur darf ich nicht von dieser Mauer weichen. Wenn ich fortgehe, bricht sie zusammen. Stütze sie mit deinem Körper ab und warte. Ich bringe dir den starken Mann, den du suchst.«
Der Jude ging, kam aber nicht wieder. Den ganzen Tag blieb Schcha an der Mauer stehen. Erschöpft sprach er gegen Abend einen Araber an, der an ihm vorbeiging:
»Weißt du, wo der Jude wohnt, der so stark ist?«
»Ja, das weiß ich«, antwortete der Araber, »aber warum lehnst du dich gegen die Mauer?«
»Ein Mann sagte mir, ich müsse sie abstützen, damit sie nicht einstürzt.«
Der Araber lachte schallend los:
»Der Mann hat dich an der Nase herumgeführt. Der starke Mann, das war er selber.«
Außer sich vor Zorn machte sich Schcha davon. Er ging zum Suk und fragte:
»Hast du den Juden gesehen, der so stark ist?«
Ein Jude trat an ihn heran und sagte:
»Ich werde dir erklären, wo er wohnt. Halte dieses Wollknäuel fest und rühr dich nicht vom Fleck. Mit dem Faden in der Hand gehe ich zu ihm nach Hause. Wenn das Knäuel ganz abgerollt ist, weißt du, daß ich dort bin.«
Schcha nahm das Knäuel und sah den Mann hinter einer Biegung verschwinden. Reglos blieb er auf dem Marktplatz stehen. Da fragte ihn ein Araber:
»Was stehst du wie ein Ölgötze herum?«
»Ich suche den Mann, der so stark ist. Ich will ihn verprügeln, denn er hat mich an der Nase herumgeführt.«
»Und was hältst du da in Händen?«

»Ein Wollknäuel. Wenn es ganz abgerollt ist, weiß ich, wo mein Mann wohnt.«
Der Araber platzte los:
»Er hat dich schon wieder an der Nase herumgeführt: Der dir das Knäuel gab, war der starke Mann.«
Schcha ging daraufhin dem Faden nach und gelangte schließlich zum Haus des starken Mannes, den er so lange gesucht hatte. Aber er war allzu erschöpft, und die Lust, sich zu prügeln, war ihm gründlich vergangen. So söhnten die Männer sich aus, wurden gute Freunde und durchstreiften gemeinsam das Land.

***

Eines Tages gab die Mutter Schcha Geld und schickte ihn Öl kaufen.
Schcha reichte dem Händler die Flasche und ließ sie füllen. Da die Flasche aber zu klein war, blieb im Meßgefäß etwas Öl zurück. Schcha drehte seine Flasche auf den Kopf und hieß den Händler, das übrige Öl in den eingesenkten Boden zu gießen. Der Händler tat, wie ihm geheißen. Die Flasche kopfüber haltend, machte sich Schcha auf den Weg zurück zu seiner Mutter. Unterwegs lief das Öl bis zum letzten Tropfen aus der Flasche heraus. Als die Mutter die leere Flasche erblickte, fragte sie Schcha:
»Ist dies das ganze Öl?«
»Nein«, antwortete Schcha, »auf dieser Seite ist auch noch etwas«, und drehte die Flasche um.

***

Schchas Schwester heiratete. Für das große Fest ging die Mutter beim Süßbäcker den letzten Teller Gebäck holen. Sie ermahnte ihren Sohn:
»Schcha, paß einstweilen gut auf deine Schwester auf. Wirf von Zeit zu Zeit ein Auge auf sie.«
Als gehorsamer Sohn ging Schcha zu seiner Schwester: Sie war für die Hochzeit herausgeputzt. Geschminkt, in einem

wunderschönen Kleid und mit Schmuck behängt, strahlte sie vor Glück. Schcha ging zum Metzger. Als seine Mutter zurückkehrte, sank sie fast in Ohnmacht. Ihre schöne Tochter war mit Blut besudelt!
»Schcha, was ist geschehen? Deine Schwester! Ich habe dir doch gesagt, wirf ein Auge auf sie!«
»Das habe ich doch getan, Mama!«
»Wie?«
»Ja, ich bin zum Metzger gelaufen, habe Ochsenaugen gekauft und von Zeit zu Zeit eines auf sie geworfen!«

***

An einem Morgen des Sabbat sollte Schcha in der Synagoge eine Predigt halten, hatte aber nichts vorbereitet und wußte nicht, was er sagen sollte. Da kam ihm ein listiger Gedanke:
»Liebe Gläubige«, sprach er, »wißt ihr, was ich euch sagen werde?«
»Nein«, antworteten die Gläubigen.
»Wenn ihr nichts erwartet, was soll ich euch dann sagen!« sprach er und ging, seiner Pflicht ledig, zur Tür hinaus.
In der folgenden Woche hatte er wieder nichts vorbereitet und sprach, als er vor den Gläubigen stand:
»Liebe Brüder, wißt ihr, was ich euch sagen werde?«
»Ja, ja«, antworteten sie, damit er nur nicht wie am vorigen Sabbat gleich wieder fortging.
»Wenn ihr es schon wißt«, stellte Schcha fest, »dann habe ich nichts Neues zu sagen und fürchte, ich werde euch langweilen.« Und ging, seiner Pflicht zum zweiten Mal ledig, zur Tür hinaus.
Die Gläubigen steckten die Köpfe zusammen und hielten Kriegsrat. Schließlich beschlossen sie, ein Teil werde auf Schchas Frage das nächste Mal bejahend, ein anderer Teil verneinend antworten.
Am dritten Sabbat, als Schcha seine Frage erneut stellte, taten alle wie abgemacht:
»Die eine Hälfte weiß es, die andere weiß es nicht.«

»Welch eine vorbildliche Gemeinde!« schwärmte Schcha. »Ohne daß ich zu euch sprach, haben manche von euch begriffen, was ich euch lehren will. Und deshalb sollen nun die, welche wissen, was ich zu sagen habe, es denen sagen, welche es nicht wissen.« Und ging zum dritten Mal hinaus.

***

Schcha dauerte die Not der Armen in seinem Viertel. So beschloß er eines Tages, die Dinge in die Hand zu nehmen, erklomm an einem Sabbat das Podium der Synagoge und versuchte die Reichen zu überzeugen, den Armen großzügiger zu geben.

»Wie ist deine Predigt angekommen?« fragte seine Frau nach seiner Rückkehr.

»Die Hälfte der Zuhörer konnte ich überzeugen: Die Armen wollen gern mehr nehmen.«

***

Eines Tages schickte Schcha sich an, mit schweren Lasten vom Markt nach Hause zu reiten. Ehe er sich auf seinen Esel schwang, lud er den schweren Sack auf seinen Rücken. Einer wunderte sich:

»Wieso packst du den Sack nicht auf den Rücken des Esels, statt ihn dir selbst aufzuladen?«

»So schwer will ich mein armes Tier nicht tragen lassen.«

***

Als Schcha eines Nachts keinen Schlaf fand, ging er hinaus und wandelte durch die Straßen. Ein Gesetzeshüter sprach ihn an:

»Was tust du zu dieser Stunde noch auf der Straße?«

»Ich finde im Bett keinen Schlaf, deshalb suche ich ihn draußen!«

***

Bange sah Schcha der Hochzeitsnacht entgegen. Er wußte nicht, was tun, wenn er nach der Feier mit seiner Frau allein sein würde. Da holte er sich bei den Freunden Rat.
»Sei unbesorgt, Schcha«, sprachen die zu ihm, »du hast doch Dutzende Male gesehen, wie es die Hunde tun. Tue es einfach ihnen gleich.«
»Danke, ihr habt mich gerettet.«
Nach dem Fest begab Schcha sich mit seiner Frau ins Schlafgemach. Seine Frau kleidete sich aus, schlüpfte unter die Bettdecke und wartete auf Schcha.
Schcha zog sich ebenfalls rasch aus, lief um das Bett herum und hob an jeder der vier Ecken das Bein ...

***

In Rußland gibt ein Adeliger folgende Annonce auf: »Junger Mann gesucht, elegant, Französisch und Englisch perfekt, als Reisebegleiter nach Westeuropa.«
Ein alter Jude stellt sich vor und bittet dringend, den zu sprechen, der die Annonce aufgegeben hat. Da er den Erwartungen ganz offensichtlich nicht entspricht, weigert sich der Kammerdiener zunächst, ihn vorzulassen. Doch der Alte insistiert solange, bis der Diener ihn schließlich doch hineinläßt.
»Gnädiger Herr«, sagt er zu dem Adeligen, »ich habe Eure Annonce gelesen. Wie Ihr seht, bin ich weder jung noch elegant. Und ich weise darauf hin, daß ich weder Englisch noch Französisch spreche.«
»Und?«
»Ich komme nur, Euch zu sagen, daß ich die angebotene Stelle unmöglich annehmen kann.«

***

Eine Mutter zu ihren Kindern:
»So, Kinder, diese Woche, so Gott will, gehen wir ins Kino. Und wenn nicht, gehen wir nächste Woche.«

***

Ein jüdischer Trunkenbold sagt eines Abends zu seiner Frau:
»Weck mich heute nacht, wenn ich Durst habe.«
»Gerne«, antwortet seine Frau, »aber woher weiß ich, wann du Durst hast?«
»Sobald du mich geweckt hast, natürlich!«

***

»Hast du ein Bad genommen?«
»Wieso! Fehlt eines?«

***

In einem Bahncoupé in Rußland setzt sich ein jüdischer Bursche einem alten Juden mit weißem Bart und einem langen schwarzen Mantel gegenüber. Nach kurzer Zeit beobachtet der Junge verblüfft, wie seltsam sich der Alte gebärdet: Er murmelt vor sich hin, lächelt, hebt die Arme, dann kurze Pause, und das Spiel beginnt von vorn. Bald kann der Bursche seine Neugierde nicht länger zügeln und fragt:
»Entschuldigen Sie, ist Ihnen nicht wohl?«
»Ich fühle mich sehr wohl, aber ich fahre oft Zug und habe mir gegen die Langeweile einen Zeitvertreib ausgedacht: Ich erzähle mir Witze. Deshalb rede ich mit mir selbst und lache.«
»Und warum heben Sie die Arme?«
»Nun, wenn ich einen schon kenne, winke ich ab!«

***

In der Pariser Metro setzt sich eine Dame ins Abteil. Sie wirft ihrem Gegenüber fragende Blicke zu und kann schließlich nicht mehr an sich halten:
»Entschuldigung, Sie sind nicht zufällig Jude?«
Verblüfft erwidert der Fahrgast:

»Nein, Madame, durchaus nicht.«
»So etwas, ich dachte schon!«
Nach einigen Sekunden des Schweigens fängt sie wieder an:
»Entschuldigung, Monsieur, sind Sie ganz bestimmt nicht Jude?«
»Nein, Madame, ganz sicher nicht!«
»Hmm! Aber vielleicht haben Sie einen jüdischen Großvater? Oder eine jüdische Großmutter?«
»Nein, Madame!«
Der Fahrgast reagiert zunehmend gereizt, aber die Dame stellt unverdrossen die immergleiche Frage. Schließlich verliert der Mann die Geduld. Um des lieben Friedens willen antwortet er:
»Na schön! Wenn Sie unbedingt wollen! Ich bin Jude!«
Die Frau blickt ihn aufmerksam an:
»Oh! Wie seltsam! Sie sehen gar nicht so aus.«

***

Salomon spielt mit Feuereifer Golf. Einmal schlägt er den Ball so heftig ab, daß er in hohem Bogen davonfliegt und jenseits des Golfrasens verschwindet. Als Salomon draußen nach ihm sucht, blickt er einem aufgebrachten Polizisten ins Auge:
»So so! Ihr Ball ist das also!«
»Ja, wieso?«
»Na, auf den Volltreffer können Sie stolz sein! Der Ball hat die Windschutzscheibe eines Lastwagens durchschlagen. Der Lastwagen hat einen Bahnübergang passiert, ist stehengeblieben und vom herandonnernden Zug beiseite gefegt worden. Der Zug ist entgleist, mehrere Waggons sind auf einen Campingplatz gestürzt: mindestens fünf Tote und ein gutes Dutzend Verletzte. Ich bin gespannt, was Sie jetzt zu tun gedenken!«
»Ich? Nun, ich werde versuchen, genauer zu zielen.«

***

In einem Pariser Restaurant fällt dem Oberkellner auf, daß Perez, sein treuester Stammgast, mit dem Fisch auf seinem Teller spricht.
»Sie sprechen mit dem Fisch, Monsieur Perez?«
»Ganz recht.«
»Ja, versteht er Sie denn?«
»Natürlich.«
»Und was haben Sie ihm gesagt?«
»Ich habe mich nach meinem Cousin in New York erkundigt.«
»Und hat er geantwortet?«
»Ja, er hat gesagt: ›Ich kann die Frage nicht beantworten, Monsieur Perez. Man hat mich schon vor über einem Jahr aus dem Ozean gezogen.‹«

***

Zweite Version.
In einem Restaurant bestellt ein Gast Fisch. Als der Fisch kommt, blickt der Gast ihn mißtrauisch an und meint zum Kellner:
»Hm! Dieser Fisch sieht so aus, als liege er schon ein Jahr auf dem Teller!«
»Davon weiß ich nichts, Monsieur. Ich bin erst ein halbes Jahr hier.«

***

In Marrakesch betritt ein Riesenkerl die Bar, schlägt mit der Faust auf den Tresen und verlangt mit donnernder Stimme:
»Ein Glas Coca Cola, oder ...!«
Zitternd setzt der Barkeeper dem unangenehmen Gast ein Glas Coca Cola vor, hoffend, daß er bald wieder verschwindet. Als der Gast ausgetrunken hat, zerschmettert er das Glas auf dem Tresen und rülpst beim Hinausgehen laut in die Menge.
Am nächsten Tag, zur gleichen Stunde, das gleiche Szenario:

»Ein Glas Coca Cola, oder ...!«
So geht es Tag für Tag, einen ganzen Monat lang. Immer führt der Barkeeper zitternd den Befehl des Zechprellers aus. Schließlich hat der Besitzer genug davon, sich vor den Augen der Gäste demütigen zu lassen. Er nimmt seinen ganzen Mut zusammen:
»Ein Glas Coca Cola, oder ...!«
»Oder was?«
»Oder Limonade, oder Bier ...«

***

An einem schönen Sommertag ißt Goldstein zu Mittag im Restaurant von Madame Zenou. Als ihm warm wird, schlüpft er aus seiner Weste und legt sie über die Rückenlehne. Madame Zenou tritt an ihn heran:
»Monsieur Goldstein, stellen Sie sich vor, Sie sitzen im Fouquet's und legen die Weste ab. Was glauben Sie, würden man Ihnen dort sagen?«
»Was man sagen würde? ›Lieber Monsieur Goldstein‹, würde man sagen, ›wenn Sie die Weste ablegen wollen, essen Sie lieber bei Madame Zenou.‹«

***

Nissim will ausgehen. Er fragt seine Frau:
»Sag, Simy, ich will ausgehen und glaube, daß es regnen wird. Was meinst du? Soll ich den Schirm mitnehmen?«
»Ja, nimm den Schirm mit.«
»Schon, aber wenn es nicht regnet, nehme ich ihn umsonst mit. Ich lasse ihn lieber da und nehme den Spazierstock.«
»Gut, laß den Schirm hier und nimm den Stock.«
»Schau, Simy, die Gewitterwolken kommen näher. Wenn ich draußen bin, geht es vielleicht los, dann werde ich naß. Ich lasse doch lieber den Stock da und nehme den Schirm.«
»Gut, laß den Stock da und nimm den Schirm.«
»Du hast recht. Aber jetzt scheint es aufzuklaren. Ich lasse

doch den Schirm da und nehme den Stock.«
»Lieber Gott, Nissim! Nimm den Stock und laß den Schirm da!«
»Zum Teufel! Einmal heißt es: ›Nimmt den Schirm und laß den Stock da‹ und dann wieder: ›Nimmt den Stock und laß den Schirm da!‹ Frauen! Alle gleich! Jetzt brauche ich weder Stock noch Schirm! Ich bleibe da!«

* * *

Zwei alte Juden wollen zu Rothschild vorgelassen werden. So abgerissen, wie sie aussehen, verwehrt ihnen der Kammerdiener den Zutritt:
»So kann ich Sie nicht vorlassen. Wechseln Sie bitte erst die Kleidung.«
Die beiden Juden treten beiseite, und der ältere sagt zum jüngeren:
»Komische Idee! Aber tun wir, was er verlangt: Gib mir dein Hemd, und ich geb dir meines.«

* * *

Ein Jude trägt so enge Schuhe, daß ihm die Füße schmerzen. Verwundert fragt sein Freund:
»Warum kaufst du dir keine größeren? Du bist wohl zu knickrig?«
»Mitnichten! Ich und geizig? Ich trage nur deshalb zu kleine Schuhe, weil meine Geschäfte schleppend gehen, meine Frau mir den Laufpaß geben will und die Kinder mir den Respekt versagen. Du verstehst, wenn ich abends nach Hause komme und die Schuhe ausziehe, habe ich wenigstens einmal am Tag ein angenehmes Erlebnis.«

* * *

Ein Grüppchen befreundeter Rentner trifft sich täglich im Park an der Place de la République. Stundenlang debattie-

ren sie über das Elend in der Welt, und jeder Satz strotzt vor Pessimismus. Da verkündet eines Tages einer von ihnen:
»Wißt ihr was? Ich bin Optimist!«
Alle sind betroffen, jeder wittert Verrat. Einer aber sieht, daß etwas nicht stimmt:
»Moment! Wenn du Optimist bist, wieso schaust du dann so verzweifelt drein?«
»Glaubst du etwa, ein Optimist hat es leicht?«

***

Vom Glück, richtig zu reden
Zwei Freunde beim Segeltörn: Ein heftiger Sturm bringt das Schiff zum Kentern. Alle ertrinken, außer den beiden Freunden, die das rettende Ufer erreichen. Dort fragt man sie verwundert:
»Wie habt ihr die Kraft aufgebracht, so weit zu schwimmen?«
»Wir können nicht schwimmen!«
»Wie habt ihr euch dann gerettet?«
Heftig mit den Händen gestikulierend antworten sie:
»Wir haben einfach weitergeredet.«

***

Ein betagter Jude sieht das erste Telefon seines Lebens. Daß es Stimmen übertragen soll, versetzt ihn in Erstaunen.
»Und wie bedient man das Gerät?«
»Man hält den Hörer in der einen und die Muschel in der anderen Hand ...«
»Was! Keine Hand mehr frei? Und wie soll ich dann reden?«

***

Benguigui fällt auf, daß Marciano seinen Ring nach innen gedreht am Finger trägt.

»Nanu? Wo trägst du denn deinen Brillanten? Eine neue Mode?«
Marciano hebt die Hand:
»Sonst sieht man den Stein doch nicht.«

***

Laurent verpaßt Salomon ein paar saftige Ohrfeigen.
»Sag mal!« fragt Salomon, »ist das Spaß oder Ernst?«
»Voller Ernst!«
»Dein Glück! Solche Späße mag ich nämlich gar nicht!«

***

Es ist Winter, draußen herrscht klirrender Frost. David betritt ein Restaurant und läßt die Tür offenstehen.
»He! David! Mach doch die Tür zu! Draußen ist es eiskalt!«
»Glaubst du, daß es da wärmer wird, wenn ich zumache?«

***

Abraham, ein Stadtmensch und friedlicher Pensionär, döst an der Côte d'Azur vor seinem kleinen Hotel. Als eine Staubwolke heranbraust, steht er auf, um nachzusehen, was los ist: Der Lieferwagen eines Bauern rollt heran.
»Tag«, knüpft Abraham neugierig das Gespräch an.
»Schönen Tag.«
»Und? Wo geht's denn hin?«
»In die Stadt.«
»Was haben Sie geladen?«
»Dünger.«
»Dünger? Und was machen sie mit dem?«
»Der kommt auf die Erdbeeren.«
»Oh! Kommen Sie doch in den nächsten Tagen einmal hier zum Essen vorbei. Hier können Sie das mit Schlagsahne probieren.«

7

Selbstkritik mit Hohn und Spott

Humor kann einem auch zur Lehre gereichen, lassen sich mit ihm doch Dinge sagen, die keiner sonst gerne hört. Doch Vorsicht, daß man sich nicht täusche: Was ein Jude sich selbst vorwirft, das sollte man ihm nicht unter die Nase reiben, ähnlich wie Cyrano de Bergerac, der in gedrechselten Versen seine Nase preist, sich auf das gute Stück aber jede leise Anspielung verbittet

Rabbi Abraham der Engel, einer der Großen der chassidischen Bewegung, kam einst in das Haus seines Schwiegervaters nach Kremnitz. Die vornehmsten Männer der Gemeinde versammelten sich, den Heiligen zu begrüßen. Dieser aber, anstatt die Begrüßung zu erwidern, wandte sich zum Fenster, um hinaus auf den Berg zu schauen, der die Stadt überragte. Einer der Wartenden, sich der eigenen Gelehrsamkeit bewußt und auf seine Würde bedacht, sprach ungeduldig:
»Wie kann Euch dieser Berg so erstaunen? Habt Ihr seinesgleichen noch nicht gesehen?«
Der Rabbi antwortete: »Ich schaue und staune, wie solch ein Erdklumpen sich großtat, bis er ein hoher Berg wurde.«

***

Einst fand sich beim Rabbi Schlomo von Karlin ein Besucher ein, der zur Erleichterung seiner Not um Unterstützung bettelte.
»Aber«, wandte der Rabbi ein, »ich habe nicht den Schlüssel, der dir öffnen kann!«
»Dann nimm doch einen Nagel«, erwiderte der Besucher, »und spreng das Schloß auf!«

***

René begegnet Daniel:
»Wie geht's, Daniel?«
»Sehr gut.«

»Tatsächlich?«
»Aber ja! Mir bricht zwar bald das Dach über dem Kopf zusammen, im Winter krepieren wir vor Kälte und im Sommer ersticken wir fast, aber sonst geht es sehr gut. Meine Frau ist im Alter zänkisch geworden, aber trotzdem geht es sehr gut. Mit dem Geld komme ich kaum über die Runden, und immer mehr Zipperlein plagen mich, aber sonst geht es sehr gut!«

***

Ein Ehepaar, beide schon hundert Jahre alt, sucht den Rabbiner auf, um die Scheidung einzureichen.
»Wie lange seid ihr schon verheiratet?« fragt der Richter.
»Fünfundsechzig Jahre.«
»Und wie lange seid ihr unglücklich?«
»Fast die ganze Zeit.«
»Warum wollt ihr erst jetzt, nach so vielen Jahren, geschieden werden?«
»Wir haben gewartet, bis die Kinder gestorben sind.«

***

Ein Jude hat Himmel und Hölle in Bewegung gesetzt, um zu vergessen, daß er Jude ist: Er hat den Namen geändert, ist aus seinem jüdischen Viertel weggezogen, pflegt einen neuen Umgang und geht anderen Hobbys nach. Auf einer Cocktailparty tritt jemand auf ihn zu:
»Hallo, guten Tag! Wir sind uns doch vor zwei Jahren in Tel Aviv begegnet, auf der Hochzeit von Sophie und Daniel!«
»Ausgeschlossen!«
»Aber doch, ich erinnere mich genau an Ihr Gesicht ...«
»Unmöglich! Ich war nie in Tel Aviv!«
»Sehr seltsam. Sie haben offenbar einen Doppelgänger. Sind Sie noch nie verwechselt worden? Ich hätte geschworen, wir kennen uns aus Tel Aviv!«
Am Rande der Nervenkrise ruft der Jude verzweifelt:

»Das bin nicht ich! Wenn ich es Ihnen doch sage! Ich bin das nicht! «

***

Mosche ist ein rundum häßlicher Mensch. Er schielt, hat einen schiefen Mund, eine fleischige Nase und ein verkrüppeltes Bein ... Sein Äußeres bereitet ihm so großen Verdruß, daß er eines Tages beschließt, sich vollkommen neu herrichten lassen. Sechs Monate lang unterzieht er sich einer Operation nach der anderen. Als er schließlich das Krankenhaus verläßt, ist er nicht wiederzuerkennen: ein gutaussehender junger Mann, groß und kräftig, mit regelmäßigen Zügen und einem eleganten Gang ... der geborene Liebling der Damen!
Selbstbewußt beschließt er zu heiraten. Mühelos findet er die Frau seines Lebens. Am Tag seiner Hochzeit tritt er geschniegelt und gebügelt aus dem Haus. In diesem Augenblick rast unversehens ein Auto heran, kann nicht mehr bremsen und überrollt ihn.
Kaum im Paradies angelangt, verlangt er Gott zu sprechen:
»Mein Gott! Warum hast du mir das angetan! Gerade jetzt, wo ich glücklich wurde! Ich bin endlich ein schöner Mann geworden, wollte gerade heiraten, und da läßt du mich sterben!«
Gott blickt ihn einige Sekunden lang fassungslos an, dann platzt er lachend heraus:
»Wie? Du bist das? Mosche? Entschuldige! Ich habe dich nicht erkannt!«

***

Albert und Mosche spielen täglich in einem Café Karten. Als sie wieder einmal zusammensitzen, ruft Mosche plötzlich:
»Was mußt du für ein Typ sein, wenn du jeden Tag mit einem Typen Karten spielst, der mit einem Typen wie dir Karten spielt!«

***

Ein großer amerikanischer Bühnenschauspieler sagte einst zu einer Gruppe jüdischer Damen aus Miami:
»Eines vor allem merkt euch: Ihr dürft euch nie, aber auch gar nie dafür schämen, daß ihr Jüdinnen seid; denn das allein reicht schon aus, daß ich mich dafür schäme, daß ihr Jüdinnen seid.«

8

Der Name

Wie wir schon im ersten Kapitel gezeigt haben, ist die Frage nach der eigenen Identität für den Juden und sein Judentum eine der Schlüsselfragen. Die Identität ist ein philosophisches, psychologisches und soziologisches Problem, das sich auch im Namen niederschlägt. Der Mensch wirkt nach außen durch sein Auftreten, seine besonderen Gesichtsmerkmale und seinen Charakter. Viele Bürger ein und desselben Landes ähneln sich in ihrer Art, sich zu kleiden und zu sprechen, und es ist oft sehr schwierig, die gesellschaftliche Herkunft, die ethnische Abstammung oder gar die Religionszugehörigkeit zu erkennen, bevor man sie persönlich kennenlernt. Aber ein Name kann so manches verraten …

Oft ist zunächst nur eine Stimme am Telefon, bis der Gesprächspartner fragt:

»Wie ist Ihr Name?«

»Ich heiße Cohen …«

»Einen Augenblick, bitte.«

Ihr Gesprächspartner bedurfte kaum eines Augensblicks, um Sie zu identifizieren. Und auch das Durchschnittsgesicht, so nichtssagend es sein mag – außer für unverbesserliche Physiognomiker, die überall jüdische Nasen zu erkennen meinen –, erhält mit dem Namen schlagartig ein Profil:

»Dobermann? Warten Sie … Ist das nicht zufällig ein jüdischer Name?«

Ein deutscher, russischer oder slawischer Name bekommt außerhalb der Herkunftsländer sofort einen jüdischen Anklang. Der wahrhaft Deutsche bleibt eigentlich in Deutschland, ein echter Russe in Rußland! Der Jude hingegen ist bekannt als der juif errant, der umherziehende Jude!

Angesichts der Verfolgungen unter so manchen Regimes beschlossen deshalb viele Juden eines Tages, ihren Namen zu ändern, der ihre Herkunft verriet.

In diesem Bereich gelingt es dem Humor, die psychologischen Schwierigkeiten der Namensänderung deutlich zu machen, zugleich aber auch die Tätigkeit des Unbewußten, das eine herrenlos gewordene Identität immer wieder ans Licht zu holen versteht …

Kurz bevor er starb, sprach Rabbi Sussja, der chassidische Meister:
»In der kommenden Welt wird man mich nicht fragen: ›Warum bist du nicht Mose gewesen?‹ Man wird mich fragen: ›Warum bist du nicht Rabbi Sussja gewesen?‹«

***

Ein französischer Jude namens Katzmann änderte seinen Namen, indem er die beiden Namensteile ins Französische übersetzte: Katz = Chat; Mann = l'homme.
Und hieß von da an Chatlhomme (sprich: Schalom)

***

Herr Rabinowitsch möchte seinen Namen in Julius Schmidt ändern. Auf dem Weg zum Standesamt wiederholt er immer wieder: Julius Schmidt, Julius Schmidt, Lulius Schmi, Schulius Midt ... Als er vor den Beamten tritt, fordert dieser ihn auf, den gewünschten Namen zu nennen. Völlig verwirrt stammelt er: »Schmulius Jid!«

***

Meir Jakubowitsch beschließt eines Tages, seinen Namen zu ändern. Er begibt sich auf das Standesamt, erfüllt alle Formalitäten und erhält nach einigen Monaten die offizielle Erlaubnis, sich Paul Dupont zu nennen. Kurz darauf erscheint er erneut auf dem Standesamt, um seinen Namen ein zweites Mal zu ändern:
»Ich heiße Paul Dipont und möchte meinen Namen in Charles Dirand ändern lassen.«
»Aber hören Sie, Monsieur, Sie haben Ihren Namen doch erst kürzlich gewechselt! Warum jetzt schon wieder?«
»Ganz einfach, ich werde es Ihnen erklären: Jedesmal, wenn ich nach meinem Namen gefragt werde, werde ich sagen ›Charles Dirand‹. Dann wird man mich etwas spöttisch

anschauen und sagen: ›Aha, Charles Dirand! Und vorher?‹ Dann werde ich mit gutem Gewissen sagen können: ›Paul Dipond‹.«

***

Ein Jude sucht einen Rabbiner auf und äußert den Wunsch, ein Cohen zu werden.
»Aber das ist unmöglich. Als Cohen wird man geboren, das wird man nicht!«
»Ich biete Ihnen 10 000 Francs.«
»Und wenn Sie das Doppelte oder Dreifache bieten, ich kann das nicht, und keiner kann das. Aber sagen Sie, warum wollen Sie unbedingt ein Cohen sein?«
»Mein Großvater war ein Cohen, mein Vater war ein Cohen, also will auch ich ein Cohen sein!«*

***

Deborah, die junge Tochter gutsituierter, traditionsbewußter Juden in Frankreich, perfektioniert an einer Universität in New York ihr Englisch. Da läuft ihr der Mann ihres Lebens über den Weg, und sie beschließt zu heiraten! *Mazel tov!* Aber es gibt ein kleines Problem: Der von ihr Begehrte ist ein waschechter Indianer, hat vorspringende Wangenknochen, die Augen und die etwas rötliche Haut eines Indianers, nicht einmal die eines Mestizen! Er ist kein Jude, das sieht man auf den ersten Blick!
Die Familie widersetzt sich der Eheschließung mit aller Macht, aber Deborah ist hartnäckig, sie heiratet ihn trotz-

* Cohen sein bedeutet Juden mehr, als nur diesen Namen zu tragen. Zur Zeit des jüdischen Tempels in Jerusalem waren die Cohanim (Mehrzahl von Cohen) mit dem heiligen Dienst im Tempel beauftragt. Nach der Zerstörung des Tempels wurden die Synagogen zu Stätten des Gemeinschaftskults, wo der Sohn vom Vater Cohen dessen Verantwortung für den Dienst in der Synagoge übernahm. Es ist also genauso, wie der Rabbi in dieser Geschichte sagt: Man ist Cohen oder wird als solcher geboren, man kann es nicht werden, auch wenn man seinen Namen ändert.

dem. Die Eltern sind außer sich, bleiben der Trauung fern und weigern sich später, den Ehemann bei einem Besuch kennenzulernen. Ein Jahr lang schwelt der Zorn weiter. Doch dann bringt Deborah ein Mädchen zur Welt. Die Eltern geben ihren Widerstand auf; sie möchten unbedingt ihre Enkeltochter sehen und beschließen, ihre Vorbehalte erst einmal zurückzustellen. Bei der Ankunft auf dem Flughafen stellt Deborah die Familien einander vor:
»Mein Mann, Feuriges Pferd, und seine Eltern, Erhabener Adler und Üppiger Morgentau. Ich habe meinen Namen inzwischen geändert und heiße Frühlingswolke.«
Im Wigwam angekommen, zeigt sie den Eltern ihr Baby.
»Wie süß«, sagt der Vater.
»Ganz Tante Colette!« seufzt die Mutter entzückt.
»Oh! Sieh nur, wie es mich anstrahlt!«
»So ein reizendes Püppchen! Wie heißt es denn?«
»Euch zu Ehren«, antwortet Feuriges Pferd, »haben wir ihm einen Namen aus Eurem Land gegeben: Gefüllter Karpfen!«

9

Psychiatrie, Psychoanalyse und Medizin

Einige wissenschaftliche Bücher über den Humor erörtern auch die psychoanalytischen Theorien zum jüdischen Humor. Das folgende Kapitel handelt deshalb von den Theorien des jüdischen Humors über die Psychoanalyse und die Psychoanalytiker.

Das Judentum und die Psychoanalyse waren seit ihrer Begründung durch Freud eine enge Symbiose eingegangen. Den Beziehungen zwischen Freud und dem Judentum sind zahlreiche wissenschaftliche Veröffentlichungen gewidmet worden. Hingewiesen sei hier nur auf das bedeutende Werk von Yosef Hayim Yerushalmi: Freuds Moses. Endliches und unendliches Judentum, *München 1996. Neben dem soziologischen und historischen Aspekt dieser Frage gibt es auch eine Verwandtschaft in der Methodik und vor allem in ihrer Beziehung zur Sprache, ein gewisses Vertrauen auf die Kraft des gesprochenen Wortes, das vernichten und aufbauen, einen Menschen ruinieren, aber auch heilen kann ...*

Die Gesprächstherapie, die am Anfang der psychoanalytischen Entdeckung stand, ist letztlich eine konsequente Umsetzung des talmudischen Satzes: »Die Heilung besteht darin, die Knoten der Zunge zu lösen ...« (Sanhedrin 100a.)

So galten Psychoanalytiker den Juden von Anfang an als Vertreter ihrer Kultur. Einige meinten, »Psychoanalytiker« bedeute nichts anderes als »Doktor« auf Englisch!

Wichtig im Verhältnis zum Psychoanalytiker oder zum Arzt im allgemeinen ist der pekuniäre Aspekt: Böse Zunge könnten behaupten, man müsse schon Jude sein, um aus seinen Worten Geld zu machen – eine überspitzt boshafte Formulierung, die so sicher nicht zutrifft. Denn der Analytiker verkauft ja gerade nicht seine Worte, sondern im Gegenteil sein Schweigen, das heißt sein Zuhören. Genauer gesagt, läßt er sich für eine Begegnung bezahlen, die es dem Patienten erlaubt, einen »Mehrwert« an Sinn zu produzieren, den er andernfalls nicht hätte produzieren können. »Die analytische Situation schafft die Voraussetzungen für eine Gesprächssituation, die keiner anderen gleicht. Im analytischen Raum werden neue Inhalte augenfällig, entstehen neue Sinnzusammenhänge, kommt es zu Be-

deutungsverschiebungen und entsteht ein Mehrwert an Sinn, der sich der Logik des gewöhnlichen Warentauschs entzieht. Dagegen ist das Honorar für die Sitzung nur eine konventionelle Größe. Konventionell, aber unentbehrlich, um dem Wort seinen Wert zu geben ...« (Siehe hierzu das in mehrfacher Hinsicht besonders interessante Buch von Serge Viderman, Die Psychoanalyse und das Geld, *Frankfurt a. M. 1996).*

Mir fehlt der Mangel, also habe ich die Erfüllung.
(Rabbi Jaakow Lacan)

***

Ein sehr gelehrter, aber kaltherziger Mann kam zu Rabbi Abraham von Stretyn und sprach zu ihm:
»Es heißt, Ihr gäbet den Leuten heimliche Heilmittel und Eure Mittel seien wirksam. Gebt mir denn eins, um Gottesfurcht zu erlangen!«
»Für die Furcht Gottes«, sagte Rabbi Abraham, »weiß ich bei mir kein Mittel. Aber wenn Ihr wollt, könnt Ihr eines für die Liebe Gottes erhalten.«
»Das ist mir noch erwünschter«, rief jener, »gebt es nur her!«
»Das Mittel«, antwortete der Rabbi, »ist Liebe zu den Menschen.«

***

Gestern habe ich den Psychoanalytiker mit seiner Couch auf dem Rücken auf der Straße getroffen. Als ich ihm meine Verwunderung darüber ausdrückte, erklärte er mir:
»Ein Notfall!«

***

Zwei Psychiater begegnen sich nach einem langen Arbeitstag. Der jüngere wirkt mit seinem zerzausten Haar, dem zerknitterten Anzug und einem langen Gesicht völlig erschlagen, während der ältere aussieht, als habe er gerade seinen Mittagsschlaf beendet.
»Ich staune, Arie«, empört sich der jüngere, »du siehst nach

einem langen Arbeitstag so aus, als könntest du mühelos noch einen zweiten bewältigen! Wie schaffst du das bloß? Mich treiben die Patienten zum Wahnsinn. Mit jedem Problem der Stadt kommen sie zu mir. Deine Patienten sind doch sicher genauso. Bist du nicht niedergeschlagen und ausgebrannt, wenn du den ganzen Tag zuhörst?«
»Aber, aber«, entgegnet ihm Arie, »wer redet denn von Zuhören?«

***

Im Sprechzimmer eines Psychiaters:
»Doktor, es ist furchtbar, ich rede ständig mit mir selbst, den ganzen Tag, ich habe das nicht unter Kontrolle!«
»Millionen Menschen führen Selbstgespräche, das ist doch nicht furchtbar!«
»Schon, aber wissen Sie, ich kann nicht sagen, wie sehr mich dieses lästige Geschwätz anödet!«

***

Zwei Freunde, beide aus dem algerischen Constantine, begegnen sich in Paris im Wartezimmer eines Arztes.
»Wie geht's?« fragt der eine.
»Nicht besonders. Letzten Monat habe ich tausend Francs für Medikamente ausgegeben.«
»Tausend Francs! Für Medikamente! In einem Monat! Dafür hättest du in Constantine ein ganzes Jahr krankfeiern können!«

***

Ein geiziger Jude will sich einem berühmten Medizinprofessor anvertrauen. Er hat erfahren, daß der Arzt bei der ersten Konsultation fünfhundert Francs und bei jeder weiteren nur noch die Hälfte nimmt. Vergnügt betritt er das Sprechzimmer:
»Guten Tag, Herr Professor, da bin ich wieder!«
Der Professor horcht ihn ab, stellt interessiert Fragen, weist

die Sprechstundenhilfe an, zweihundertfünfzig Francs in Rechnung zu stellen, und bescheidet ihn lächelnd:
»Nichts Neues. Setzen Sie die Behandlung vom letzten Mal fort.«

* * *

»Doktor, ich bin doch hoffentlich krank! Denn so übel will ich mich auf keinen Fall fühlen, wenn ich gesund bin!«

* * *

Eine Frau in einem respektablen Alter sucht den Arzt auf. Nach der Untersuchung sagt er schließlich:
»Die Medizin hat Fortschritte gemacht, aber trotzdem kann ich Sie nicht jünger machen, leider.«
»Sie sollen mich auch nicht jünger machen. Sie sollen mir helfen, noch älter zu werden!«

* * *

Frau Stein, eine wohlbeleibte jiddische Mame, bewehrt mit Ringen an jedem Finger, sitzt in der Sprechstunde ihres Hausarztes.
»Doktor, ich kann machen, was ich will, ich bin immerzu krank, ständig geht es mir schlecht!«
»Hören Sie, Frau Stein, ich weiß, wie ich Ihnen helfen kann. Sie tragen da einige Ringe, nichts Wertvolles, aber zu Hause haben Sie sicher mehr Schmuck?«
»Natürlich, Doktor, wie können Sie denken ...«
»Nun, legen Sie allen Schmuck an und kommen Sie wieder.«
Mit ihrem gesamten Schmuck schwer behängt, kommt die Dame wieder: Armbänder, Halsketten, Ohrgehänge und an jedem Finger fünf Ringe!
»Sehr schön, Frau Stein. Gewiß besitzen Sie auch einen Nerzmantel, nicht wahr?«
»Natürlich, aber es ist Sommer und ...«

»Ziehen Sie den Mantel an und kommen Sie wieder.«
Mit ihrem ganzen Schmuck und angetan mit ihrem Nerzmantel kommt sie wieder.
»Gut, Frau Stein, Sie haben doch sicher einen Silberfuchs.«
»Ja, aber …«
»Ziehen Sie auch den Silberfuchsmantel an und kommen Sie wieder, Frau Stein.«
Keuchend vor Hitze, mit Mänteln und Schmuck behangen, kommt Frau Stein wieder. Vor den folgenden Sprechstunden legt sie zusätzlich ihren Otterfellmantel, den Zobel und den Hermelin an …
Ein Gebirge, das sein Gewicht in Gold wert war.
»Nun, Frau Stein? Fühlen Sie sich besser?«
»Ach Doktor, ich habe mich nie im Leben so wohl gefühlt. Sie haben mich geheilt! Darf ich Ihnen eine Frage stellen?«
»Gerne!«
»Wie heilen Sie eigentlich Nichtjuden?«

***

Cohen sucht einen Psychoanalytiker auf:
»Ich habe ein Problem, da ist jemand unter meinem Bett.«
»Haben Sie nachgesehen?«
»Ja, aber jedesmal, wenn ich nachschaue, verschwindet er und läßt sich nicht mehr blicken. Und sobald ich nicht mehr unter das Bett schaue, kehrt er zurück. Er raubt mir den Schlaf, ich kann vor Müdigkeit nicht mehr arbeiten, ich verliere noch den Job, wenn das so weitergeht.«
»Sie brauchen eine Therapie, Herr Cohen. Kommen Sie zweimal die Woche in meine Sprechstunde.«
»Wie lange kann das dauern?«
»Das weiß ich noch nicht, vielleicht drei Wochen, vielleicht drei oder sechs Monate, vielleicht sogar Jahre.«
»Herrje, und was kostet das?«
»Zweihundertfünfzig Francs eine Sitzung.«
»Das ist mein Ruin, aber ich habe im Augenblick keine Wahl. Also gut.«

Eine Zeitlang geht Cohen regelmäßig zweimal die Woche zu seinem Analytiker. Nach ungefähr fünf Wochen bleibt er ganz plötzlich, ohne Absprache und eine Erklärung, den Sitzungen fern. Sechs Monate später begegnet er dem Analytiker auf der Straße. Der stürzt sich sofort auf den ehemaligen Patienten:
»Oh, Herr Cohen. Ich habe Sie lange nicht gesehen! Wie geht es Ihnen denn?«
»Ausgezeichnet, danke«, antwortet Cohen schamvoll.
»Können Sie inzwischen schlafen, oder ist unter Ihrem Bett immer noch einer?«
»Nein nein, da ist keiner mehr, und ich schlafe ausgezeichnet.«
»Ach!« antwortet der Psychoanalytiker etwas verdutzt. »Und wie haben Sie das geschafft ...«
»Ich habe meinen Rabbiner konsultiert.«
»Tatsächlich?«
»Er hat mir geraten, die Beine des Bettes abzusägen.«

***

Sechs Jahre lang war Jeremias in psychoanalytischer Behandlung. Schließlich ist er geheilt und kann endlich heiraten. Die Hochzeitsnacht verbringt er mit seiner Frischvermählten in der größten Suite eines Fünfsternehotels. Nachdem der frischgebackene Ehemann im Badezimmer verschwunden ist, wartet seine junge Frau zuerst eine Stunde, dann zwei Stunden ... Schließlich steht sie auf, legt das Ohr an die Badezimmertür, horcht und hört ihren Gatten flüstern:
»Ich darf auf keinen Fall vergessen: Sie ist nicht meine Mutter! Nein! Sie ist nicht meine Mutter! ...«

***

Der junge Abramowitsch hat an der medizinischen Fakultät einen Abschluß erworben und soeben eine Praxis eröffnet.

Stolz wartet er auf den ersten Patienten. Ein Mann kommt herein. Er führt ihn ins Wartezimmer, bittet ihn Platz zu nehmen und zu warten und läßt beim Hinausgehen die Tür offenstehen. Dann führt er ein langes Gespräch mit einem Chefarzt im Krankenhaus. Bei einem weiteren Anruf bei einem Lieferanten zieht er mit überflüssigen Fragen das Gespräch in die Länge. Danach ruft er einen Kollegen an und bittet ihn um Hilfe, weil er völlig überlastet sei. Schließlich, nachdem er ihn lange genug hat warten lassen, holt er den Patienten aus dem Wartezimmer:
»Nun, wo drückt uns denn der Schuh?«
»Äh, ich bin Techniker und komme, um das Telefon anzuschließen!«

***

Cohen war sechs Jahre lang in psychoanalytischer Behandlung, vier Sitzungen die Woche. Schließlich eröffnet ihm der Analytiker, die Behandlung sei abgeschlossen, er brauche nicht mehr zu kommen. Cohen reagiert erschrocken.
»Ich habe mich an diese Sitzungen doch gewöhnt, so einfach kann ich nicht aufhören.«
»Hören Sie, ich sage Ihnen, ab jetzt kommen Sie ganz allein zurecht. Doch wenn Sie irgendein Problem haben, zögern Sie nicht, mich anzurufen, egal zu welcher Tageszeit. Ich gebe Ihnen meine Privatnummer.«
Zwei Wochen später, es ist Sonntag, ruft Cohen um fünf Uhr morgens seinen Analytiker zu Hause an.
»Doktor, ich hatte einen schrecklichen Alptraum. Ich habe geträumt, Sie seien meine Mutter. Beim Aufwachen war ich schweißgebadet.«
»Womit haben Sie sich anschließend beschäftigt?«
»Ich habe den Traum analysiert, genauso wie Sie es mir beigebracht haben.«
»Und dann?«
»Ich konnte nicht mehr einschlafen, also habe ich gefrühstückt.«

»Was haben Sie gefrühstückt?«
»Nur einen Kaffee.«
»Und das nennen Sie ein Frühstück!«

***

Herr Abitbol sucht einen Psychiater auf:
»Doktor, meine Frau hält sich für mich, kann man da irgend etwas machen?«
»Ich muß sie sehen, bringen Sie sie bitte zu mir.«
»Nicht nötig, Herr Doktor, ich bin ja schon da.«

***

Madame Chekroun sitzt beim Psychiater in der Sprechstunde:
»Doktor, mein Mann hält sich für einen Kühlschrank, ist das etwas Schlimmes?«
»Nein, überhaupt nicht. Solange es Sie nicht stört!«
»Eigentlich stört es mich überhaupt nicht, nur nachts, wenn er mit offenem Mund schläft und das Lämpchen brennen bleibt.«

***

Frau Samuelsohn kommt in eine psychologische Praxis und erklärt dem Therapeuten:
»Um die Wahrheit zu sagen, ich weiß eigentlich nicht, warum ich zu Ihnen komme. Aber meine ganze Familie besteht darauf. Ich weiß wirklich nicht, was das soll. Daß ich Crêpes so gerne mag, ist schließlich kein Fehler, finden Sie nicht?«
»Nein, natürlich nicht. Auch ich mag Crêpes sehr gerne.«
»Das trifft sich gut!« ruft Frau Samuelsohn. »Ich lade Sie für heute abend zu mir nach Hause ein. Ich habe mehrere Tausend Crêpes! Alle Schränke sind voll!«

***

Herr Feinmann, ein unverbesserlicher Hypochonder, geht zum Arzt, um sich einer gründlichen Untersuchung zu unterziehen. Dieser untersucht ihn von Kopf bis Fuß; am Ende kommt er zu dem Ergebnis:
»Mein Herr, Sie sind vollkommen gesund!«
»Wie? Und mein Magen?«
»Dem geht es bestens.«
»Und die Leber, die Nieren und das Herz ...?«
»Alles in bester Ordnung.«
»Aha! Sie wollen es nicht sagen! Also doch etwas Ernstes!«
»Keineswegs, Sie sind kerngesund. Alles ist in bester Ordnung!«
»Doktor, glauben Sie wirklich, Sie kennen sich bei Krankheiten besser aus als ich?«
»Das möchte ich meinen. Schließlich bin ich Arzt!«
»Ja, aber wie lange schon?«
»Seit sieben Jahren.«
»Da sehen Sie es! Sie sind seit sieben Jahren Arzt, und ich bin seit vierzig Jahren krank!«

***

Elias geht zu einem renommierten Facharzt. Am Ende der Konsultation fragt er beunruhigt:
»Nun, Doktor, was habe ich denn jetzt?«
»Gar nichts, Sie sind nicht krank.«
»Nein? Und die schrecklichen Kopfschmerzen, an denen ich dauernd leide?«
»Um Ihre Kopfschmerzen mache ich mir gar keine Sorgen.«
»Hören Sie, Doktor, wenn Sie meine Kopfschmerzen hätten, würde ich mir auch keine Sorgen machen!«

***

Saul begegnet David:
»Ich habe gehört, du warst schwer krank. Und kein Arzt konnte dir helfen?«

»Nein, der Arzt hat gemeint, ich solle nach einem heißen Bad eine große Flasche Whisky trinken.«
»Hast du den Rat befolgt?«
»Das heiße Bad auszutrinken habe ich nicht geschafft.«

***

Der Arzt ruft wütend bei Momo an:
»Der Scheck, den Sie mir vor zwei Tagen ausgestellt haben, ist zurückgekommen!«
»Mein Rheuma auch«, antwortet Momo gelassen.

***

Jossi leidet an einer seltenen und sehr gefährlichen Krankheit. Die einzig mögliche Rettung sehen die Ärzte in einer Kur mit Muttermilch.
»Und wo kriege ich die her?« fragt Jossi den Arzt besorgt.
»Riwka hat gerade entbunden und gibt viel Milch. Fragen Sie sie doch.«
Tatsächlich erklärt Riwka sich bereit, den Kranken mit Milch zu versorgen. So geht Jossi täglich zu Riwka und saugt an ihren üppigen Brüsten.
Eines Tages wird Riwka von einer Regung erfaßt. Sie streicht Jossi zärtlich über das Haar und flüstert:
»Sag, Jossi, genießt du das?«
»Hmm, sehr!« antwortet Jossi.
Über Riwkas Gesicht breitet sich ein begehrliches Lächeln:
»Und vielleicht möchtest du diesen Genuß noch abrunden?«
»O ja!« murmelt Jossi.
»Womit denn?« haucht Riwka.
Jossi befeuchtet sich die Lippen und sagt:
»Vielleicht mit Gebäck ...«

10

Die Armen und die Reichen

In der Welt des Schtetl oder Mellah, in der sich der jüdische Humor entwickelte, gibt es die Schlüsselfigur des Schnorrers, eine Mischung aus Bettler und Narr. Oft tritt er als Stadtstreicher auf, mitunter aber auch als Grandseigneur wie im Fall der berühmten Gestalt aus Israel Zangwills Der König der Schnorrer *aus dem Jahr 1883.*
Wie Leo Rosten bemerkt, ist der Schnorrer kein gewöhnlicher Bettler oder Penner. Weder schämt er sich seiner Situation, noch jammert er über sein Los. Er sieht sich als ein Lebenskünstler, der einem Beruf nachgeht. Er erbettelt keine Almosen, sondern setzt auf die Anerkennung seines Standes, ja auf die Honorierung seines Talentes. Er hält sich für unentbehrlich, gibt er anderen doch die Gelegenheit, die Mizwa (ein Thora-Gebot) der Zedaka (Wohltätigkeit) zu praktizieren. Der Schnorrer ist weder ein Dummkopf noch Analphabet, und oft verfügt er über mehr Bildung als derjenige, den er um Geld angeht. Als brillanter Erzähler verbreitet er Witze und allerlei Geschichten. In der Gemeinde sorgt er für einen gewissen Geldumlauf und einen kulturellen Austausch. Als Mann des Ausgleichs zwischen arm und reich offenbart er die Knausrigkeit der einen und die Herzenswärme der anderen …
Seine Geltung erhält der Schnorrer – der zuweilen eher an die Hauptfigur einer Posse oder einer Komödie von Molière erinnert als an einen Landstreicher aus dem Schtetl – erst durch den Reichen. Der Reiche wird dabei unter dem Gattungsnamen Rothschild selbst zur Karikatur. Schnorrer und Rothschild sind die beiden Hauptgestalten jener Komödie, die einige für das Leben halten.

Rabbi Michal war bettelarm, so arm, daß seine Frau sich ihre Schuhe selbst nähen mußte. Der Rabbi fastete von Sabbat zu Sabbat. Für sein Überleben besaß er nur eine ausgemergelte Kuh, deren Milch er jeden Morgen verkaufte. Eines Tages, Rabbi Michal war schon fort, blieb die Kuh am Boden liegen und wollte nicht mehr aufstehen. Nichts half. Stundenlange Mühen, das Tier auf die Beine zu bringen, waren umsonst. Da beschloß die Frau des Rabbi, einen

Bauern zu holen, der ihr wenigstens das Leder sichern sollte. Als er eben mit der Arbeit beginnen wollte, kam der Rabbi nach Hause. Der erfaßte mit einem Blick die Situation, trat an die Kuh heran, streichelte sie sanft und flüsterte:
»Heh! Steh schon auf! Denk auch ein bißchen an uns!«
Und die Kuh erhob sich.

***

Zum Rabbi Israel von Kosnitz kam einst ein reicher Mann, um ihn um Rat zu fragen.
»Was ißt du?« fragte ihn der Rabbi.
»Oh, ich esse sehr bescheiden«, sagte der reiche Mann. »Brot mit Salz und eine Tunke Wasser sind mir genug.«
»Was fällt Euch ein«, schalt ihn der Rabbi. »Braten sollt Ihr essen und Met sollt Ihr trinken, wie alle reichen Leute.« Und er ließ den Mann nicht fortgehen, bis er ihm versprochen hatte, es fortan so zu halten.
Erstaunt fragten seine Schüler den Rabbi nach dem Grund dieses seltsamen Rats.
»Erst wenn er Fleisch ißt«, sagte der Rabbi, »wird er wissen, daß die Armen Brot brauchen. Solange er selbst nur Brot ißt, meint er, die Arme könnten Steine essen!«

***

Ein armer Jude findet in seinem Dorf eines Tages eine Geldbörse mit fünfhundert Rubel. In der gleichen Woche erfährt er in der Synagoge: Der reichste Jude des Dorfs hat seine Geldbörse verloren und bietet dem ehrlichen Finder fünf Rubel Belohnung. Der Arme begibt sich sofort zu dem Eigentümer und gibt ihm die Börse zurück. Der Reiche zählt das Geld nach und spricht:
»Wie ich sehe, hast du dir deinen Finderlohn bereits genommen.«
»Wovon redet Ihr?« fragt der arme Mann verwundert.
»Als ich die Börse verloren habe, enthielt sie fünfhundertfünfzig Rubel.«

»Das ist nicht wahr«, protestiert der Finder.
Die Männer streiten eine Zeitlang und einigen sich schließlich, die Sache vor den Rabbiner zu bringen. Jeder erzählt seine Version der Geschichte, und der Reiche schließt:
»Natürlich glauben Sie mir, Rabbi.«
»Natürlich«, antwortet der Rabbiner.
Der Reiche triumphiert, während der Arme empört ist. Doch dann nimmt der Rabbiner die Börse an sich und reicht sie dem Armen.
»Heh, was tut Ihr?« fragt der Reiche überrascht.
»Ihr seid ehrlich, das sah ich sehr wohl«, antwortet der Rabbiner, »und wenn Ihr sagt, Ihr habt eine Börse mit fünfhundertfünfzig Rubel verloren, dann muß man Euch einfach glauben. Aber wäre der Finder ein Dieb, hätte er sie nicht zurückgegeben. Daraus schließe ich, daß diese Börse einem anderen gehört. Wenn er sich meldet, erhält er die Börse mit seinem Geld zurück. Wenn nicht, bleibt sie beim Finder.«
»Und mein Geld?« fragt der Reiche besorgt.
»Nun, Ihr müßt ja nur warten, bis einer eine Börse mit fünfhundertfünfzig Rubel findet.«

***

Ein armer Jude begibt sich eines Tages zum Bankier Rosen, der für seinen Geiz bekannt ist, und klagt ihm sein Leid.
»Meine armen Kinder, Gott möge sie behüten, sie sind alle krank, meine arme Frau hat geschwollene Füße und kann nicht mehr gehen, meine Mutter ist ans Bett gefesselt und stöhnt die ganze Nacht hindurch, meine Schwester ...«
Mit Tränen in den Augen ruft Rosen nach seinem Diener:
»Johann, dieser Mann erfährt soviel Leid im Leben, man kann das gar nicht mit anhören. Wenn er nicht aufhört, werde ich noch in Tränen ausbrechen. Ich muß Sie also bitten, ihn sofort hinauszuwerfen!«

***

Ein Schnorrer zu einem Passanten auf der Straße:
»Haben Sie nicht etwas Kleingeld, mein Herr?«
»Ich hole meine Börse niemals auf der Straße heraus!«
»Wie bitte? Soll ich für den Herrn vielleicht eigens ein Büro eröffnen?«

***

»Wer ist unglücklicher, einer mit sieben Töchtern oder ein Multimilliardär?«
»Der Multimilliardär, denn der mit den sieben Töchtern, Gott segne sie, braucht nicht noch mehr!«

***

Isaak tritt in Sauls Restaurant und bestellt ein opulentes Menü: Suppe und Rohkost, zwei Hauptgänge, drei Desserts.
»Hast du überhaupt Geld?« fragt Saul.
Dazu muß man wissen, daß Isaak auf diese Frage stets zu antworten pflegt, daß er nichts bei sich habe, aber das nächste Mal bezahlen würde, mit anderen Worten: er hat noch nie bezahlt. Auch dieses Mal kramt er in seinen Taschen, aber ohne Erfolg.
»Gut, Isaak, du kannst gehen. Du wirst nicht bedient. Das Haus gibt dir keinen Kredit mehr.«
»Ich werde nicht bedient?« wiederholt Isaak ungläubig.
»Du hast richtig gehört«, bestätigt Saul.
»Was!« schreit Isaak wütend, »ich werde nicht bedient! Aha, so ist das! Na gut, dann werde ich tun, was mein Großvater getan hat! Jawohl, wie mein Großvater mache ich es! Man läßt mir keine andere Wahl!«
Isaak brüllt so laut durch das Lokal, daß die Gäste Angst bekommen und sich anschicken zu gehen. Saul bemüht sich, Isaak zu beruhigen. Er bittet ihn, sich wieder zu setzen, und läßt ihn bedienen. Als Isaak sich satt gegessen hat, fragt Saul:

»Was hat dein Großvater eigentlich getan?«
»Mein Großvater? Der ist hungrig zu Bett gegangen.«

* * *

Der Clochard Mendel klopft an die Tür von Madame Ginsburg.
»Madame, ich habe Hunger. Geben Sie mir etwas zu essen.«
»Aber ich habe ja fast nichts da. Wollen Sie vielleicht Buletten von gestern?«
»Ja!«
»Gut, dann kommen Sie doch bitte morgen wieder!«

* * *

Der gleiche Clochard bei Madame Ginsburgs Nachbarin:
»Madame, ich habe seit drei Tagen nichts gegessen.«
»Ach, Sie Armer! Sie müssen sich eben ein bißchen zwingen.«

* * *

Der Bettler Menachem bittet den Bankier Schimon um ein Almosen.
»Unmöglich«, antwortet der, »ich muß schon meinen Bruder versorgen.«
Menachem widerspricht: »Ihr Bruder beklagt sich aber, daß er von Ihnen keinen Groschen bekommt.«
»Siehst du, Menachem! Du erwartest doch nicht, daß ich dir Geld gebe, wenn mein Bruder schon keinen Groschen erhält!«

* * *

Einem Schnorrer ist es gelungen, einem Reichen ein wenig Geld abzuschwatzen. Kurz darauf sieht ihn der Spender am Tisch eines Luxusrestaurants sitzen und Kaviar kosten. Wütend betritt er das Restaurant und überschüttet den

Schnorrer mit Vorwürfen. Wie könne er nur sein Geld für solchen Luxus verschleudern?
»Was soll das heißen?« gibt der Schnorrer zurück. »Wenn ich kein Geld habe, kann ich keinen Kaviar essen, und wenn ich dann aber Geld habe, soll ich mir keinen leisten? Wann, bitte schön, soll ich dann Kaviar essen dürfen?«

***

Ein gewiefter Habenichts, der am Herzen erkrankt ist, konsultiert den teuersten Spezialisten am Platz. Als er die Rechnung präsentiert bekommt, erklärt er ihm, er habe kein Geld.
»Was führt Sie dann zu mir?« fragt der Arzt. »Sie wissen doch genau, daß meine Honorare im obersten Bereich liegen!«
»Wenn es um die Gesundheit geht, Doktor, ist mir nichts zu teuer.«

***

Ein zerlumpter Clochard schleicht durch eine Straße. Plötzlich weht ihn aus einem Restaurant ein Duft an, und was für ein Duft ... Das Wasser läuft einem im Munde zusammen! An einem offenen Fenster wird ein dampfender Braten tranchiert! Und wie der duftet! Der Clochard hat seit drei Tagen nichts gegessen. Er bleibt vor dem Restaurant stehen und saugt den leckeren Duft in die Nase. Als ihn der Wirt entdeckt, stellt er ihn zur Rede:
»He, du Penner! Du hast den Duft meines Bratens genossen! Dafür zahlst du!«
»Ich habe doch nichts gegessen!«
»Nein, aber du zahlst für den Bratenduft!«
Mit drohender Miene tritt der Wirt auf den Clochard zu. Dem bleibt nichts anderes übrig, als seine zahlreichen Taschen zu durchwühlen, und er stößt, o Wunder, auf eine kleine Münze. Der Wirt reißt sie ihm aus der Hand.
Nach Jahren hat sich der Arme aus seiner mißlichen Lage

befreit. Und er hat einen Sohn, der es sogar zu etwas gebracht hat. Eines Tages lädt er ihn zum Essen in das Restaurant ein, wo er so schäbig behandelt worden ist. Er ist elegant gekleidet, so daß ihn der Wirt – derselbe von damals – nicht erkennt und ihn beflissen empfängt. Der Gast bestellt die teuersten Gerichte und genießt die zuvorkommende Bedienung. Am Ende legt ihm der Wirt die Rechnung vor. Der Gast zieht eine Goldmünze aus der Tasche, versetzt sie in Drehung und läßt sie auf dem Tisch tanzen:
»Vor Jahren hast du mich dafür bezahlen lassen, daß ich den Duft deines Bratens roch, den du frisch zubereitet hattest. Heute, nachdem ich gegessen habe, bezahle ich mit dem Klingeln einer Münze.«

***

Ein Bettler spricht beim Kaufmann Bensoussan vor und bittet um das Almosen, das er bisher noch immer erhalten hat. Doch diesmal antwortet der Hausherr, die Hochzeit seiner Tochter habe so viel Geld gekostet, daß er nichts mehr geben könne.
»So eine Hochzeit ist ja schön und gut, aber sollten Sie die nicht besser mit Ihrem Geld bezahlen anstatt mit meinem?«

***

Ein Schnorrer bemüht sich seit Tagen vergebens, zu Rothschild vorgelassen zu werden. In der aussichtslosen Lage postiert er sich schließlich vor einem Fenster des Hauses und schreit:
»Meine Familie stirbt vor Hunger, und der Baron denkt nicht daran, mich zu empfangen!«
Der Baron empfängt ihn schließlich, überreicht ihm eine stattliche Summe und gibt ihm einen Ratschlag:
»Wenn Sie nicht eine solche Szene gemacht hätten, hätte ich Ihnen das Doppelte gegeben.«
»Mein lieber Baron«, antwortet der Schnorrer, »Sie sind

Bankier, und ich rede Ihnen nicht ins Geschäft hinein. Ich bin Schnorrer, also bitte, reden auch Sie mir nicht herein.«

***

Ein rechtschaffener Jude geht während des Passahfestes spazieren. Unterwegs begegnet er einem blinden Bettler. Unbefangen reicht er ihm eine seiner Matzen. Der Blinde nimmt die Matze entgegen, befühlt sie von beiden Seiten und zieht tastend die Finger über die kleinen Löcher. Schließlich schreit er wütend:
»Wer hat diesen Blödsinn geschrieben?«

***

Herr Rothman besucht den Rabbiner Braun:
»Erschütternd! Stellen Sie sich vor, eine Witwe mit drei kleinen Kindern. Sie schuldet dem Eigentümer ihrer Wohnung viertausend Francs, und wenn sie bis Freitag nicht bezahlt hat, wirft er sie hinaus.«
»Schrecklich, die arme Frau«, sagt der Rabbiner. »Ich werde in der Synagoge sammeln. Nehmen Sie einstweilen von mir fünfhundert Francs.«
»Ich danke Ihnen in ihrem Namen, Rabbi.«
»Sie sind großherzig, Herr Rothman. Sind Sie ein Verwandter der Dame?«
»Nein, das nicht!«
»Aber warum setzen Sie sich dann so für sie ein?«
»Ich bin der Eigentümer der Wohnung.«

***

Rothschild ist auf Durchreise in der Kleinstadt Tarnopol. In einem jüdischen Café bestellt er ein Frühstück. Kaum hat er gegessen, legt die Kellnerin ihm die Rechnung auf den Tisch.
»Zweihundert Rubel für zwei Eier!« ruft Rothschild über-

rascht. »Das gibt es nicht! Sind Eier in dieser Gegend so selten?«
»Eier nicht«, antwortet die Kellnerin, »aber die Rothschilds.«

II

Das Essen

Zu den elementarsten Bestandteilen jeder Kultur gehört das Essen oder die Kochkunst überhaupt. Dabei verhält sich das Gegarte zum Rohen wie die Kultur zur Natur. Gedacht wird vor allem mit dem Mund und mit den Zähnen. Das Essen ist Grundlage des Menschlichen insofern, als dieser vom Essen her erst zum Wort und schließlich zum Gedanken vordringt. Das Denken gibt es erst, seitdem es die Verneinung gibt, das heißt, seit dem Augenblick, da in der Welt das eine bejaht und aufgenommen, das andere verworfen und beiseite geschoben wird. Ich will dieses aufnehmen oder jenes ausschließen, dieses essen und jenes ausspeien … Aus der Kochkunst sind die Speiseriten hervorgegangen, in denen die Geschichte einer bestimmten Menschengruppe sich bewahrt und auf die Nachfolgenden weitervererbt, Zeugnisse einer Kulturgemeinschaft, die sich auf diese Weise ihren historischen Bestand und Zusammenhalt sichert.

Die Speiseriten des Judentums bilden das Koscher-Wesen, das angibt, was zum Verzehr geeignet ist. Grundsätzlich verboten sind neben bestimmten Sorten Fleisch auch die Vermischung von Milch und Fleisch oder von deren Produkten. Gegessen werden darf nur das Fleisch von Wiederkäuern mit gespaltenen Klauen, von Vögeln außer Raubvögeln und von Fischen mit Schuppen und Flossen.

Und wo es um das Essen geht, kommt auch der Humor nicht zu kurz.

Die Damen Wolf und Blum treffen sich auf dem Gemüsemarkt.

»Was haben Sie denn heute gekauft?«

»Raten Sie einmal, was!«

»Womit fängt es denn an?«

»Mit einem O!«

»Doch nicht Okras?«

»Nein, Auberginen.«

***

In der Tür dankt Hanna den Nachbarinnen für ihren Besuch. Die eine lobt:
»Wirklich, Hanna, Ihre Petits Fours waren so köstlich, ich konnte einfach nicht widerstehen. Ich habe vier Stück gegessen!«
»Fünf«, antwortet Hanna, »aber bei uns wird ja nicht mitgezählt!«

***

In einer koscheren Metzgerei in Paris kommt es zu folgender Szene:
»Bonjour, Lulu.«
»O, bonjour, Madame Choukroun, wie geht's?«
»Sehr gut, danke. Ich hätte gern ein Kilo von diesem Fleisch. Könnten Sie die Knochen vor dem Wiegen bitte entfernen?«
»Madame Choukroun, ich kaufe das Fleisch mit Knochen ein, und so verkaufe ich es auch weiter.«
»Aber ich möchte die Knochen nicht mitbezahlen.«
»Gut, Madame Choukroun, also ohne Knochen.«
»Danke, Sie sind sehr freundlich. Und die Knochen legen Sie bitte in einen Extrabeutel. Danke. Ach, und beim Fleisch habe ich es mir doch anders überlegt. Ich nehme nur die Knochen, Ihr Fleisch mag ich nicht.«

12

Humor aus Israel

Israel ist von der Fläche her ein kleines Land, hat aber eine gewaltige kulturelle Ausstrahlung. Seine Geschichte und die geographischen Verhältnisse widersprechen jeder herkömmlichen politischen Logik und nationalen Identität. Der Jude blickt auf mindestens fünftausend Jahre Geschichte zurück, in der er in so vielen Ländern heimisch wurde, daß er dazu mehr als zwei Hände braucht, um sie zu zählen. In Israel leben Juden aus aller Herren Länder: Polen, Russen, Marokkaner, Tunesier, Algerier, Amerikaner, Argentinier, Chinesen, Äthiopier, Ägypter, Rumänen, Italiener, Franzosen, Engländer, Deutsche, Südafrikaner, Australier, Spanier, Kanadier … Von denen wollen wir die Einfältigen und Boshaften zu Wort kommen lassen!

Die nationale und kulturelle Vielfalt bildet in dem kleinen Land Israel ein explosives Gemisch, das sich in beißendem Spott entladen kann. Immer gibt es »den anderen«, der sich lächerlich macht. Man spottet über die Eigenheiten der einen und amüsiert mit den eigenen die anderen. Auch der Akzent, der die Herkunft verrät, wird aufs Korn genommen, und gerne schmunzelt man über Israels – konfliktgeladene oder freundschaftliche – Beziehungen zu anderen Nationen, zeigen diese doch die Schwierigkeiten des Landes, inmitten zahlloser und endloser Konflikte zu leben und zu überleben.

Der Humor Israels ist oft an das Land gebunden: Man lacht gern über die andern jenseits der Grenze, die gleich und doch ganz anders sind …

Schmunzeln läßt einen auch der Blick auf das noch unreife Israel, das wie ein kleines Kind seine ersten unbeholfenen Schritte tut. Man weiß zwar, daß es jederzeit hinfallen kann, doch gibt man ihm eine Stütze, bevor es zu laufen gelernt hat, wird es niemals selbständig und erwachsen werden. Ja, es macht Spaß, ihm zuzuschauen, wie es auf allen seinen Vieren daherkommt …

Und dann der Pfadfinderhumor: Zurechtkommen mit improvisierten Mitteln und lachen über den Einfallsreichtum, der aus der Klemme hilft.

In der Zeit vor der Gründung des Staates Israel spaziert ein Tourist am Roten Meer entlang und wird auf ein undeutliches, aber anhaltendes Stimmengewirr aufmerksam. Neugierig geht er den Lauten nach und entdeckt hinter einem Berg von Ziegelsteinen schließlich eine Reihe von Männern, die eine Kette bilden:
»Danke, Professor.«
»Aber ich bitte Sie, Professor.«
»Danke, Professor.«
»Aber ich bitte Sie, Professor.«

***

An einer Bushaltestelle im Jerusalemer Stadtviertel Mea Schearim steigt eine Frau mit ihrem Sohn zu. Die Mutter spricht mit dem Sohn Jiddisch, doch der Bub antwortet unbeirrt auf Hebräisch. Die Mutter tut zunächst so, als verstehe sie nicht, bis der Bub schließlich seine Antwort auf Jiddisch wiederholt. So geht es eine ganze Weile. Schließlich ruft ein Fahrgast ungeduldig:
»Warum zwingen Sie Ihren Jungen eigentlich, Jiddisch zu reden?«
»Damit er nicht vergißt, daß er Jude ist!«

***

In Tel Aviv betritt ein Mann ein Wohnhaus. Kaum ist er im ersten Stock angelangt, öffnet sich eine Tür. Im Türspalt erscheint ein Kopf mit Lockenwickler:
»Heh Sie! Falls Sie den Spion Cohen suchen, der wohnt im dritten Stock auf der anderen Seite!«

***

David Ben Gurion, Israels Premierminister, bot einem Freund den Posten eines Kolonialministers an.
»Wir haben doch keine Kolonien!« erwiderte der Freund erstaunt.

»Na und?« antwortete Ben Gurion, »Kaplan ist ja auch Finanzminister.«

***

Es war ein glühendheißer Tag, als David Ben Gurion auswärtige Gäste zu einem Staatsempfang geladen hatte. Die Gluthitze machte ihm zu schaffen, und so legte er schließlich die Krawatte ab, zog die Weste aus und krempelte die Hemdsärmel hoch. Befremdet bemerkte ein Minister:
»David, willst du dich so auf einem offiziellen Empfang präsentieren?«
»Allerdings! Churchill selbst hat mir das empfohlen!«
»Das kann nicht wahr sein! Ein Engländer?«
»Ja, ich war einmal in London zu einem Staatsempfang eingeladen. Es war heißer als jetzt, und ich hielt es einfach nicht mehr aus. Also habe ich die Weste und die Krawatte abgelegt und die Ärmel hochgekrempelt. Und weißt du, was Churchill gesagt hat? Er hat gesagt: David, machen Sie das doch besser in Israel ...«

***

Mosche ist wütend: Seit einer Stunde steht er Schlange in der Bank, und ein Ende ist nicht absehbar!
»Ich hasse dieses Warten!« schreit er seine Frau an. »Ich gehe jetzt und bringe Ben Gurion um!«
Enttäuscht kehrt er eine Stunde später in die Bank zurück.
»Und?« fragt seine Frau, noch immer in der Schlange. »Was war?«
»Nichts. Die Schlange dort ist noch länger.«

***

Moshe Dayan, der Verteidigungsminister, diskutiert mit dem Minister der Finanzen.
»Weißt du, Moshe«, sagt ihm der, »die wirtschaftliche und politische Situation des Landes ist miserabel.«
»Ich weiß. Hast du eine Idee?«

»Ja, ich habe eine Idee, eine ganz außergewöhnliche.«
»Wirklich?«
»Wir erklären den Vereinigten Staaten den Krieg! Sie besiegen uns natürlich, besetzen das Land, annektieren es und machen es zu ihrer Kolonie. Du weißt ja, was das bedeutet: Sie geben Geld für den Wiederaufbau, bringen die Industrie in Schwung, die Landwirtschaft, bauen Schulen, Straßen und Krankenhäuser, und sie organisieren für uns eine Armee! Ist die Idee nicht großartig?«
Darauf Moshe Dayan sehr kühl:
»Sehr schön, nur eines hast du übersehen.«
Der Finanzminister blickt ihn ratlos an.
»Was ist, wenn wir den Krieg gewinnen?«

***

Nach dem Sechstagekrieg schlug Präsident Nixon Golda Meir vor, General Moshe Dayan gegen drei Generäle ihrer Wahl einzutauschen.
Gold Meir willigte ein:
»Sie erhalten General Dayan gegen General Motors, General Electric und General Telephone.«

***

Erstes Rätsel:
Was ist der Unterschied zwischen einem Schekel und einem Dollar?
Ein Dollar.

Zweites Rätsel:
Wie kann man in Israel ein kleines Vermögen machen?
Indem man mit einem großen einwandert.

***

Ein amerikanischer Tourist besucht an einem glühend heißen Tag Beerscheba. Kaum kann er sich noch auf den Bei-

nen halten, als er an ein adrettes Häuschen gelangt, vor dessen Tür ein rüstiger Pionier sitzt.
»Hallo, könnte ich bei Ihnen etwas zu trinken bekommen?«
»Ja natürlich, kommen Sie doch bitte herein!«
Der Amerikaner tritt ein, löscht seinen Durst und blickt sich wohlwollend um:
»Hübsch haben Sie es hier. Und wieviel Land besitzen Sie?«
»Oh, ungefähr einen Viertel Hektar vor und einen Hektar hinter dem Haus.«
»Ich bin aus Texas, wissen Sie? Wenn ich morgens in den Wagen steige, um mein Land zu durchfahren, sitze ich am Abend noch immer am Steuer.«
Darauf spöttisch der Pionier:
»Ja, so einen Wagen hatte ich auch einmal …«

***

Ein Vertreter der israelischen Einwanderungsbehörde in Rußland befragt einen Antragsteller, warum er nach Israel einreisen möchte.
»Ist Ihr Gehalt zu niedrig?«
»O nein! Da kann ich nicht klagen.«
»Ist die Arbeit zu schwer?«
»Nein! Ich kann mich wirklich nicht beschweren.«
»Ist Ihnen Ihre Wohnung nicht komfortabel genug?«
»Durchaus nicht! Ich habe keinen Grund zur Klage.«
»Warum wollen Sie dann nach Israel auswandern?«
»Weil man dort zumindest klagen darf.«

***

Ein Kontrolleur des Landwirtschaftsministeriums inspiziert einen Kibbuz.
»Womit habt ihr im letzten Monat die Hühner gefüttert?«
»Mit Weizenkörnern.«
»Was! Mit Weizen? Das Ministerium hat Weizen doch ausdrücklich verboten. Dafür zahlt ihr Strafe!«

Im folgenden Jahr sucht der Inspektor den Kibbuz erneut auf:
»Womit habt ihr in diesem Jahr die Hühner gefüttert?«
»Mit Gerste.«
»Was! Mit Gerste? Das Ministerium hat Gerste doch strengstens untersagt! Das kostet Strafe!«
Jedes Jahr kommt der Inspektor vorbei, und immer hat sich der Kibbuz über ein Fütterungsverbot hinweggesetzt, ob er den Hühnern Mais, Dinkel, Hirse, Roggen oder etwas anderes zu fressen gegeben hat. Schließlich reicht es dem verantwortlichen Kibbuznik, und er läßt sich für den nächsten Besuch des Inspektors etwas einfallen ...
»Wie habt ihr die Hühner in diesem Jahr gefüttert?«
»Wissen Sie, dieses Jahr haben ich ihnen einfach Geld gegeben und gesagt, schaut selber zu, wie ihr klarkommt!«

* * *

Während des Golfkrieges flüchtet eine Gruppe Nachbarn beim Raketenalarm in den Bunker. Plötzlich fällt einem ein, daß er seine Zahnprothese vergessen hat.
»Verdammt! Ich habe mein Gebiß vergessen, ich muß es holen!«
Sein Nachbar höhnisch:
»Und wozu? Glaubst du, sie schicken dir Sandwichs?«

* * *

Aufgeschnappt im israelischen Fernsehen:
»Die israelischen Ideologen sind ohne Vorankündigung von Marx und Engels zu Marks and Spencer übergelaufen.«

* * *

Eine betagte Dame mit einem Schoßhündchen auf dem Arm steigt in einen israelischen Stadtbus. Als der Fahrer für das Tier Fahrgeld verlangt, fragt sie:

»Wenn ich für meinen Schatz einen Fahrschein lösen muß, hat er dann auch Anspruch auf einen Sitzplatz?«
»Natürlich«, antwortet der Fahrer spöttisch, »vorausgesetzt, er legt die Füße nicht auf den Sitz!«

***

Aphorismus zum Fahrstil der Israelis:
Besser zu spät in dieser als zu früh in der anderen Welt.

***

Ein israelischer Busfahrer und ein Rabbiner segnen am selben Tag das Zeitliche. Nach den Verhandlungen vor dem Himmelsgericht wird der Busfahrer sofort ins Paradies eingelassen, während der Rabbiner erfährt, daß er sich gedulden muß. Pikiert wendet er ein:
»Dieser Fahrer ist mir bekannt, und ich kann bezeugen, daß er alles andere als religiös ist. Dagegen habe ich täglich Unterricht im Talmud erteilt!«
»Das ist richtig«, antwortet ein Engel, »aber während die Schüler in deinem Unterricht immer eingeschlafen sind, haben die Leute im Bus des Fahrers alle gebetet.«

***

Ein Tourist in Israel sucht die Klagemauer. Obwohl er ein paar Brocken Hebräisch spricht, hat er den Namen vergessen. Schließlich erkundigt er sich bei einem Passanten:
»Wo ist denn dieser Ort, an dem man weint und seine Wünsche auf einen Zettel schreibt?«
Der Israeli deutet in eine Richtung: »Zum Finanzamt geht es da entlang!«

***

Ein steinreicher Amerikaner, ein potentieller Geldgeber für den jüdischen Hilfsfond, trifft in Israel ein. Der Tourismusminister stellt ihm einen ausgezeichneten Führer zur Verfü-

gung und legt diesem ans Herz, ihm jeden Wunsch zu erfüllen.
Eine Woche lang reist der Führer mit dem Gast kreuz und quer durch Israel. Dieser bittet um einen Besuch am Grabmal des Unbekannten Soldaten. Da ein solches Grab nicht existiert, läßt der Führer auf einem Soldatenfriedhof rasch eines improvisieren. Als der reiche Amerikaner schließlich am Grabmal steht, entdeckt er zu seiner Verblüffung einen eingravierten Namenszug: Natanael Castro, 1915-1958.
»Das soll das Grabmal des Unbekannten Soldaten sein?« fragt er den Führer ungläubig.
»Ja, genau.«
»Aber auf dem Stein steht ja sein Name!«
»Ja, als Bäcker kannten ihn alle, aber als Soldat war er unbekannt.«

* * *

Ein Georgier will in Tel Aviv einen Fernsehapparat kaufen. Er geht in ein Geschäft und deutet auf das gewünschte Gerät:
»Ich möchte diesen Fernseher.«
Zu seiner Verblüffung winkt der Händler ab.
»Nein, an Georgier verkaufe ich nicht.«
Der Georgier verkleidet sich als Chassid und kehrt mit Mantel, Bart und Schläfenlocken in das Geschäft zurück. Wieder deutet er auf das gewünschte Gerät. Aber der Händler schüttelt den Kopf:
»Nein, an Georgier verkaufe ich nicht.«
Als Araber verkleidet kehrt der Georgier erneut in das Geschäft zurück. Auch diesmal lehnt der Verkäufer kategorisch ab. Daraufhin verkleidet der Mann sich nacheinander als Amerikaner, als Kibbuznik und als Rabbiner, und immer die gleiche Antwort:
»Nein, an Georgier verkaufe ich nicht.«
»Schließlich platzt dem Mann der Kragen:
»Woher wissen Sie überhaupt, daß ich Georgier bin?«

»Weil man Georgier sein muß, um einen Fernseher zu verlangen, der eine Mikrowelle ist!«

***

Roni, ein junger Israeli, fährt seinen amerikanischen Vetter zum Flughafen:
»Und? Wie hat dir Israel gefallen?«
»Großartig!« antwortet der Vetter. »Nur eines hat mich gestört: Die Leute reden immer nur vom Geld, von Häusern und vom Essen. In den USA reden wir von Musik, von Literatur und von der Kunst.«
»Natürlich«, gibt Roni zurück, »man spricht immer von dem, was man nicht hat!«

***

In Tel Aviv steht ein Verzweifelter auf einer Felsenklippe und will sich ins Meer stürzen. Ein anderer versucht ihn mit allen Mitteln von diesem Vorhaben abzubringen:
»Wie! Ein kräftiger, kerngesunder Mann wie Sie will sich in den Tod stürzen?«
»Ich will sterben, lassen Sie mich.«
»Hören Sie mir doch bitte zu: Wenn Sie ins Wasser springen, bin ich verpflichtet, hinterherzuspringen, das sehen Sie doch ein! Aber ich kann nicht schwimmen, also wäre das für meine Frau und meine Kinder eine Katastrophe, finden Sie nicht? Deshalb bitte ich Sie, gehen Sie nach Hause, schauen Sie, daß Sie allein sind, und hängen Sie sich in aller Ruhe auf!«

***

Ein kleiner Israeli sitzt erstmals in seinem Leben mit seinem Vater in einem Flugzeug. Die Reise geht nach Europa. Als sie Griechenland überfliegen, blickt der Bub aus dem Fenster und fragt:
»Sieh nur, Papa, so ein großes Land! Wohnen da Juden?«

»Nein, mein Sohn, da wohnen Christen.«
»Oooh!«
Beim Flug über Italien:
»Papa, und da, gibt es da Juden?«
»Nein, mein Sohn, da leben auch Christen.«
»Oooh!«
Und über Frankreich:
»Papa, wohnen hier Juden?«
»Nein, hier leben auch vor allem Christen.«
Der Bub denkt einen Augenblick nach und ruft:
»Papa, die Christen sind aber arg verstreut ...!«

***

Einwanderer zahlen bei der Einreise nach Israel für Güter, sofern sie dem Eigenbedarf dienen, bekanntlich keinen Zoll, eine Regelung, die bisweilen gerne mißbraucht wird. Eines Tages hat ein Einwanderer gleich fünf Kühlschränke dabei. Den überraschten Zöllnern erklärt er:
»Ich brauche einen für Fleisch und einen für Milch.*«
»Das macht zwei!«
»Ja, und zwei weitere Kühlschränke brauche ich für das Passahfest, denn da benutzt man ja anderes Gerät als im übrigen Jahr!«
»Dann sind es vier!«
»Hm!« meint der Einwanderer verlegen. »Der fünfte ist für Tage, wenn mich die Lust auf Schweinefleisch überkommt ...«

***

Nach dem Friedensabkommen, das Israel wieder stärker in die Weltgemeinschaft integriert, erhält das Land eine Einladung zu den Olympischen Winterspielen. Auf einer turbulenten Sitzung der Knesset ist man besorgt darüber, daß Israel über keinen einzigen Skiläufer der Weltklasse verfügt.

* Die jüdische Religion verbietet das Mischen von Milch und Fleisch.

Ein Abgeordneter erkärt sich bereit, einen Neuling auf die Spiele vorzubereiten.
Nach der Sitzung holt er sich von der Straße den jungen Lubawitsch, überredet ihn, Skilaufen zu lernen und sein Heimatland bei den Spielen zu vertreten. Lubawitsch wird auf den schwierigsten und gefährlichsten Pisten der Golan-Höhen trainiert und ist mit solcher Begeisterung dabei, daß er schließlich alle Rekorde bricht. Als die Spiele näherrükken, ist er bestens gerüstet. Schließlich ist der große Tag da. Er tritt für sein Land im Slalomwettbewerb an. Doch kaum ist er gestartet, bremst er unter den Augen seiner verblüfften Fans vor jeder Stange ab, so daß er schließlich als letzter durchs Ziel geht. Sein Trainer ist fassungslos:
»Juri, was war los? Das verstehe ich nicht, zu Hause warst du Spitzenklasse, und jetzt hast du völlig versagt!«
»Wenn ich den Idioten erwische, der an jede Stange eine Mesusa* gehängt hat!«

* Eine kleine Kapsel mit Schriftworten, die an die Türpfosten jüdischer Häuser gehängt wird.

13

Hochzeiten und Schidduchim

Um die Ehe und ihre Schwierigkeiten ranken sich zahlreiche humoristische Geschichten, die von jüdischen Müttern gerne weitergetragen werden. Zur Beliebtheit des Themas trägt die schlitzohrige und geschäftstüchtige Figur des Schadchan bei, des Heiratsvermittlers, der Tag und Nacht im Einsatz ist, um seine Ware anzupreisen und zu verkaufen. Doch wo es um Herzensdinge geht, ist alles nicht so einfach, schon gar nicht, wenn sie mit Geldgeschäften, Mitgiften und Versprechen zusammenhängen, in die sich moralische und ästhetische Fragen mischen …

Geschichten, die sich darum ranken, sind folglich älteren Datums: Sie stammen aus einer Zeit, da die Jugend nicht heiratete, sondern verheiratet wurde, auch wider Willen und wenn das Herz schon längst vergeben war. Der Ehestifter war ein Zauberkünstler, der Qualitäten sah, wo es gar keine gab, häßliche Entlein in Schönheiten verwandelte und arme Töchter in Prinzessinnen. Denn wo es ums Geschäft ging, zeigte er sich so einfallsreich wie der Schnorrer, und im traditionellen jüdischen Leben war er eine ebenfalls nicht wegzudenkende Figur …

Mosche suchte den Schadchan mit einer ungewöhnlichen Bitte auf:

»Ich möchte eine richtige Hexe, eine, die sonst keiner will. Kannst du mir so eine beschaffen?«

»Ich beschaffe Euch, wen Ihr wollt, kein Problem.«

Wenige Tage später kann der Schadchan Mosche berichten:

»Ich habe Euch die Gewünschte gefunden: eine Jachne, eine regelrechte Beißzange, wie es sie nicht mehr gibt. Sie ist so abscheulich, daß keiner in ihre Nähe kommen will, so vulgär, daß keiner mit ihr redet, und so diebisch, daß alle die Türen verrammeln, sobald sie im Anmarsch ist. Ist es das, was Ihr sucht?«

»Genau! Ich will sie sofort sehen!«

Fünf Minuten später wird sie Mosche vorgestellt. Er schaut sie sich an und entscheidet: Die wird er heiraten. Die Hochzeit findet schon am nächsten Tag statt. Am Ende der Zeremonie fragt der Schadchan, brennend vor Neugierde, nach

dem Grund dieser seltsamen Entscheidung.
»Ich habe gehört«, antwortet Mosche, »je mehr man auf Erden leidet, desto größer seien die Aussichten, ins Paradies zu kommen.«
Zwei Wochen später kommt Mosche wieder zum Schadchan.
»Du hast mich übers Ohr gehauen, diese Frau ist keine Jachne, überzeug dich selbst!«
Der Schadchan muß sich den Tatsachen beugen: das Haus blitzt und blinkt, nirgendwo ein Stäubchen, die Frau erscheint dem Ehemann gegenüber sanftmütig und liebevoll, sie selbst ist sehr gepflegt und verströmt die feinsten Düfte: Sie hat nichts mehr gemein mit dem schlampigen Frauenzimmer, das sie vor der Heirat gewesen ist. Der Schadchan steht vor einem Rätsel. Was war geschehen?«
»Ich werde dir sagen, was geschehen ist«, säuselt die Frischvermählte. »Ich habe mit angehört, wie dieser Mosche dir nach der Hochzeitszeremonie erklärt hat, warum er mich, die Schmutzliese und Jachne, unter allen Mädchen der Stadt ausgesucht hatte. Da habe ich beschlossen, daß er zur Hölle fährt!«

***

Aaron ist in den höchsten Tönen ein Mädchen angepriesen worden: Sie sei hübsch, klug und reich dazu. Aaron schickt den Schadchan los, um Erkundigungen einzuziehen. Nach seiner Rückkehr verkündet dieser:
»Dieses junge Mädchen erinnert verdammt an die Affäre Dreyfus!«
»Wieso?«
»Nun, sie behauptet, sie sei unschuldig, aber die Offiziere im Kasino glauben alle das Gegenteil!«

***

»Mein lieber Bloch, hören Sie, diesmal habe ich ein junges Mädchen, das ganz Ihren Vorstellungen entspricht. Schauen Sie sich dieses Foto an, ist sie nicht reizend, diese kleine Brünette?«

»Aber ich kenne sie ja! Ist das nicht Lea Rosenblum, die Tochter des Juweliers?«

»Genau! Und wissen Sie, wie hoch die Mitgift ist? Drei Millionen!«

»Meinetwegen. Aber ich habe sie schon einmal gesehen und hatte den Eindruck, sie hinkt etwas. Hinkt die eigentlich immer?«

»Nein, nur wenn sie geht.«

***

Ein junger Mann macht über den Schadchan die Bekanntschaft eines jungen Mädchens. Gleich zu Beginn der Begegnung zischt er dem Heiratsvermittler zu:

»Ihr habt mir ja Unsinn erzählt! Ihr habt gesagt, sie sei jung, schön und schlank wie eine Tänzerin. Und was sehe ich: eine Frau, die mindestens sechs Jahre älter ist als ich, abstoßend häßlich und plump wie ein Flußpferd!«

»Ihr könnt ruhig lauter sprechen«, erwidert der Schadchan, »sie ist ja taub.«

***

Nach mehreren vergeblichen Anläufen verkündet der Schadchan dem Junggesellen:

»Jetzt habe ich genau das Mädchen, das Sie brauchen! Sie ist wunderbar!«

»Aber verstehen Sie denn nicht, daß ich nicht heiraten will?«

»Das ist unmöglich! Sie, ein junger Jude! Heiraten ist eine Mizwa, ein Gebot!«

»Wozu brauche ich eine Frau? Ich bin frei und glücklich.«

»Ach, ich sehe wohl, Sie reden dummes Zeug. Ohne Frau werden Sie nie glücklich. Sie sind allein, ohne einen Menschen, mit dem Sie reden können. Stellen Sie sich vor, sie bringt Ihnen morgens eine Tasse heißen Kaffee ans Bett.

Wenn Sie von der Arbeit kommen, hat sie eine leckere Mahlzeit gekocht, Sie essen gemeinsam und plaudern. Freitagabends duftet das Haus, es blitzt und blinkt, so wunderbar ist die Ehe. Sie entzündet den Sabbatleuchter, berichtet Ihnen, welche drei Mahlzeiten sie vorbereitet hat, deckt den Tisch und redet mit Ihnen, bringt den Wein und redet, holt die Challoth, die traditionellen Fladenbrote und redet weiter. Sie setzen sich zum Essen an den Tisch, und sie redet und sie redet und sie redet und sie redet, mein Gott, mit all dem Gerede treibt sie mich noch in den Wahnsinn!«

***

Albert trifft Roger:
»Weißt du, Roger, das Leben langweilt mich, ich möchte heiraten.«
»Albert! Hast du schon in den Spiegel geschaut? Welche Frau wird einen wie dich wollen!«
»Du übertreibst!«
»Du hast einen Buckel, dir fehlt ein Auge, und du schleppst dich hinkend über den Marktplatz! Eine Frau müßte verrückt sein, dich zu heiraten!«
»Ich nehme auch eine Verrückte!«

***

Nach einer arrangierten Begegnung mit einem Mädchen ist der junge Freier noch skeptisch:
»Die Eltern schienen mir absonderlich, und mit mir können sie wohl wenig anfangen.«
Der Schadchan versucht ihm die Partie schmackhaft zu machen: »Stellen Sie sich die Mitgift vor! Haben Sie die Gemälde an den Wänden gesehen?«
»Ich habe nur alte Schinken und Risse in den Wänden gesehen.«
»Haben Sie bemerkt, wie hübsch das Mädel ist? Und wie sie Sie angeschaut hat! Und dann dieses Silberzeug ... Prachtvoll!«

»Man hätte meinen können, es gehört gar nicht ihnen. Glauben Sie nicht, sie haben alles nur ausgeliehen, um Eindruck zu schinden?«
»Bestimmt nicht!« ruft der Schadchan. »Diesem Diebesgesindel würde keiner sein Silberzeug leihen!«

***

Der Heiratsvermittler besucht Salomon:
»Salomon, ich habe genau das richtige Mädchen für Sie!«
»Wer ist es?«
»Die junge Alice Stein, die Tochter des Schusters.«
»Oh, ich kenne sie! Aber sie ist nicht besonders hübsch!«
»Das ist auch besser so! Sie wissen ja, hübsche Mädchen wollen immer entzücken, immer ausgehen, sich auf der Straße zeigen, sie sind immer bei einer Freundin zum Schwatzen, bei der Friseuse oder der Kosmetikerin. Nie sind sie da, nie verwöhnen sie einen mit schmackhaften Gerichten. Und Schönheit ist vergänglich. Es ist wirklich kein Fehler, wenn eine nicht schön ist.«
»Aber reich ist sie ja auch nicht.«
»Um so besser. Wissen Sie, reiche Frauen sind anspruchsvoll, brauchen stets kostbare Möbel, kostspielige Kleider, teuren Schmuck und verschwenderische Geschenke. Das ist unerträglich. Es ist kein Fehler, wenn eine nicht reich ist.«
»Aber ich hatte den Eindruck, sie hinkt.«
»Das allerdings, aber Sie werden vor so einem klitzekleinen Fehler doch nicht kapitulieren!«

***

Als ich die folgende Geschichte einem Freund erzählte, kannte er sie bereits in anderer Form:
Ein Schadchan schlägt einem jungen Mann ein Treffen vor. Der schmächtige und unscheinbare Freier ist begeistert und hört sich aufmerksam dessen Ratschläge an.
»Ihr Glück liegt mir am Herzen«, beginnt der Schadchan.

»Deshalb sage ich Ihnen schon jetzt etwas über das junge Mädchen. Sie ist keine Meisterköchin. An ihrer Kochkunst ist zwar noch keiner gestorben, aber niemand drängt sich danach, von ihr eingeladen zu werden.«

»Ach wissen Sie«, antwortet der Bursche, »für mich hat das wenig Bedeutung, im Gegenteil. Eine Frau, die selten kocht, ist sparsamer, als wenn sie dauernd in der Küche steht.«

»Ich sehe, Sie sind wahrhaft flexibel«, fährt der Schadchan fort. »Also lassen Sie mich noch etwas sagen: Das junge Mädchen ist nicht gerade eine Schönheit, obwohl sie nicht mißgebildet ist.«

»Ach, unter uns«, sagt der junge Mann, »Sie sehen ja, ich bin auch kein Gérard Philipe. Wenn sie häßlich ist, gerät schon keiner in Versuchung.«

»Ganz Ihrer Meinung«, begeistert sich der Schadchan, auf einen Abschluß hoffend. »Aber ich möchte noch etwas hinzufügen: Man kann auch nicht sagen, daß sie fürchterlich intelligent ist, das heißt ... sie ist durchschnittlich begabt, wenn auch ein wenig zerstreut, wenn Sie wissen, was ich meine ...«

»Ach, bei einer Frau ist das eher von Vorteil«, wendet der Bursche ein. »Und ich wollte keine, die intelligenter ist als ich.«

»Ich sehe, Sie sind wirklich intelligent«, fährt der Schadchan fort. »Sie konzentrieren sich auf das Wesentliche. Um Ihnen nichts zu verschweigen, noch ein letztes: Das junge Mädchen ist etwas bucklig.«

»Was! Bucklig?« fährt der Bursche empört auf. »Wie kommen Sie dazu, mir eine Bucklige vorzuschlagen?«

»Nun warten Sie doch! Sie hat Ihnen doch gefallen! Wegen dieses einen kleinen Fehlers werden Sie doch nicht nein sagen!«

* * *

Elias besucht Meir:

»Du siehst übel aus, Meir, geht's dir nicht gut?«

»Nicht gut! Du machst wohl Witze, mein Lieber! Ich habe nichts mehr zu beißen!«
»Na, Glück für dich. Ich komme nämlich, um dir eine gute Partie vorzuschlagen!«
»Bist du meschugge? Du siehst doch: Ich bin ein alter ungewaschener Kerl und zudem völlig abgebrannt!«
»Das weiß ich! Aber willst du nun heiraten oder nicht?«
»Du machst dich wohl lustig!«
»Nein, ganz im Ernst! Sie ist jung, reich und schön.«
»Und wo ist der Pferdefuß?«
»Oh, es gibt keinen!«
»Na, komm schon, ich sehe es doch, irgend etwas ist faul!«
»Nein, fast nichts, wirklich. Sie ist bloß ein kleines bißchen schwanger ...«

***

Israel ist Heiratsvermittler. Er sucht den ledigen Oskar auf.
»Oskar, ich habe ein seriöses Angebot. Ich möchte Sie verheiraten.«
»Ich habe keine Lust.«
»Hören Sie. Sie gehen täglich ins Restaurant und lassen sich weiß Gott was vorsetzen. Und wenn Sie nach Hause kommen, ist es da eiskalt. Dann wollen Sie mit jemandem reden, aber Sie sind allein ...«
»Ja, aber wenn die Frau, die Sie vorschlagen, nicht kochen kann? Wenn sie lieber friert? Wenn sie den Mund nicht zukriegt, wenn ich mal reden will? Und wenn ...«
»Sie machen mir Spaß, Oskar. Wer sagt denn, daß Sie dauernd zu Hause bleiben müssen?«

***

Ein Schadchan versucht eine Ehe zwischen einem Jeschiwa-Studenten und einer jungen Frau anzubahnen. Der Vater des Mädchens ist steinreich, sie hat eine hervorragende Erziehung, aber sie ist leider alles andere als schön. Nach dem Kennenlernen beschreibt der junge Mann seinen Eindruck:

»Sie ist sicher nett und wohlerzogen, aber bei soviel Häßlichkeit wäre ich das ganze Leben lang unglücklich!«
»Warten Sie«, wendet erschrocken der Schadchan ein, der ein gutes Geschäft zerplatzen sieht: »Gehen wir dem Problem auf den Grund: Denken wir nach. Sie sieht furchtbar aus, na und? Wenn Sie den ganzen Tag studieren, sehen Sie sie nicht, richtig? Wenn Sie zum Abendessen nach Hause kommen, schauen Sie auch nicht hin. Und wenn Sie nachts zu Bett gehen, ist es schon dunkel. Sehen Sie sie etwa im Schlaf? Ebenfalls nicht! Und wenn Sie zu Hause sind, bekommen Sie dann Lust, sie anzusehen? Nein! Sie nehmen vielmehr Ihre Kinder bei der Hand – Gott schenke Ihnen möglichst viele – und gehen gleich mit ihnen spazieren. Also frage ich Sie, wann müssen Sie Ihre Frau denn schon anschauen?«

***

Der Schadchan einer Kleinstadt war in die Jahre gekommen. Da er nicht mehr überall gleichzeitig sein konnte, wie es seine Gewohnheit war, stellte er einen jungen Gehilfen ein, dem er das Handwerk erst einmal beibringen mußte:
»Das Wichtigste ist die Übertreibung. Du mußt alles beschönigen.«
»Verstanden«, antwortete der Gehilfe.
Eines schönen Tages besuchten die beiden eine reiche Familie, die nur einen Sohn hatte.
»Vergiß nicht«, ermahnte ihn der Schadchan, »sei begeistert und zögere nicht zu übertreiben.«
Vor der Familie fing der Schadchan an:
»Wir haben das richtige Mädchen für Ihren Sohn ausgemacht: Sie ist aus bester Familie.«
»Eine ausgezeichnete Familie!« setzte der Lehrling eins drauf. »Sie stammt in direkter Linie vom großen Maimonides ab!«
»Sie ist reich!« fuhr der Schadchan fort.
»Rothschild ist dagegen ein armer Mann!« setzte der Gehilfe hinzu.

»Sie ist sehr hübsch«, fuhr der Schadchan mit einem besorgten Blick auf seinen übereifrigen Lehrling fort.
»Ach was, hübsch! Eine echte Venus ist sie!«
»Ich füge nur ein bedeutungsloses Detail hinzu«, sagte der Schadchan mit einem warnenden Blick zum Gehilfen. »Sie hat einen winzigen Schönheitsfehler, eine kleine Warze auf dem Rücken.«
»Was! Eine Warze!« rief der Gehilfe, »einen ausgewachsenen Buckel!«

***

Grumbach begegnet Ackerman in der Synagoge.
»Schabbat Schalom, Ackerman, freut mich, Sie zu sehen.«
»Schabbat Schalom, Grumbach, wie geht es Ihnen?«
»Ich habe Ihnen eine interessante Partie vorzuschlagen: Eine hübsche junge Witwe, seriös und ... noch unschuldig!«
»Wieso unschuldig? Sagten Sie nicht, sie sei Witwe?«
»Ja, aber das ist sie schon so lange, daß sie es vergessen hat!«

***

»Morgen heiratet meine Tochter, und ich habe eine Mitgift von einer Million versprochen«, klagt Jakob seinem Freund. »Es ist furchtbar, mir fehlt immer noch die Hälfte.«
»Na und? Von der Mitgift wird doch nur die Hälfte ausbezahlt.«
»Ja, und genau diese Hälfte fehlt.«

***

Was ist der Unterschied zwischen einer jüdisch orthodoxen, einer konservativen und einer liberalen Heirat?
Bei einer orthodoxen Heirat ist die Mutter der Braut schwanger. Bei einer konservativen Heirat ist die Braut schwanger. Und bei einer liberalen Heirat ist die Rabbinerin schwanger.

14

Mütter und Schwiegermütter

Im Zentrum eines der wichtigsten Kapitel jüdischen Humors steht die jüdische Mutter! Erdrückt die jüdische Mutter ihre Kinder tatsächlich mit ihrer Liebe, wie manche Autoren behaupten? Ist sie in ihrer Zuneigung und Großherzigkeit wirklich so stur, unerbittlich und schwierig wie seit Generationen behauptet? Falls der Leser eigene Erfahrungen hat, möge er selbst urteilen. In dieser heiklen Frage dürfen wir niemanden beeinflussen …

Ach ja! Die jiddische Mame … Wie viele Tränen hat sie nicht vergossen? Und wieviel Tinte ist ihretwegen nicht vergossen worden! Legt sie Wert auf Sauberkeit? Dann hat sie gleich einen Putzfimmel. Verlangt sie von ihren Kindern und vom Personal Gehorsam? Schon gilt sie als autoritär. Macht sie sich Sorgen wegen des Treibens und des Umgangs ihrer Kinder? Gleich wirft man ihr vor, sie übe Kontrolle aus und wecke Schuldgefühle. Ist sie eine perfekte Köchin? Dann heißt es, sie mäste die Familie! Runzelt sie einmal die Stirn, gilt sie als Tyrannin. Und bricht sie in Tränen aus, erpreßt sie die ganze Familie! Gibt man der jüdischen Mutter, die es doch immer nur gut meint, denn niemals recht?

Daniel kehrt nach abgeschlossenem Studium in den USA nach Frankreich zurück. Er hatte dort ein entzückendes Mädchen kennengelernt und es geheiratet. Das Problem ist nur, sie ist keine Jüdin! Um zu vermeiden, daß seine Mutter bereits am ersten Tag seinen Verrat entdeckt, führt er seine Frau vor der Rückkehr in die Grundlagen des Judentums ein. Beunruhigt durch das Auftreten der jungen Frau, unterzieht die Mutter bei der ersten Begegnung die Schwiegertochter einer Befragung:

»Und wie verbringt ihr den Sabbat?«

»Daniel geht zur Synagoge, ich zünde im Haus die Kerzen an und stelle den Kidduschbecher und die Sabbatbrote auf den Tisch.«

»Und zu Passah?«

»Da setzen wir uns an die Sedertafel und essen Matzen.«

»Legt Daniel auch täglich seine Tefillim* an?«

»Natürlich, und wenn er nicht kann, übernehme ich das für ihn.«

***

Eine jüdische Mutter braucht nicht unbedingt Jüdin zu sein.

***

Rätsel
Was ist die Definition für eine jüdische Mutter?
Eine jüdische Mutter ist eine Frau, die mitten in der Nacht aufsteht und das Bett frisch macht, bevor ihr Kind von der Toilette zurückkommt.

***

Drei jüdische Mütter kommen zusammen. Die erste seufzt:
»Ach ja!«
Die zweite:
»Herrjeh!«
Darauf die dritte:
»Wir hatten doch ausgemacht, heute nicht über die Kinder zu reden!«

***

Eine Mutter rühmt vor einer Freundin die Verdienste ihres Sohnes:
»Mein Sohn ist ein hervorragender praktischer Arzt, du solltest ihn unbedingt aufsuchen!«
»Nicht nötig, ich bin kerngesund.«
»Trotzdem solltest du hingehen, er ist ja so begabt, er wird schon etwas finden!«

***

Illana geht mit ihrem Buben an den Strand, legt sich unter einen Sonnenschirm und ermahnt ihn:

* Lederne Gebetsriemen mit Kapseln, in denen kleine Pergamentrollen mit Schriftworten stecken. Tefillim werden von Männern ab dreizehn Jahren täglich außer am Sabbat und an Feiertagen an der Stirn und am Arm getragen. Bei Frauen sind sie nicht üblich.

»Jeremias, geh ja nicht zu nahe ans Wasser, sonst ertrinkst du!«
»Jeremias! Wirf doch nicht mit Sand, du kriegst ja alles in die Augen!«
»Jeremias, komm sofort unter den Sonnenschirm! Du holst dir einen Sonnenstich!«
Zur Nachbarin gewandt:
»Ach, heute ist das Kind aber auch so nervös!«

***

Jonathan geht heute zum erstenmal in die Schule. Seine Mutter gibt ihm einige Ermahnungen mit auf den Weg:
»Pupele, du bist nett und gehorchst der Lehrerin, gell? Und daß du brav auf die Fragen antwortest, Pupele! Und wenn du für einen Mitschüler antworten willst, dann hebst du artig das Fingerchen, Pupele. Und daß du nicht raufst, gell? Und sei nett zu den anderen. Dann bekommst du Freunde, Pupele. Und wenn du in die Pause gehst, zieh erst das Mützchen über, sonst erkältest du dich noch. Willst du alles tun, was ich dir gesagt habe, Pupele?«
»Jaaa!«
Als der Kleine von der Schule zurückkommt:
»Na, Pupele, wie war's? Hat die Schule Spaß gemacht? Hast du schon etwas gelernt?«
»Ja, ich habe gelernt, daß mein Vorname Jonathan ist!«

***

Rätsel
»Welche U-Bahn-Station haben jüdische Mütter in Paris besonders gern?
»Die Station Monge, denn immerzu sagen sie: »Monge, mon fils, monge*.«

***

* »Mange, mon fils, mange« (Iß, mein Sohn, Iß) mit jiddischem Akzent.

Der kleine Jossi sitzt vor seinem Teller und verzieht das Gesicht.
»Iß doch deinen Spinat, der ist ja so gesund!«
»Aber Mama, ich mag den nicht!«
»Iß, der enthält ja soviel Eisen! Die hungernden Kinder in Afrika wären froh, sie hätten nur halb soviel Spinat!«
»Wär' ich ja auch!«

***

Bella will ihr Abendbrot nicht essen. Die Mutter redet ihr gut zu, bettelt, droht, schreit und bricht schließlich in Tränen aus. Die Spannung wird so unerträglich, daß nun auch der Vater eingreift und versucht, seine Frau zu beruhigen:
»Geh auf den Balkon an die frische Luft, ich kümmere mich schon um sie.«
»Wenn sie nicht alles ißt, stürze ich mich in die Tiefe!«
»Sie wird schon aufessen. Nun geh.«
Auf dem Balkon ringt die Mutter um Fassung. Triumphierend ruft der Vater sie herein:
»Geschafft! Sie hat aufgegessen!«
Die Mutter in einer brüsken Drehung mißtrauisch:
»Auch das Gemüse?«

***

Ein junger Jeschiwa-Student aus Polen ist nach Amerika ausgewandert und besucht nach Jahren seine Familie.
»Wo ist denn dein Bart?« fragt die Mutter betroffen.
»Mama, in Amerika trägt keiner einen Bart.«
»Aber den Sabbat achtest du doch noch?«
»Geschäft ist Geschäft, Mama! In Amerika wird auch am Sabbat gearbeitet.«
»Aber du ißt doch wenigstens noch koscher?«
»Das ist in Amerika ziemlich schwierig, Mama.«
Die alte Frau ringt um Fassung, dann nimmt sie ihren ganzen Mut zusammen und fragt seufzend:
»Mein Sohn, sag mir noch eines: Bist du noch beschnitten?«

* * *

In den dreißiger Jahren bekommt ›Randale-Ben‹, Mitglied einer berüchtigten jüdischen Gang im New Yorker Brooklyn, bei einer Schießerei mehrere Kugeln ab. Schwer verletzt schleppt er sich drei Straßenecken weiter bis zum Haus seiner Mutter. Mühsam zieht er sich die Treppen hoch, er blutet stark. Oben klopft er mit letzter Kraft an die Tür:
»Ma', ich bin's, Ben, ich bin ziemlich übel zugerichtet!«
Die Mutter öffnet die Tür:
»Jetzt komm erst mal herein und iß, den Rest kannst du später erzählen.«

* * *

An einem gemütlichen Winterabend sitzt eine jüdische Mutter bei ihrem vierzigjährigen Sohn im Wohnzimmer:
»Mein Sohn, eine Frage will ich dir stellen.«
»Ja, Mama.«
»Mein Sohn, wenn du einmal ein Mädchen treffen wirst, das dir gefällt, und du sie heiraten wirst, wirst du mich dann noch besuchen kommen?«
»Gewiß, Mama!«
»Und wenn deine Frau mich nicht lieb haben wird, wirst du mich dann trotzdem besuchen kommen?«
»Gewiß, Mama ...«
»Und wenn deine Frau dir verbieten wird, mich zu besuchen, wirst du mich trotzdem besuchen kommen?«
»Aber ja, Mama ...«
»Und wenn deine Frau mir weh tun will, weil sie eifersüchtig ist auf mich, wirst du mich dann trotzdem besuchen kommen?«
»Ja, Mama ...«
»Mein Sohn, darf ich dir noch eine letzte Frage stellen?«
»Gewiß, Mama ...«
»Warum nur willst du ein Mädchen heiraten, das mich so verabscheut, wo es mich doch gar nicht kennt? Warum?«

* * *

Drei jüdische Frauen sitzen zusammen beim Tee und rühmen sich ihrer Söhne und der Art, wie diese sie verwöhnen.
»Mein Sohn«, sagt die erste, »verehrt mich so sehr, daß er mir zu meinem letzten Geburtstag eine Kreuzfahrt rund um die Welt geschenkt hat.«
»Mein Sohn«, trumpft die zweite auf, »hat sich noch was Besseres einfallen lassen: Zu meinem achtzigsten Geburtstag schenkte er mir ein ganzes Luxushotel.«
»Das ist doch gar nichts«, meldet sich siegesgewiß die dritte zu Wort. »Mein Sohn geht dreimal in der Woche zu einem Psychoanalytiker und bezahlt ihn! Vierhundert Francs pro Sitzung! Und was glaubt ihr, worüber er mit ihm spricht? Über mich!«

***

Eine jüdische Mutter hat ein besonders schwieriges Verhältnis zu ihrem Sohn: Immerzu streiten sie sich. Schließlich weiß sie sich keinen Rat und meldet ihn zur Psychoanalyse an. Nach zwei Sitzungen klärt der Therapeut die Mutter auf:
»Ihr Sohn leidet an einem Ödipus-Komplex.«
»Ach, Ödipus, Schnödipus«, antwortet die Mutter, »das ist mir doch gleich. Hauptsache, er liebt seine Mutter!«

***

Mose feiert seine erste Milliarde Umsatz. Er kauft sich eine Yacht, legt eine Kapitänsuniform an und lädt seine Eltern zu einem Segeltörn ein.
Sanft gleitet das Schiff über die Wellen, am Steuer der frischgebackene Kapitän. Mose fragt seine Mutter:
»Mama, was meinst du? Bin ich nicht ein guter Kapitän?«
»Ein ganz ausgezeichneter Kapitän, wirklich, Mose«, antwortet die Mutter etwas zweifelnd.
»Mama, du wirkst nicht sehr überzeugt. Aber ich bin hier wirklich der Kapitän.«

»Ja, für deinen Vater und für mich bist du der Kapitän. Aber bist du auch für andere Kapitäne ein Kapitän?«

***

Rachel, die eben erst geheiratet hat, sucht verzweifelt ihren Hausarzt auf.
»Ach, Doktor, ich halte das nicht mehr aus. Ich kann machen, was ich will, mein Mann beachtet mich überhaupt nicht. Er redet ständig von seiner Mutter, immer und immerzu von seiner Mutter! Und ich bin für ihn einfach Luft!«
»Haben Sie schon versucht, ihn mit Gaumenfreuden zu verwöhnen?«
»Ich habe alles versucht, Doktor, glauben Sie mir! Nichts hilft! Ich bin verzweifelt.«
»Hören Sie, ich habe eine Idee: Einen Bereich haben Sie, wo Ihre Schwiegermutter nicht mithalten kann, das Bett. Ziehen Sie heute abend Reizwäsche und schwarze Strapse an. Schminken Sie sich verführerisch: tiefdunkler Lidschatten, schwarze Wimperntusche und schwarzer Lippenstift. Beziehen Sie die Betten mit schwarzer Wäsche. Legen Sie sein Lieblingsparfum auf und stellen Sie schwarze Rosen in die Vase. Schaffen Sie eine Atmosphäre knisternder Erotik, dann kann er Ihnen nicht widerstehen.«
Rachel arrangiert alles nach den Ratschlägen ihres Arztes: das Make-up, die Atmosphäre und das Ambiente. Sie vergißt nichts, noch nie hat sie so verführerisch und aufregend gewirkt.
Als ihr Mann nach Hause kommt, gerät er ganz aus der Fassung. Schließlich hält er nicht mehr an sich und ruft:
»Rachel! Überall Schwarz! Ist meiner Mutter etwas zugestoßen?«

***

Eine junge Frau müht sich seit Beginn ihrer Ehe ab, ihren Mann mit kulinarischen Raffinessen für sich zu gewinnen:

Sie geht frühmorgens einkaufen, putzt, schält und schneidet Gemüse, mischt exotische Gewürze zusammen und steht den ganzen Tag in der Küche ... Aber es nützt alles nichts: Jeden Tag beim Essen sagt ihr Mann, bei seiner Mutter habe es besser geschmeckt.
Völlig entnervt beschließt sie, es ihrem Mann zu zeigen: Am nächsten Tag rührt sie die Essensreste zusammen, wärmt alles auf und setzt es dem Ehemann halb angebrannt vor. Der ist begeistert:
»Liebling, wie lecker. Das schmeckt ja wie bei meiner Mutter!«

***

In einem kleinen abgelegenen russischen Dorf im 19. Jahrhundert versuchen zwei Familien, ihre Töchter zu verheiraten. Es gelingt ihnen, von weither zwei heiratsfähige junge Männer anreisen zu lassen. Aber der Zug wird von Kosaken überfallen, und dabei kommt einer der beiden ums Leben. So trifft nur ein Bräutigam im Schtetl ein. Bei den Müttern entbrennt sofort ein Streit, welche Tochter den Mann heiraten wird. Schließlich einigen sie sich darauf, den Rabbiner entscheiden zu lassen.
»Haut ihn in zwei Stücke«, beschließt der Rabbiner, »dann hat jedes Mädchen von seinem Körper die Hälfte.«
»O nein!« jammert die eine Mutter. »Laßt ihn leben! Meine Tochter findet bestimmt einen anderen!«
»Jawohl! Haut ihn in zwei Stücke!« verlangt die andere.
Der Rabbiner deutet auf die erste Mutter und sagt:
»Das hier ist die wirkliche Schwiegermutter!«

***

»Hallo Mama, wie geht es dir denn?«
»Ausgezeichnet, mein Sohn, danke.«
»Oh! Entschuldigen Sie! Offenbar habe ich mich verwählt!«

***

»Hallo, mein Sohn, kommst du zum Sabbat nach Hause?«
»Ja, Mama.«
»Versuch pünktlich zum Kiddusch da zu sein, du weißt, dein Vater ist müde und will schlafen. Dann sehen wir uns auch länger.«
»Gerne, Mama.«
»Bringst du Sarah mit?«
»Mama, wie oft habe ich dir schon gesagt, meine Frau heißt Rachel! Wir sind seit zwanzig Jahren verheiratet, und du weißt immer noch nicht, wie sie heißt? Ich weiß, du magst sie nicht, aber laß Rachel doch wenigstens ihren Namen! Mach keinen Ärger, bevor wir da sind!«
»Wie? Wieso Rachel! Aber nein, mein Sohn, deine Frau heißt Sarah!«
»Moment mal! Ich spreche doch mit Frau Botbol?«
»Nein!«
»Oh, entschuldigen Sie bitte! Dann habe ich mich verwählt!«
»Ach so! *(Lange Pause.)* Dann kommst du also nicht?«

***

Die folgende Geschichte ist eine Variante der vorhergehenden.
Eine Pariser Jüdin ruft ihre Mutter an:
»Mama, ist alles in Ordnung?«
»Ja, mein Liebling. Und bei dir?«
»Oh, Mama, die totale Katastrophe: Die Kinder liegen krank im Bett, der Kühlschrank hat den Geist aufgegeben, in der Toilette habe ich einen Rohrbruch, und heute abend kommen Gäste. Ich weiß weder ein noch aus!«
»Oh, mein Liebling! Bleib ganz ruhig! Ich fahre mit dem Bus zum Bahnhof, dann steige ich in den Zug bis zum Bahnhof Saint-Lazare und dann nehme ich die Metro bis zur Porte de Vanves. Von da aus ist es ja nur noch ein Kilometer zu Fuß bis zu dir. Bleib ganz ruhig! Ich kümmere mich um die Kinder, ich sorge schon für das Abendessen, und Sammy mache ich seinen Lieblingsnachtisch.«

»Sammy? Welcher Sammy?«
»Nun Sammy! Dein Mann!«
»Aber Mama, mein Mann heißt Daniel ... Ich bin doch richtig, oder: die 45809607?«
»Nein, hier ist die 45819607.«
»Dann kommst du also nicht!? ...«

***

Ruchama und Esther treffen sich nach vielen Jahren wieder.
»Ich habe gehört, dein Junge ist verheiratet! *Mazel tov!«* beginnt Esther das Gespräch.
»Oje, hör mir bloß auf! Die reine Katastrophe. Seine Frau tut den ganzen Tag nichts. Sie schläft bis in die Puppen, und mein Sohn serviert ihr das Frühstück ans Bett. Sie kann nicht kochen, und nicht einmal den Tisch räumt sie ab! Sie faulenzt den ganzen Tag nur herum!«
»Du Arme!« bedauert Esther sie. »Und deine Tochter? Ist sie verheiratet?«
»Ach, meine Tochter! Ein Glücksfall. Ihr Mann ist ein Goldstück! Er bringt ihr das Frühstück ans Bett und läßt sie weder kochen noch putzen. Sie kann sich den ganzen Tag ausruhen und sich um ihre Dinge kümmern!«

***

Eine jüdische Mutter führt ihre beiden Kinder spazieren. Eine Passantin erkundigt sich nach dem Alter der Kleinen:
»Der Arzt ist vier, der Anwalt zweieinhalb!«

***

Eine ältere Dame führt ihren Enkel spazieren. Eine Passantin bleibt stehen und bewundert das Kind:
»Was für ein entzückendes Baby!«
»Ach, das ist gar nichts. Sie müßten erst die Fotos sehen!«

***

Ein Doktorand führt in Afrika eine anthropologische Feldforschung durch. Vor seiner Rückkehr ruft er seine Mutter an.

»Oh, mein Sohn, wie geht es dir? Geht es dir gut? Warum rufst du nie an?«

»Es geht, Mama, ich komme nach Hause.«

»Sehr schön, mein Sohn. Willkommen zu Hause. Wann kommst du denn?«

»Mama, ich bin inzwischen verheiratet.«

»Nein! *Mazel tov,* mein Sohn! Du machst mich ja so glücklich! Warum hast du nichts gesagt? Ich wäre sofort gekommen, um dich an mich zu drücken! Ich hätte ein rauschendes Fest veranstaltet! So eine Eheschließung ist doch ein wichtiger Augenblick im Leben!«

»Es ist eine Schwarze, Mama.«

»Eine Schwarze? Na und! Sind wir vielleicht Rassisten? Das fehlte noch! Sie ist herzlich willkommen. Hauptsache, du hast sie ausgesucht!«

»Mama, sie hat vier Kinder.«

»Vier Kinder, das ist ja wunderbar! Zum Leben gehören Kinder, und gleich vier, sagst du, das zeigt, sie kann Kinder bekommen. Du wirst Söhne haben, mein Junge, und alle tragen deinen Namen! Also, wann kommt ihr?«

»Nächste Woche. Wir wohnen in einem Hotel, wir wollen nicht stören.«

»Wie? Stören? Haben wir kein Haus, um euch aufzunehmen? Du und deine Frau schlaft in unserem Bett! Papa schläft im Wohnzimmer auf dem Sofa, und die Kinder legen wir ins Zimmer deines Bruders, er ist doch im Urlaub!«

»Und du, Mama? Du hast alle untergebracht, nur dich nicht.«

»Ich, mein Sohn? Ich lege jetzt den Hörer auf und sterbe.«

15

Ehefrauen

Die Ehefrauen von heute sind die Mädchen von gestern und damit die Töchter der (mit Recht oder nicht?) in Verruf stehenden jüdischen Mütter.
Die heutigen jüdischen Ehefrauen in Israel, den USA oder Frankreich wissen nicht mehr so recht, nach welcher Pfeife sie tanzen sollen: Schließlich sind sie keine echten jiddischen Mames oder tunesischen Mamas mehr, von denen die meisten in Polen, Rußland oder Tunesien geboren wurden. Was bedeutet das? Nun, sie balancieren zwischen zwei Möglichkeiten: die eine ist, es ihren Müttern nachzutun, die ihre Aktivitäten auf das Haus beschränken und die Traditionen achten; die andere ist, sich ein Vorbild an ihren Zeitgenossinnen zu nehmen, die zwar berufstätig sind, aber sich auch eigene Vergnügungen gönnen und sogar Urlaub machen!
Da sich dies alles nur schwer unter einen Hut bringen läßt, gibt es so manchen schwierigen Augenblick im Leben ... Zum Beispiel, wenn die heikle Frage ansteht, wohin es in den nächsten Skiferien gehen soll ...

Es ist lange her, da stand in den Kleinanzeigen einer jiddischen Zeitung zu lesen:
Tausche Frau um die 50 gegen zwei um die 25.

***

Der Bürgermeister einer israelischen Kleinstadt besichtigt mit seiner Frau ein Neubauviertel. Ein Bauarbeiter ruft seiner Gattin zu:
»He! Ophra! Was tust du denn hier?«
Ophra stellt den Mann ihrem Gatten vor und plaudert mit ihm einige Minuten. Im Weitergehen fragt ihr Gatte:
»Woher kennst du den Mann?«
»Wir sind zusammen zur Schule gegangen. Er wollte mich heiraten.«
»Zum Glück hast du ihn nicht genommen. Stell dir vor, du wärst die Frau eines Bauarbeiters!«
»Täusch dich nicht, wenn er mich bekommen hätte, wäre er heute Bürgermeister!«

***

Frau Silberburg kehrt mit dem Zug aus Baden-Baden zurück. Ihr Mann holt sie vom Bahnhof ab.«
»Guten Tag, mein Schatz.«
»Guten Tag, Liebling, großartig siehst du aus! Hattest du eine schöne Reise? Und bist du mir treu geblieben?«
»So treu wie du mir, Liebling!«
»Gut, mein Schatz, dann bist du das letzte Mal zur Kur gefahren, das verspreche ich dir!«

***

Rebekka vertraut Salome ihre Sorgen an:
»Wenn du wüßtest, wie schamlos mein Mann mich betrügt! Keinen Tag kommt er vor drei Uhr morgens nach Hause.«
»Wie mein Mann damals, aber das ist vorbei!«
»Wie hast du das geschafft?« fragt Rebekka erwartungsvoll.
»War gar nicht schwierig«, triumphiert Salome. »Wenn er nach Mitternacht heimkam, habe ich im Bett gefragt: ›Bist du's, Doudou?‹«
»Und?«
»Mein Mann heißt Jacky.«

***

Emil kommt von einer Geschäftsreise zurück und stellt fest, daß seine Frau ihn betrogen hat. Wütend stellt er sie zur Rede:
»Wer ist der Schuft?« knurrt er. »Fritz, dieser falsche Fünfziger?«
»Nein, nicht Fritz.«
»Also Daniel, dieser Heuchler?«
»Nein, auch nicht Daniel.«
»Etwa David, dieser Versager?«
»Aber nein!«

»Ach so!« brüllt Emil. »Jetzt ist dir keiner meiner Freunde mehr gut genug!«

***

Julie Touboul trifft ihre steinreiche Freundin Sandra Attias. Sandra lobt ihren Mann in den höchsten Tönen:
»Zum Geburtstag wollte ich etwas Originelles, ich hatte den ewigen Schmuck, die Pelze, die Limousinen und die Kreuzfahrten satt. Und weißt du, womit er mich überrascht hat? Mit Flugakrobatik. Es war phantastisch. Wirklich, das schönste Geschenk seit langem!«
Julie erblaßt vor Neid. Sie bearbeitet ihren Mann solange, bis er mit ihr zum Pariser Flughafen Le Bourget fährt. Leider kostet ein Kunstflug eine horrende Summe, und zudem muß der Preis pro Kopf bezahlt werden!
Nach langer Suche entdecken sie einen Piloten mit einem Schild: »Kunstflüge: nur 5000 Francs.« Sie stürzen sich auf das Angebot. In der winzigen Maschine ist zwar kaum Platz für zwei Fluggäste, und außerdem ist sie in einem erbärmlichen Zustand, aber mehr kann man nicht verlangen: Der Flug kostet ein Fünftel von denen der Konkurrenz. Julie redet mit dem Piloten und versucht, den Preis noch weiter herunterzuhandeln, weil sie ja zu zweit fliegen wollen, und hat tatsächlich Erfolg. Allerdings stellt der Pilot eine Bedingung:
»Wenn ich Ihnen einen Nachlaß gebe, muß während des Fluges absolute Ruhe herrschen. Ein einziges Wort, und Sie zahlen das Doppelte.«
Julie und ihr Mann sind einverstanden. Der Pilot läßt sie einsteigen, fordert sie auf, sich anzuschnallen, und schon geht es los.
Die Maschine steigt steil nach oben, fliegt einen Looping, trudelt in die Tiefe, steigt wieder hoch, fliegt eine Faßrolle, dann Überschläge nach oben und unten, kurz, der Pilot zeigt alles, was er für eine Flugschau zu bieten hat. Nach der Landung dreht er sich zu seinen Gästen um:

»Alle Achtung! Sie haben ja nicht einmal geschrien!«
»Nein«, sagt Touboul totenbleich, »nicht einmal, als wir meine Frau verloren haben!«

* * *

An der Himmelspforte drängen sich zahlreiche Männer. Sie bilden zwei Reihen. In der rechten stehen all diejenigen, die stets nur auf ihre Frauen gehört haben, in der linken steht ein einzelner Mann.
Da erscheint Gott persönlich, um sich das Phänomen anzuschauen:
»Wie kommt es, daß du auf dieser Seite stehst?« fragt er. »Wie hast du das geschafft?«
Erstaunt über die Frage antwortet der Mann:
»Oh, meiner Treu, ich weiß nicht. Meine Frau hat gesagt, ich solle mich hier anstellen.«

Und in anderer Form:
»Oh, meiner Treu, ich weiß nicht. Meine Mutter hat gesagt, ich solle mich hier anstellen.«

* * *

Joseph hat sich einen Monat lang den Kopf zerbrochen, womit er seiner Frau an ihrem Geburtstag eine Freude machen könnte. Schließlich entscheidet er sich für einen Papagei: Der Vogel ist bunt, spricht und soll ihr tagsüber Gesellschaft leisten. Damit es eine echte Überraschung wird, läßt er ihn nach Hause liefern. Als er nach Hause kommt, fragt er:
»Herzlichen Glückwunsch, und wie gefällt dir dein Geschenk?«
»Sehr gut. Der Vogel wird sicher zart. Er schmort gerade in Ananas!«
»Wie? Du hast ihn in die Bratröhre geschoben! Aber er konnte doch sprechen!«

»Er konnte sprechen? Schade! Warum hat er mir nichts gesagt?«

***

Goldberg kommt gereizt ins Büro.
»Was ist los, Goldberg? Warum so gereizt?«
»Wie sollte ich nicht, bei der Ehefrau?«
»Aber deine Frau ist doch sehr nett.«
»Ja, aber sie bettelt mich ständig um Geld an!«
»Ach ja? Und was will sie damit?«
»Weiß ich doch nicht. Ich gebe ihr ja nichts!«

***

Leibusch kommt aus Polen nach Paris. Bei einer Besichtigungstour führt ihn sein Freund Druckmann auch über die Place Pigalle. Jedesmal, wenn sie an einer leicht bekleideten Liebesdienerin vorbeikommen, spuckt Leibusch auf den Boden.
»Nanu? Gefallen dir die Damen nicht?«
»Doch! Ich spucke ja nicht auf sie.«
»Auf wen dann?«
»Auf meine Frau daheim.«

***

Sophie und Aaron sind verlobt und wollen in drei Tagen heiraten. Aber Aaron will nicht mehr warten:
»Mein süßer Liebling, werde doch schon heute nacht meine Frau!«
»Nein, mein Schatz, ich bin ein anständiges Mädchen. Außerdem kriege ich danach jedesmal Kopfschmerzen.«

16

Väter und Ehemänner

Wenn der jüdische Familienvater viel seltener in komischen Geschichten aufs Korn genommen wird als die jüdische Mutter und Gattin, so liegt das sicher daran, daß der jüdische Haushalt fast ausschließlich das Reich der Frau ist. Der Mann arbeitet außerhalb des Hauses, unternimmt Reisen, lebt in der Welt der Geschäfte. Er ist bei weitem nicht so gegenwärtig im Haus wie seine Frau und hat auch weniger Umgang mit seinen Kindern.

Gabriel schluchzt herzzerreißend bei der Beerdigung von Dina, der Frau seines bestens Freundes. Lange Jahre war er eng mit ihr befreundet gewesen. Sein Freund, gefaßt, ja gelassen, tröstet ihn:
»So beruhige dich doch, ich kann ja wieder heiraten ...«

***

Sam erwischt seine Frau mit seinem besten Freund Harry im Bett:
»Harry, wirklich, ich staune! Ich bin ja dazu verpflichtet, aber du?«

***

Salomon ist schwer krank. Zusammen mit seiner Frau Sarah denkt er an ihr gemeinsames Leben zurück.
»Sarah, erinnerst du dich noch an die Pogromnacht im Schtetl? Warst du damals schon bei mir, Sarah?«
»Ja, Salomon, damals war ich schon bei dir.«
»Und erinnerst du dich, Sarah, als sie uns aus dem Schtetl jagten und unsere Hütten den Bauern gaben? Warst du damals schon bei mir?«
»Natürlich, Salomon, damals war ich schon an deiner Seite.«
»Und erinnerst du dich, Sarah, als wir auf dem Weg ins Ghetto von diesen grausamen Kosaken überfallen wurden? Warst du damals schon bei mir?«
»Aber ja, Salomon, damals war ich schon bei dir!«

»Und Sarah, erinnerst du dich an die Schrecken des Warschauer Ghettos, an die drangvolle Enge, den Schmutz und den Hunger? Warst du damals bei mir?«
»Selbstverständlich war ich damals bei dir, Salomon.«
»Und an Auschwitz, Sarah, erinnerst du dich an Auschwitz? An dieses unvorstellbare Grauen! Warst du auch damals bei mir, Sarah?«
»Ja, Salomon, ich war immer bei dir.«
»Und jetzt, wo ich totkrank darniederliege und vielleicht sterben werde, bist du auch da bei mir, Sarah?«
»Natürlich, Salomon!«
»Sarah, ich möchte dich etwas fragen: Glaubst du nicht, daß du mir Unglück bringst?«

* * *

Elias ist zum Mittagessen bei Freunden eingeladen. Am Ende fragt er den Hausherrn:
»Sag mal, ohne indiskret zu sein, wie lange bist du jetzt schon verheiratet?«
»Fast fünfundzwanzig Jahre.«
»Alle Achtung! Fünfundzwanzig Jahre, und noch immer Koseworte für deine Frau: mein süßer Engel, mein Häschen, mein Schatz und all das! Wie macht ihr das nur?«
»Nun, mein Lieber, du wirst es nicht glauben, aber ich habe ihren Namen vergessen!«

* * *

Viktor betritt ein Geschäft für Luxusartikel. Er wendet sich an den Verkäufer:
»Meine Frau hat Geburtstag. Ich möchte ihr einen wertvollen Kugelschreiber schenken.«
»Wohl eine Überraschung?« fragt der Verkäufer.
»Allerdings, sie erwartet ein Diamantenhalsband!«

* * *

Ein alter Jude geht in ein Schmuckgeschäft und will seiner Frau ein Geschenk kaufen. Er entscheidet sich für ein silbernes Kruzifix:
»Was kostet es denn?«
»Tausend Mark«, antwortet der Verkäufer.
»Hmmm! Und ohne den Akrobat?«

***

Daniel und Ephraim paffen nach dem Essen eine Havanna. Daniel fragt den Freund:
»Sag, Ephraim, ruhst du dich nachmittags etwas aus?«
»Ja, sie macht nach dem Essen immer einen Mittagsschlaf.«
»Wer?«
»Meine Frau!«
»Aber ich meine doch dich!«
»Ja, natürlich! Sie schläft, und ich kann mich ausruhen!«

***

Die Rothschilds verbringen den Abend auf einem glanzvollen Empfang. Die Creme der jüdischen Gesellschaft ist geladen, daneben auch eine Reihe hübscher junger Damen. Rothschild unterrichtet seine Gattin:
»Siehst du das Mädchen da hinten?«
»Ja, was ist mit ihr?«
»Das ist die Geliebte von Mayer.«
»Oh, sie hat ja ein schiefes Gebiß.«
»Und die Dame dort?«
»Ja?«
»Das ist Blums Geliebte.«
»Na! Die ist ja mager!«
»Und siehst du dieses Mädchen dort?«
»Ja?«
»Das ist Kaminskis Geliebte.«
»Ein schreckliches Gesicht! Und welches ist deine?«
»Die dort!«

»Weißt du was, Rothschild, unsere ist die hübscheste.«

***

Goldstein ist außer sich vor Zorn:
»Was ist passiert? Was ist los mit dir?«
»Wenn du gesehen hättest, was ich gesehen habe! Stell dir vor! Ich komme nach Hause und erwische den Taxifahrer, wie er meine Frau küßt. Ich war so was von wütend! Hätte ich einen Revolver gehabt, ich hätte ihn glatt geohrfeigt.«

***

David trifft Elias und sagt ihm aufgebracht:
»Elias, ich muß dir etwas Ernstes mitteilen.«
»Mein Gott, was ist denn?«
»Du weißt, dein Kassierer ...«
»Ja, was ist mit ihm?«
»Ich habe ihn gestern im Hotel gesehen, eng umschlungen mit deiner Frau! ...«
»Mein Gott! Hast du mich erschreckt, David! Ich dachte schon, er sei mit der Kasse durchgebrannt!«

***

Raphael ist erschüttert. Sein Freund Samuel fragt betroffen:
»Was ist los mit dir?«
»Wenn du wüßtest, was ich soeben entdeckt habe!«
»Beruhige dich doch, Raphael. Was hast du entdeckt?«
»Ich habe gesehen ... Ich kann es kaum sagen ... Deborah hat mich auf dem Sofa im Salon mit Michael betrogen!«
»Beruhige dich, ganz ruhig ...«
»Was mache ich jetzt?«
»Nun, geh in dich und triff die richtige Entscheidung, Raphael.«
Am nächsten Tag:

»Und? Was hast du entschieden, Raphael?«
»Ich habe das Sofa verkauft!«

***

Ein Rabbiner redet seinem Sohn ins Gewissen:
»Über dich sind üble Gerüchte im Umlauf. Frauen ...«
»Ich versichere dir, Papa, alles ist Lüge. Nur üble Nachrede. Kein Wort davon ist wahr!«
»Das will ich auch hoffen! Die Gerüchte sind ja schon genug!«

***

Ruben vergießt beim Tod seiner Frau bittere Tränen. Besorgt versucht ihn der Rabbiner zu trösten:
»Weine nicht, Ruben, glaubst du nicht an die Wiederauferstehung der Toten?«
»Aber das ist es ja gerade!«

17

Die Kinder

Jüdische Kinder sind bekanntlich die intelligentesten, süßesten und artigsten von allen. Alles, was sie tun, ist gut, selbst ihre gröbsten Torheiten werden noch als Heldentaten gepriesen. Auch wenn sie für gewöhnlich folgsam sind, ergehen sich ihre Eltern, vor allem die Mütter, dennoch unablässig in Sorgen, denn zuweilen schlagen sie doch über die Stränge ... Und je größer sie werden, desto mehr wächst die Sorge um sie, ganz wie das jiddische Sprichwort sagt: »Kleine Kinder, kleine Zores (Sorgen), *große Kinder, große Zores.«*
Mit Recht bezeichnet man diese Haltung jüdischer Eltern ihrem Nachwuchs gegenüber als »sorgenvollen Stolz«, wobei man hinzufügen muß, daß Gleiches auch für die Haltung der Kinder gegenüber ihren Eltern gilt – wie man im folgenden sehen wird.

Als Rabbi Dow Bär von Mesritsch fünf Jahre alt war, brach im Haus seines Vaters ein Brand aus. Wie er nun seine Mutter jammern hörte, fragte er sie:
»Mutter, müssen wir uns denn so grämen, weil wir ein Haus verlieren?«
»Nicht ums Haus klage ich«, sagte sie, »sondern um unseren Stammbaum, der verbrannt ist. Er fängt mit Rabbi Jochanan dem Sandalenmacher, dem Meister des Talmuds, an.«
»Nun, was macht das aus!« rief der Knabe, »ich will dir einen neuen Stammbaum verschaffen, der mit mir anfängt.«

***

Der zweieinhalbjährige Joel schwärzt seinen großen Bruder beim Vater an:
»Papa, Uriel hat gelogen! Ich habe ihm etwas gesagt, was nicht gestimmt hat, und er hat mir geglaubt und es weitergesagt!«

***

Ein Geschichtslehrer stellte eines Tages seinen Schülern folgende Frage:

»Was glaubt ihr, warum das Deutsche Reich den Krieg 1914–1918 verloren hat?«
Ein Schüler laut: »Wegen der jüdischen Generäle!«
Der Lehrer verwirrt:
»In der deutschen Armee gab es doch keine jüdischen Generäle!«
Der Schüler triumphierend:
»Genau. Deshalb haben die Deutschen verloren!«

***

Am Ende des ersten Schultags wird Benjamin von seiner Mutter abgeholt:
»Und was hat mein Liebling gelernt?«
»Ich habe schreiben gelernt«, antwortet Benjamin.
Die Mutti begeistert: »Der erste Schultag, und schon schreiben gelernt! Und was hast du geschrieben?«
»Weiß nicht, Mutti, ich kann doch noch nicht lesen!«

***

Für Katholiken ist der Fötus ab der befruchteten Eizelle ein menschliches Wesen.
Für Juden bleibt ein Fötus solange ein Fötus, bis er den Abschluß in Medizin geschafft hat.

***

Es ist Abend. Die Eltern sind gerade ausgegangen. Henri sagt zu seiner kleinen Schwester Jessica:
»Komm, wir spielen Mama und Papa.«
»Wie machen wir das?«
»Wir gehen ins Schlafzimmer.«
»Und dann?«
»Dann schließen wir die Tür ab.«
»Und dann?«
»Dann ziehen wir uns aus.«

»Und dann?«
»Dann legen wir uns ins Bett.«
»Und dann?«
»Dann sprechen wir Jiddisch, damit die Kinder nichts verstehen.«

***

Ein krankhaft eifersüchtiger Ehemann geht auf Geschäftsreise. Vor der Abfahrt trägt er seinem kleinen Sohn auf, jeden Schritt seiner Mutter genau zu beobachten und ihm später alles zu erzählen.
Nach seiner Rückkehr bittet er das Kind, ihm zu berichten.
»Am ersten Abend«, erzählt der Bub, »ist ein seltsamer Mann zu uns ins Haus gekommen. Er hat die Mama auf den Mund geküßt und sie lange umarmt.«
»Und dann?«
»Dann ist die Mama mit ihm ins Schlafzimmer gegangen.«
»Und dann?«
»Ich habe durchs Schlüsselloch geguckt: Er hat das Hemd, die Hose und sogar die Unterhose ausgezogen.«
»Und?«
»Dann hat er Mama ausgezogen, und die ganze Zeit haben sie sich umarmt.«
»Und dann?«
»Mama hat das Licht ausgemacht, dann habe ich nichts mehr gesehen.«
»O mein Gott!« seufzt der Mann, »dieser Zweifel wird mich noch umbringen!«

***

Jossi fragt seine Mutter aus:
»Mutti, warum kocht das Wasser bei 100 Grad?«
»Eine sehr gute Frage, mein kleiner Jossi, aber ich kann sie dir nicht beantworten. Frag Papa, wenn er nach Hause kommt.«
»Na schön ... Aber ich habe noch eine Frage, Mutti.«

»Stell sie, mein Sohn, nur zu.«
»Warum fliegen Wolken immer oben?«
»So ein intelligenter Bub! Stellt so kluge Fragen! Aber frag doch lieber heute abend Papa.«
»Na schön ... Aber sag einmal, Mutti, warum heißt der Sonnenkönig Sonnenkönig?«
»Eine sehr gute Frage, mein Liebling ... Papa kann dir das bestimmt sagen, wenn er heute abend nach Hause kommt.«
»Na schön, Mutti. Aber sag mal, macht es dir etwas aus, wenn ich dir immer Fragen stelle?«
»Aber ganz im Gegenteil, Jossi, wie sollst du sonst etwas lernen!«

***

Joseph gibt seinem Sohn ein Rätsel auf:
»Was ist das, Daniel? Es ist grün, hängt an einer Schnur an der Wand und pfeift.«
Daniel denkt einige Minuten angestrengt nach.
»Weiß nicht, Papa, sag's mir!«
»Ganz einfach, ein Hering.«
»Aber Papa, Heringe sind doch nicht grün!«
»Das stimmt schon, aber dieser Hering war grün angemalt!«
»Aber ich habe noch nie einen Hering an einer Wand gesehen!«
»Aber ja doch, dieser Hering hängt an einer Schnur an der Wand.«
»Und Heringe können auch nicht pfeifen, Papa!«
»Das habe ich doch nur gesagt, damit du nicht so leicht darauf kommst.«

***

Zwei alte Freunde tauschen in der Synagoge regelmäßig Neuigkeiten aus.
»Weißt du, was meinem Sohn David passiert ist? Ich darf nicht daran denken, mir schwinden die Sinne, so schäme ich mich!«

»Was hat er denn getan, Nathan?«
»O mein Gott! Er will eine Goje heiraten! Mein Sohn und eine Nichtjüdin! Stell dir das mal vor! Er hat das Mädchen beim Jurastudium kennengelernt, und jetzt wollen sie heiraten! Das überlebe ich nicht!«
»Ich sagte dir immer, Nathan, du bist deinem Sohn gegenüber zu nachlässig. Mich wundert das nicht. Mir würde das nie passieren.«
Doch einige Monate später:
»Nathan, ich muß mich entschuldigen. Erinnerst du dich, was ich vor der Heirat deines Sohnes mit dieser Goje gesagt habe? Weißt du, was meinem Sohn passiert ist? Er will auch eine Goje heiraten. Er hat sie auf einer Kreuzfahrt kennengelernt! O Gott, das überlebe ich nicht!«
In diesem Moment tönt eine Stimme aus dem Himmel:
»Und wißt ihr, was meinem Sohn passiert ist?«

***

Aaron nimmt mit seinem Sohn den Zug nach Minsk. Um einen Fahrschein zu sparen, steckt er den Jungen in einen Sack und schiebt ihn unter die Sitzbank. Der Schaffner kommt:
»Deinen Fahrschein, Jude!«
»Bitte sehr.«
»Und was ist in dem Sack?«
»Nur Schrott.«
Um die Behauptung nachzuprüfen, versetzt der Schaffner dem Sack einen heftigen Tritt. Unter der Bank ertönt eine Stimme:
»Beng!«

***

Eine Mutter weckt ihren Sohn:
»Michael, es ist Zeit, aufzustehen und zur Schule zu gehen.«
Michael streckt den Kopf aus der Bettdecke:

»Ich habe keine Lust!«
»Ach was! Du mußt aber!«
»Ich habe keine Lust! Die Lehrer können mich nicht ausstehen, die Kinder verspotten mich, und alle treten nach mir.«
Die Mutter zieht ihm die Decke weg:
»Michael, dir bleibt nichts anderes übrig. Du mußt zur Schule gehen.«
»Wieso? Sag mir einen Grund, warum ich da hingehen sollte!«
»Weil du fünfundvierzig Jahre alt und der Direktor bist!«

***

Die Eltern erwarten die Geburt ihres zweiten Kindes. Die Mutter bittet ihren Mann:
»Bereite Micky auf das frohe Ereignis vor.«
Der Vater weiß nicht recht, wie er dem Sohn die Neuigkeit beibringen soll. Schließlich nimmt er all seinen Mut zusammen:
»Micky, ich habe heute einen Storch ums Haus fliegen sehen. Ich bin sicher, er klopft in den nächsten Tagen mit dem Schnabel ans Fenster und bringt uns ein tolles Geschenk ...«
»Klasse, Papa! Aber paß auf, daß er unsere Mama nicht erschreckt, weil sie doch schwanger ist! Sonst verliert sie womöglich das Kind ...«

***

Zwei Frauen begegnen sich im Supermarkt.
»Sophie! Wie geht es dir? Ich habe gehört, daß man dich beglückwünschen darf! *Mazel tov!*«
»Ja, stimmt, meine Tochter heiratet!«
»Wunderbar! Und wer ist der Glückliche?«
»Michael ist Chef der augenärztlichen Abteilung im Krankenhaus von Neuilly.«
»Ach? Ich habe geglaubt, er sei Professor.«

»Nein, das war der Rechtsprofessor, ihr Ex-Ehemann.«
»Oh, entschuldige! Aber da war doch auch ein Psychiater?«
»Ja, ihr erster Ehemann, ein renommierter Analytiker.«
»Wirklich, meine Liebe, welch ein Glück, ein Mädchen zu haben, das einem soviel Freude macht!«

18

Die Erziehung

W*as ist die Definition für einen jüdischen Mann?« fragt Philip Roth in seinem Buch* Portnoys Beschwerden *(Deutsch 1974). Ein jüdischer Mann ist eine Junge von fünfzehn Jahren, der solange ein Fünfzehnjähriger bleibt, bis seine Eltern sterben.*
Meiner Einschätzung nach untertreibt Roth, denn für jüdische Eltern bleiben Kinder in der Entwicklung im Alter von acht Jahren stehen, und einen Entwicklungssprung gibt es erst, wenn sie die Doktorprüfung in Medizin geschafft haben.
Ein einfacher Test zeigt jedem Juden, ob seine Eltern richtige Juden sind: Er muß nur nachts auf die Toilette gehen. Wenn er dann zurückkommt und das Bett ist frisch gemacht, ist alles in bester Ordnung. Wenn nicht, sollten sie noch einmal in die Lehre gehen.

Jeremias lernt auf die Geschichtsarbeit.
»Mama, in welchem Jahr ist Napoleon gestorben?«
»Wie, er ist gestorben? Ich habe gar nicht gewußt, daß er krank war!«

***

Als Rabbi Noach, der Sohn des Rabbi Mordechai, seines Vaters Nachfolge antrat, bemerkten dessen Schüler, daß er es in vielem anders als sein Vater hielt. Sie fragten nach dem Grund.
»Aber ich halte es doch genauso wie mein Vater!« antwortete jener. »Und da mein Vater keinen nachahmte, ahme auch ich ihn nicht nach.«

***

Als Raphael zwölf Jahre alt wurde, verkündete ihm der Vater mit ernster Stimme:
»Raphi, der Augenblick ist gekommen, etwas über die Lebenswirklichkeit zu erfahren.«
»Gerne, Papi, was möchtest du denn wissen?«

***

Ein verantwortungsbewußter Familienvater zu seinem Sohn Gabriel:
»Ich erzähle dir eine Geschichte, die du nie vergessen sollst. Sie ist für dein Leben wichtig:
An einem eiskalten Wintertag fiel ein Vögelchen aus seinem Nest. Sein verzweifeltes Piepsen erregte schließlich die Aufmerksamkeit eines vorbeikommenden Knaben. Der hatte Mitleid mit dem halb erfrorenen Tier, hob es auf, setzte es in einen dampfenden Haufen Mist und ging. Kaum hatte es sich aufgewärmt, sang es auf den Wohltäter ein Loblied. Dies hörte ein vorbeistreichender Fuchs: Er freute sich darüber und verschlang den Piepmatz mit einem Biß.
Daraus merke dir drei Lehren, mein Sohn:
Erstens: Wer dich in die Sch... setzt, will dir nicht immer Böses.
Zweitens: Wer dich aus der Sch... holt, will dir nicht immer Gutes.
Und drittens: Wenn du in der Sch... sitzt, wozu mußt du dann auch noch singen?«

***

Goldberg, ein gutsituierter Familienvater, will seinem Stammhalter die beste Erziehung angedeihen lassen: Er soll, wie es sich für einen Sohn aus gutem Hause gehört, Benehmen, Anstand und Taktgefühl lernen, sich aber auch dialektfrei, sicher und gewandt ausdrücken können. Nachdem er Erkundigungen eingezogen hat, schickt er ihn für einige Jahre in ein Internat in der Pfalz.
Nach einem Jahr kommt er, um die Fortschritte zu sehen, unangemeldet zu Besuch. Am Tor öffnet ihm ein alter Lehrer. Der Vater schlägt einen salbungsvollen Ton an:
»Guten Tag, ich komme, um meinen Sohn zu besuchen, Maximilian Goldberg.«
»Natürlich, Herr Goldberg.«

Der Lehrer wendet den Kopf und brüllt nach drinnen:
»Maxe! Maxe! Dei' Vadde ist gekomme, um disch zu besuche!«

***

Glauberg besitzt in der Pariser Rue de Tirenne ein florierendes Geschäft für Bekleidung. Sobald sein Sohn Daniel das Mannesalter erreicht hat, nimmt er ihn mit ernster Miene beiseite:
»Hör mir zu, mein Sohn, ich habe dir Wichtiges zu sagen. Du mußt jetzt deinen Lebensweg wählen, dich für einen Beruf entscheiden. Ziehe dich in ein ruhiges Zimmer zurück. Ich lasse dir den ganzen Vormittag Bedenkzeit, dann komme ich wieder.«
Gegen Mittag kehrt Glauberg zurück:
»Nun, mein Sohn, wie hast du dich entschieden? Für die Herren- oder die Damenkonfektion?«

***

Herr Finkelstein prüft die Kenntnisse seines achtjährigen Sohnes Samuel:
»Wer war die Mutter von Mose?«
»Die Tochter des Pharao.«
»Lernst du so etwas in der Schule? Es war doch wohl eher so, daß die Tochter des Pharao den Mose aus dem Wasser gefischt hat, oder nicht?«
»Ach was, das hat sie bloß gesagt!«

***

Jeremy Mandelbaum, ein kleiner Amerikaner, spielt mit den Kameraden auf der Straße. Ein vorbeikommender Pastor spricht die Knaben in freundlichem Tonfall an:
»Na, Jungs, wollt ihr ein Spielzeugauto gewinnen?«
»Ja!« rufen alle im Chor.
»Also gut. Wer meine Frage richtig beantwortet, bekommt

das Auto geschenkt. Wer war der wichtigste Mensch auf dieser Welt?«
»George Washington!« antwortet Thomas Longway.
»Der Prophet Mohammed!« ruft Hussein Butar.
»Jesus Christus!« setzt Jeremy dagegen.
»Bravo, mein Kleiner, du hast gewonnen!« Der Pastor überreicht ihm das Spielzeugauto.
Stolz geht Jeremy nach Hause und erzählt seinem Daddy die Geschichte.
»Wieso hast du Jesus gesagt? Wieso nicht Mose? Mose war der wichtigste Mensch!«
Darauf der Junge in belehrendem Ton:
»Daddy, Mose ist Mose, und Geschäft ist Geschäft!«

***

Ein Jude geht auf dem Land mit seinem Sohn spazieren. Überall weist er ihn auf die Herrlichkeit und Güte Gottes hin. Plötzlich fliegt ein Vogel vorüber und beschmutzt mit seinem Kot just den schönen Sommerhut des Vaters.
»Oh, sieh nur, Papa, ein Vogel hat auf deinen Hut gemacht!«
»Das ist nicht schlimm, mein Sohn! Danken wir dem Herrn, daß er den Kühen keine Flügel gab!«

***

Eine Tochter aus gutem Hause achtet stets darauf, daß sie niemals nach zehn Uhr abends zu Bett geht – damit sie vor Mitternacht zu Hause ist ...

19

Verwandte und Freunde

Zur Familie gehören nicht nur der Onkel aus Amerika, sondern vor allem auch die Großeltern, alle Onkel, Tanten, Cousins und Cousinen und die Onkel, Tanten, Cousins und Cousinen der Eltern mit ihren Kindern, die Schwäger und Schwägerinnen und deren Ehepartner und Kinder usw. Macht man folglich eine Liste aller Personen, die zur Bar-Mizwa-Feier oder zur Hochzeit des Sohnes eingeladen werden sollen, stellt man begeistert fest, daß die Familie (fast) die Hälfte des Globus abdeckt.
Ich selbst habe eine Tante in Brasilien und eine Südafrika, einen Onkel und zwei Tanten in Kanada, eine Tante in Chicago, einen Onkel in London, drei Onkel und eine Tante in Paris, vier Tanten in Israel, eine Schwägerin und eine Cousine in New York, einen Cousin in Australien und weitere in Toronto, Vancouver, Boston, Manchester und so weiter und so fort!

Was die Cousins meiner Mutter angeht, so habe ich es seit meinem fünfzehnten Lebensjahr aufgegeben, sie mitzuzählen: Damals stand die Bar-Mizwa-Feier meines Bruders an, für die auch Einladungen nach Marokko, Deutschland und in viele andere Länder gingen ... Ich fürchtete schon, ein chinesischer Cousin werde bei uns auftauchen und staunend feststellen, daß wir überhaupt nicht wie Juden aussähen!
Andererseits genießen wir das beruhigende Gefühl, (fast) überall willkommen und zu Hause zu sein: Für Reiselustige ein herrliches Gefühl!

Was daneben die Freunde betrifft, so sind sie beinahe so wichtig wie die Familie, manchmal noch wichtiger. Einem Freund sagt man Dinge, die man seiner Frau lieber nicht sagt, und klagt ihm gerne sein Leid. Und einem Freund kann man Dinge zumuten, die man seinem Bruder niemals zumuten würde.
Chaver *auf Hebräisch bedeutet »Freund«, meint aber auch den Kameraden, mit dem man den Talmud studiert. Nicht, daß man immer in allem gleicher Meinung mit ihm wäre, ganz im Gegenteil. Der* Chaver *widerspricht und findet Argumente dagegen, er erschüttert scheinbare Gewißheiten, verunsichert, stellt*

vorgefaßte Meinungen in Frage und fördert so das geistige Weiterkommen, das in der Überwindung althergebrachter Positionen liegt.
Der Talmud erzählt die Geschichte des Rabbi Jochanan und des Resch Lakisch. Resch Lakisch, ein ehemaliger Anführer von Banditen, hatte die Schwester des Rabbi Jochanan geheiratet und war unter dessen Einfluß zu einem sittenstrengen jüdischen Leben zurückgekehrt. Mehrere Jahre studierten beide Männer als Chaverim *die Schriften, und ihre Zusammenarbeit erwies sich als außerordentlich fruchtbar.*
Als sie jedoch eines Tages in einer äußerst heiklen Frage zum Gesetz in eine hitzige Debatte gerieten, hielt Rabbi Jochanan seinem Schwager sein früheres Leben als Bandit vor. Gekränkt verlangte Resch Lakisch eine Entschuldigung. Rabbi Jochanan beharrte indes auf seinen Vorwürfen, und nicht einmal seine Schwester konnte ihn beschwichtigen. Resch Lakisch versank daraufhin in Schwermut, und schließlich starb er.
So mußte Rabbi Jochanan das Studium allein fortsetzen, aber da er dies nicht ertragen konnte, beschaffte man ihm als Ersatz für Resch Lakisch einen großen Gelehrten. Dieser Mann aber sagte ihm gar nicht zu, und er sagte zu ihm: »Resch Lakisch hielt es so, daß er gegen jede meiner vorgebrachten Hypothesen vierundzwanzig Einwände erhob, auf deren jede ich antworten mußte. So gewann mein Studium Tiefsinn und Reichtum. Trage ich dir aber eine Hypothese vor, so führst du vierundzwanzig Argumente an, um mir recht zu geben. Daß ich recht habe, weiß ich selbst, deshalb will ich, daß du mir widersprichst!«
Rabbi Jochanan versank in Schwermut und zerriß auf der Straße in Jerusalem seine Kleider. Von Mitleid ergriffen, setzten sich die Weisen dafür ein, daß sein Leiden auf Erden verkürzt würde, worauf er ebenfalls starb.

Tata Simy aus Tunesien besucht ihre Nichte Mazal in Nizza. Am ersten Tag zeigt Mazal ihr die Stadt. Am zweiten Tag, bei herrlichem Wetter, wollen sie sich auf der Promenade des Anglais ausruhen. In Liegestühlen genießen sie die

Schönheit der Landschaft. Kaum haben sie sich niedergelassen, verlangt eine Dame die Nutzungsgebühr. Überrascht reicht Tante Simy ihr das Geld.
Gegen Mittag bekommen die Damen Hunger. Nach einem Imbiß kehren sie zu ihren gemieteten Liegestühlen zurück. Kurze Zeit später taucht die Dame erneut auf und bittet nochmals um die Gebühr.
»*Smata!*« (Es reicht)!« zischt Tata Simy ihrer Nichte zu.
»Madame«, gibt die Dame mit ausgestreckter offener Hand zurück, »heute morgen war heute morgen! Und heute nachmittag ist heute nachmittag!«

***

An einem Donnerstagabend ist Isaak bei seinem alten Freund Ephraim und seiner Frau Sarah eingeladen. Er plaudert mit Ephraim über die guten alten Zeiten, während Sarah Vorbereitungen für den Sabbat trifft und sich dann und wann ins Gespräch einschaltet.
Als Sarah einen köstlichen goldgelben Käsekuchen aus dem Backofen zieht, läuft allen das Wasser im Mund zusammen. Ephraim fragt, ob man wohl davon kosten dürfe. Eine Weile läßt Sarah sich bitten, dann stellt sie jedem ein kleines Stück hin. Unter Isaaks enttäuschtem Blick verschließt sie die Köstlichkeit in einem Schrank: Ein Sabbatkuchen ist für den Sabbat gemacht, nicht für wochentags!
Unterdessen ist draußen ein Gewitter losgebrochen, der Regen peitscht gegen die Fenster, Blitze zucken durch die Nacht, und Donner hallt. Ephraim bittet seine Frau:
»Du siehst, wie es regnet, Sarah. Bei diesem Wetter können wir Isaak nicht nach Hause schicken. Er muß hier übernachten.«
»Und wo soll er schlafen? Wir haben nur ein Bett!«
»Nun, dann schläft er bei uns, das Bett ist groß genug!«
»Ephraim, ein Mann in unserem Bett!«
»Er ist doch mein bester Freund, Sarah. Ich lege mich in die Mitte zwischen euch, sei also unbesorgt. Und mit siebzig

Jahren hast du nicht mehr viel zu befürchten!«
Und so geschieht es: Sarah liegt auf der einen, Ephraim in der Mitte und Isaak auf der anderen Seite. Mitten in der Nacht spürt Ephraim ein menschliches Rühren. Kaum ist er aufgestanden, rückt Isaak an Sarah heran, die sogleich hellwach wird.
»Oh, Isaak«, fragt sie leise seufzend, »was hast du im Sinn, was willst du?«
»Sarah, liebe Sarah, nur ein Stück von deinem leckeren Käsekuchen!«

***

Fisher will gerade ansetzen, seinem Freund einen Witz zu erzählen:
»Rosenblatt und Grünbaum ...«
»Rosenblatt und Grünbaum!« unterbricht ihn der Freund. »Immer nur Judenwitze! Erzähl doch einmal einen anderen Witz, zum Beispiel einen über Chinesen!«
»Na schön! Einen Chinesenwitz! Shin Gu Minh und Lang Hun Tu gehen zu Shin Gu Minhs Neffen, der seine Bar-Mizwa feiert ...«

***

Es ist Januar. Zwei alte Freunde plaudern an der Strandpromenade eines Vorortes von Cannes:
»Sag mal, Albert, kannst du eigentlich noch ...?«
»Nun ... na ja ...«
»Wie oft ungefähr, Albert?«
»Hmmm ...«
»Sag schon, Albert, unter uns ... jede Woche?«
»Nein.«
»Jeden Monat?«
»Nein!«
»Also wie oft?«
»Einmal jeden Winter.«
»Und hast du diesen Winter schon ...?«

»Nun hör aber auf! Schau dich um: Der Himmel ist klar, die Sonne scheint, das Meer ist spiegelglatt. Und wir beide sitzen kurzärmlig da. Nennst du das einen Winter?«

***

Zwei Freunde sitzen auf einer Parkbank und reden:
»Weißt du, das Leben ist wie der Ast eines Baumes.«
Nach einem langen Augenblick des Schweigens fragt der andere:
»Und wieso ist das Leben wie der Ast eines Baumes?«
»Woher soll ich das wissen? Ich bin doch kein Philosoph!«

***

Zwei Freunde treten in ein Caféhaus. Der erste:
»Einen Tee, bitte.«
Der zweite:
»Für mich auch einen Tee, aber bitte in einem sauberen Glas!«
Der Kellner kommt mit zwei Gläsern zurück:
»Hier bitte, der Tee. Und für wen war das saubere Glas?«

***

Avi trifft Jonathan:
»Oh, schön, dich zu sehen. Weißt du übrigens noch, daß ich dir vor einem Jahr tausend Francs geliehen habe?«
»Ja, Avi, du hast mir schön aus der Klemme geholfen, war wirklich nett.«
»Und wann kriege ich sie wieder?«
»Weiß ich nicht, Avi! Bin ich denn ein Prophet?«

***

Ziegler leidet an Schlaflosigkeit, seit Jahren versagen alle Heilmittel. Nicht einmal das bewährte Hausmittel seiner

Großmutter hilft. Sein Gesicht ist aufgedunsen, seine Züge sind angespannt, und tiefdunkle Ringe liegen um seine Augen. Er sieht aus, als wäre er drogensüchtig. Der Mitinhaber seiner Schneiderei für Damenbekleidung in der Pariser Rue de Tirenne macht sich große Sorgen:

»Wenn das so weitergeht, Ziegler, kann ich dich im Krankenhaus besuchen. Hast du es schon mit Schäfchenzählen versucht?«

»Womit?«

»Ganz einfach: Du legst dich entspannt ins Bett und zählst Schäfchen. Das ist so ermüdend, da schlafen zum Schluß alle ein.«

»Ich probiere es heute abend aus, vielen Dank.«

Am nächsten Tag:

»Und, Ziegler, wie hast du heute nacht geschlafen?«

»O Gott! Zum Verzweifeln! Ich habe tatsächlich Schäfchen gezählt und in Gedanken fünftausend Stück an mir vorüberspringen lassen. Aber ich bin hellwach geblieben. Dann habe ich sie geschoren, alle fünftausend Schafe, der Arm tut mir jetzt noch weh! Aber eingeschlafen bin ich nicht. Daraufhin kam mir der Gedanke, die Wolle zu verspinnen. Ich spann und spann, bis ich Schwielen an den Händen hatte, und schließlich wurde ich tatsächlich etwas müde. Also habe ich angefangen, die Wolle zu Mänteln zu verarbeiten. Fünftausend Mäntel! Und alle mit einem revolutionären Design! Schließlich bin ich tatsächlich eingeschlafen …«

»Na also!«

»Ja, aber dann hat mich ein furchtbarer Gedanke aus dem Schlaf gerissen!«

»Was für ein Gedanke?«

»Ich hatte kein Material für das Futter!«

***

Ein Mann geht auf der Straße. Plötzlich tritt ein anderer an ihn heran und ruft:

»Rosenstein! Was ist mit dir passiert? Ich habe dich so lange nicht gesehen! Schau dich bloß an!«
»Aber ich ...«
»Unglaublich, wie du dich verändert hast! Du warst riesig, und jetzt bist du kleiner als ich! Du warst dick, und jetzt bist du mager wie ein Hering! Warst du etwa krank?«
»Nein, aber ich ...«
»Merkwürdig, du hattest doch so schönes schwarzes Haar, und der vornehme Schnurrbart. Und jetzt mit Halbglatze und der Schnurbart verschwunden! Daß ich dich überhaupt erkannt habe ...? Rosenstein, was ist bloß passiert?«
»Aber das versuche ich Ihnen ja die ganze Zeit zu sagen! Es ist eine Verwechslung, ich bin nicht Rosenstein.«
»Was! Den Namen hast du auch geändert!«

***

Zwei Freunde begegnen sich und tauschen die letzten Neuigkeiten aus:
»Mein neuer Geschäftspartner ist merkwürdig, er nimmt alles, was er bekommen kann.«
»Wie schön! Dem muß ich meine älteste Tochter vorstellen!«

***

Aaron geht mit Elias zum Essen. Beide sind niedergeschlagen. Beide haben Sorgen, und jeder jammert dem anderen vor, daß es ihm noch schlechter geht.
»Ja, Elias, das Leben spielt mir übel mit. April und Mai waren eine Katastrophe, der Juni wurde ein Desaster, war aber noch Gold, verglichen mit dem Juli: Überhaupt nichts verkauft! Einen ganzen Monat lang! Unglaublich! ...«
»Bei mir lief alles noch schlimmer, Aaron«, unterbricht ihn Elias. »Du machst dir keine Vorstellung: Meine Frau brennt mit einem anderen durch, meine Tochter nimmt Drogen, mein Bruder hat Krebs, und mein einziger Sohn teilt mir

mit, er will seinen Freund Richard heiraten! Mein einziger Sohn homosexuell! Ich frage dich: Was kann es noch Schlimmeres geben!«
»Ich werde es dir sagen, Elias: der August!«

***

Beim Spaziergang trifft Bialik einen alten Freund, mit dem er regelmäßig komische Geschichten und Witze austauscht.
»Ah, guten Tag, lieber Freund, was gibt's Neues?« fragt Bialik.
Das Lächeln auf dem Gesicht des Freundes erlischt.
»Verflixt! Beim Rasieren fiel mir eine gute Geschichte ein, und jetzt ist sie mir entfallen!«
Darauf Bialik:
»Was die entfallenen Geschichten anlangt, da habe ich noch eine bessere zu bieten!«

***

David ist eines Abends zu Besuch bei Joseph. Beim Plaudern werden sie von einem Gewitter überrascht. Als es Zeit ist zu gehen, regnet es noch immer heftig. Und es regnet und regnet. Schließlich schlägt Joseph David vor, die Nacht bei ihm zu verbringen. David sagt sofort zu.
Joseph bereitet das Gästezimmer vor. Als er ins Wohnzimmer zurückkehrt, ist David verschwunden! Er sucht das ganze Haus ab, findet ihn aber nicht.
Eine halbe Stunde später klopft es an der Tür. Durchnäßt bis auf die Haut und mit einer kleinen Reisetasche in der Hand tritt David wieder in die Wohnung.
»Wo hast du denn gesteckt? Ich habe dich überall gesucht! Wieso warst du draußen?« fragt Joseph verwundert.
»Nach der netten Einladung habe ich nur rasch meinen Schlafanzug und mein Waschzeug geholt.«

***

Vanessa hat ihre Freundin Illana zum Mittagessen eingeladen – ohne Mann und Kinder. Bevor sie sich an den Tisch setzen, schlägt sie vor:
»Vor dem Essen ein Gläschen?«
»Danke, ich trinke nicht.«
»Und warum nicht?«
»Weil man vor den Kindern nicht trinkt. Und wenn sie nicht da sind, brauche ich keinen Alkohol!«

***

Zwei Freunde sind seit Jahren heillos zerstritten. Eines Tages, am Ende von Jom Kippur, beschließen sie ein Versöhnungstreffen. Beim Händereichen sagt der eine:
»Es ist üblich, am Ende von Jom Kippur gute Wünsche auszutauschen.«
Darauf der andere: »Gut, ich wünsche dir genau das, was du mir wünscht.«
»Fängst du schon wieder an!«

***

Auf dem Nachhauseweg zu seinem Landhaus entdeckt Claude von weitem seinen Freund Schimon.
»He! Schimon, was tust du denn hier?«
»Ich gehe spazieren und atme frische Waldluft. Und du?«
»Ich habe hier ein Landhaus, gleich hier, am Ende des Wegs.«
»Es ist sehr hübsch, dein Haus.«
»Komm uns doch besuchen, iß mit uns zu Abend, wenn du Zeit hast, meine Frau wird sich freuen.«
»Mit Freuden!«
»Ganz unsererseits! Genier dich nur nicht, Schimon. Sooft du Lust hast, steig in den Zug und komm zu uns. Du wirst mit offenen Armen empfangen. Du öffnest mit dem Knie das Gartentor, gehst zum Haus und schiebst mit dem Fuß die Tür auf. Wir freuen uns sehr, dich begrüßen zu dürfen.«

»Sehr nett, Claude, aber wieso soll ich die Tür mit dem Fuß öffnen?«
»Du wirst ja nicht mit leeren Händen kommen!«

***

Zwei Freunde treffen sich nach Jahren wieder. Mosche fährt einen Rolls-Royce, Joseph einen Bentley.
»Mosche! Welche Freude, dich wiederzusehen! Nach so vielen Jahren!«
»Joseph! Kaum zu glauben! Wunderbar, es gibt dich noch!«
»Aber ja! Na, sag bloß! Du fährst einen Rolls-Royce, offenbar geht es dir ganz gut!«
»Ja, ich kann mich nicht beklagen! Ich besitze mehrere Konzerne, die sind international gut im Geschäft, und meine Aktien sind an der Börse ganz gut gefragt. Und du im Bentley! Wie ich sehe, kannst auch du nicht klagen!«
»Ich nenne zwei Dutzend Luxushotels mein eigen! Nein, arm bin ich nicht. Aber das erzähle ich dir alles beim Mittagessen im Maxim.«
»Einverstanden! Dieses Wiedersehen müssen wir feiern! Erinnerst du dich übrigens noch an Jakob? Wir waren damals unzertrennlich. Weißt du, was aus ihm geworden ist?«
»Keine Ahnung.«
An der Straßenecke taucht auf einem rostigen Drahtesel ein Mann auf.
»Nein! Schau, wer da ist! Das gibt's doch nicht! Jakob! Unglaublich! Was machst du hier?«
»Mosche! Joseph! So eine Freude! Nach so langer Zeit!«
»Hör mal, Jakob, Mosche und ich feiern unser Wiedersehen mit einem Essen im Maxim. Du mußt unbedingt mitkommen!«
»Würde ich gerne, aber es ist absolut unmöglich!«
»Na, komm schon, Jakob! Wir wärmen alte Geschichten auf! Wir sind doch alte Freunde!«
»Mosche, du siehst doch, ich kann nicht! Es ist wirklich unmöglich!«

»Komm, Jakob, wir erzählen uns, wie es uns seither ergangen ist!«
»Joseph! Ich fahre ein rostiges Fahrrad! Du siehst doch, ein Essen im Maxim ist für mich unerschwinglich!«
»Aber Jakob, das ist doch kein Problem. Dann ißt du eben nichts und kommst so mit.«

Zweiter Teil

Die Welt außerhalb der jüdischen Gemeinschaft

I

Die Nichtjuden

Ein Nichtjude heißt auf Hebräisch, unabhängig von der jeweiligen Religion, Goj *(Nichtjüdinnen* Goje *oder* Goite). *Ob Christen, Muslime oder Hindus, sie alle sind Gojim. Ein Goj ist ein Mensch, mit dem man reden, essen, Geschäfte machen und zusammenarbeiten kann. Man kann ihn zu sich nach Hause einladen, ihm Ehren bezeigen oder ihn als Patient betreuen. Nur seine Tochter gibt man ihm nicht zur Frau. Jahrhundertelang begegneten die Gojim den Juden in ihrer Umgebung mitunter so feindlich, daß das Wort auch eine negative Bedeutung im Sinne von »Antisemit« angenommen hat.*
Und keiner soll behaupten, es sei Rassismus, wenn man seine Tochter keinem Goj zur Frau geben will, denn schließlich sind die Gojim die erbitterteren Rassisten.

Rabbi Israel von Kosnitz betete eines Tages mit folgenden Worten zu Gott:
»Herr der Welt, habe die Güte, Israel zu erretten, das erflehe ich von dir. Und wenn du das nicht willst, dann habe die Güte, die Gojim zu erretten!«

***

Ein Herr trifft in einer Kleinstadt in Polen ein. Dort begegnet er einem Juden.
»Mosche! Wo ist das Landratsamt?«
»Woher wissen Sie, daß ich Mosche heiße?«
»Ich habe geraten.«
»Dann raten Sie auch, wo das Landratsamt ist!«

***

Zwei jüdische Freunde bummeln plaudernd die Straße entlang und bemerken, daß ihnen zwei Gojim entgegenkommen.
»Oje«, sagt der eine, »machen wir besser, daß wir wegkommen. Die sind zu zweit, und wir sind allein.«

***

Um das Jahr 1936 beschließt ein polnischer Jude, der vor zwanzig Jahren nach New York emigriert war, seine Familie und seine Freunde im Schtetl seiner Geburt zu besuchen. Dort wird er wie ein Held mit allen Ehren empfangen.
»Wie groß das Schtetl geworden ist, seitdem ich fortgegangen bin!« wundert er sich. »Wie viele Juden wohnen denn heute hier?«
»Gott sei's gedankt, dreitausend Juden sind wir heute.«
»Großartig. Als ich ausgewandert bin, lebten hier nur zweitausend Juden! Und wie viele Gojim gibt es?«
»Ungefähr achthundert Familien. Das ist praktisch, so hat jede jüdische Familie einen Schabbes-Goj, der ihr am Sabbatmorgen das Feuer anzündet. So haben es alle den Tag über schön warm. Und New York? Wie viele Juden gibt es da?«
»Ungefähr zwei Millionen.«
»Zwei Millionen. Das ist gewaltig! Und wie viele Gojim?«
»Ungefähr fünf Millionen.«
»Fünf Millionen! Und wozu braucht ihr so viele Schabbes-Gojim?«

***

Ein russischer Jude unternimmt eine Schiffsreise in die Neue Welt. Bei jeder Mahlzeit sitzt er an einem Tisch mit einem Franzosen, mit dem er sich partout nicht verständigen kann. Der Jude spricht nur Russisch und Jiddisch, der Franzose nur Französisch. Trotzdem verbeugt sich der Franzose vor jeder Mahlzeit und sagt:
»Bon appétit.«
Nach einem Augenblick des Zögerns entgegnet der Jude:
»Pinsky.«
Vor jeder Mahlzeit wünscht der Franzose guten Appetit, worauf der Jude mit seinem Namen antwortet. Ein anderer Passagier, der die Szene beobachtet hat, verrät Pinsky schließlich:

»Weißt du, ›Bon appétit‹ ist nicht sein Name. Das heißt, er wünscht dir eine angenehme Mahlzeit.«
»Oh!«
Als der Franzose zur nächsten Mahlzeit erscheint, verbeugt sich Pinsky und wünscht:
»Bon appétit!«
Darauf der Franzose glücklich:
»Pinsky!«

***

Am Anfang von Hitlers Herrschaft findet eine Sondersitzung der Minister unter Leitung des Führers statt: Die Vertreter des ›Dritten Reiches‹ wollen dem häufigen Vorwurf begegnen, die Deutschen wüßten nicht, was Humor ist. Ein Sondergesandter wird benannt, der das dringende Problem lösen und baldmöglichst eine angemessene Antwort finden soll, sonst ...
Begeistert zieht der Sondergesandte los, muß aber schon bald erkennen, daß die Aufgabe gar nicht so leicht ist. Schließlich ist er drei Monate kreuz und quer durch das Deutsche Reich gereist und hat das Geheimnis des Humors noch immer nicht gelüftet. Am Tag vor Ablauf seiner Frist steigt er, nahe Berlin, in der kleinen Herberge eines Juden ab.
»Sie machen einen bekümmerten Eindruck, mein Herr!«
»Ja, morgen ist mein letzter Tag, und ich bin der Sache, wegen der man mich losgeschickt hat, noch immer nicht auf die Spur gekommen. Das hat für mich schreckliche Konsequenzen.«
»Ohne indiskret sein zu wollen, worum geht es denn?«
»Ich soll in Erfahrung bringen, was Humor ist.«
»Ist das alles? Das kann ich Ihnen sagen ... Sehen wir einmal, ob Sie meine Frage beantworten können: Wer ist der Sohn meines Vaters und doch nicht mein Bruder?«
Der Sondergesandte des Reichs denkt lange nach, kommt aber nicht auf die Lösung.
»Nun, wenn Sie nicht wissen, wer der Sohn meines Vaters

und doch nicht mein Bruder ist, dann werde ich es Ihnen sagen: Das bin ich, Mosche Kratschmer!«
»Ach so! Das also ist Humor! So einfach ist das. Vielen Dank, jetzt kann ich beruhigt gehen!«
Erleichtert reist er ab. Am nächsten Tag hört die Ministerrunde auf einer außerordentlichen Sitzung den Sondergesandten an.
»Wer kann mir sagen, wer der Sohn meines Vaters und doch nicht mein Bruder ist?«
Alles denkt scharf nach, aber keiner kommt auf die Antwort.
»Sie wissen nicht, wer der Sohn meines Vaters und doch nicht mein Bruder ist? Ich werde es Ihnen sagen: Mosche Kratschmer!«

***

Rosen und Levi betreiben zusammen ein Schuhgeschäft. In einem Sommer fährt Rosen in Urlaub nach Italien: Rom, Venedig, Florenz ... Nach der Rückkehr fragt ihn der Geschäftspartner:
»Nun, wie war die Reise durch Italien?«
»Wunderbar!«
»Hast du den Papst gesehen?«
»Natürlich!«
»Und?«
»Ich schätze, Schuhgröße neununddreißig.«

***

Schimon bestellt in einem koscheren Restaurant in New York sein Menü bei einem chinesischen Kellner. Zu seiner Verblüffung spricht der Mann hervorragend Jiddisch. Später wendet Schimon sich an den Oberkellner:
»Wo haben Sie einen Chinesen aufgetrieben, der so gut Jiddisch spricht?«
»Psst! Er glaubt, er lernt Englisch!«

***

In einer New Yorker Straße fällt einem jungen Priester ein großes Schild auf: »Pincus & O'Toole.« Als er das Geschäft betritt, wird er von einem Mann mit Bart und Jarmulka, dem bunten gehäkelten jüdischen Käppchen, empfangen. Der Priester erstaunt:
»Es freut mich, daß Ihr Volk und meines so freundschaftlich zusammenarbeiten. So eine angenehme Überraschung!«
»Ich habe eine noch größere Überraschung für Sie: Ich bin O'Toole!«

***

Ein Jude arbeitet in einer Stadt im Süden der USA und stellt fest, daß er als einziger für die Gesetze gegen Rassendiskriminierung eintritt.
»Haben Sie eine Tochter?« fragt ihn ein Kollege.
»Ja, das wissen Sie doch.«
»Und würden Sie die mit Negern zur Schule schicken?«
»Ich würde mich an das Gesetz halten.«
»Und dürfte sie einen Neger heiraten?«
»Im Vertrauen, mein lieber Freund, ich denke nicht daran, sie irgendeinem Goj zur Frau zu geben.«

***

Einem New Yorker Juden fällt in der U-Bahn ein Schwarzer auf, der eine jiddische Zeitung liest. Er ist erstaunt, überrascht und über alle Maßen entzückt. Schließlich wagt er an ihn die Frage:
»Entschuldigen Sie bitte, sind Sie zufälligerweise Jude?«
»Das hätte mir noch gefehlt.«

***

Ein orthodoxer Jude ist soeben zum katholischen Glauben übergetreten. Er wird aufgefordert, während der Messe am Sonntagmorgen einige Worte an seine neue Gemeinde zu richten. Stolz baut er sich vor dem Altar auf und beginnt:
»Liebe Freunde, liebe Gojim ...«

***

Ein alter Jude begibt sich zur Operation in ein katholisches Krankenhaus. Auf die Frage einer Schwester, wer für die Behandlung aufkommt, antwortet der Alte:
»Ich habe nur noch eine Schwester, ein altes Mädchen. Sie ist zum Katholizismus übergetreten und Nonne geworden.«
»Augenblick mal, ich bitte Sie«, antwortet die Ordensschwester streng, »Sie sollten wissen, daß wir keine alten Mädchen sind, sondern wir sind verheiratet mit unserem Herrn Jesus Christus.«
»Meinetwegen«, antwortet der alte Mann, »dann schicken Sie die Rechnung an meinen Herrn Schwager!«

***

Drei Juden, Anwärter für einen Glaubensübertritt, müssen ihr Wissen in Glaubensfragen einer Prüfung unterziehen.
»Was ist das Osterfest?« wird der erste gefragt.
»Ostern? Damals wurde Jesus geboren.«
»Sehen Sie sich den Katechismus doch bitte noch etwas genauer an! Der nächste bitte!«
»Was ist das Osterfest?« wird der zweite gefragt.
»An Ostern hat Jesus das Rote Meer geteilt.«
»Leider nein. Bitte lesen Sie das Evangelium noch einmal. Der nächste bitte!«
»Was ist Ostern?« wird der dritte Kandidat gefragt.
»Ostern war die Wiederauferstehung Christi«, antwortet er zögernd.
»Sehr gut, fahren Sie fort.«
»Gut, äh ... Drei Tage lag er im Grab ...«

»Ausgezeichnet. Und dann?«
»Dann ist er herausgetreten, hat seinen Schatten gesehen und ist schleunigst wieder zurückgekehrt!«

***

Die folgende Pointe beruht auf der Doppeldeutigkeit des französischen Worts *couper:* »verschneiden« und »beschneiden«.

Der Erzbischof von Paris ist zu Gast bei Baron Rothschild. Dieser läßt ihm natürlich einen Château-Rothschild servieren, einen exzellenten Rotwein. Leider füllt der Diener die Gläser nur zur Hälfte, doch der Erzbischof liebt ein randvolles Glas. Was tun? Er greift nach der Karaffe Wasser und füllt es weiter auf. Rothschild überrascht:
»Monsignore, diesen Wein müssen Sie nicht taufen ...«
»Ich taufe ihn nicht, ich beschneide ihn *(je le coupe).*«

2

Ökumenische Begegnungen

Begegnungen von Menschen verschiedener Glaubenszugehörigkeit gab es schon im Mittelalter häufig bei sogenannten Disputationen zwischen Juden und Christen. Offenkundiges Ziel war es, die Juden von der moralischen Überlegenheit des christlichen Glaubens zu überzeugen und sie so auf sanfte Weise zum Glaubensübertritt zu bewegen. Doch wie jedermann weiß, führte der Zorn über das Scheitern dieser Bemühungen zu den Kreuzzügen, zur Inquisition und zu anderen Pogromen.
Während sich die Bekehrungswut in unseren Tagen gelegt hat, wird die Tradition der ökumenischen Begegnungen nach wie vor gepflegt. Sie zielt vor allem auf einen friedlichen Dialog zwischen den verschiedenen Glaubensrichtungen und auf ein gegenseitiges Verständnis, das Mißtrauen und Feindseligkeiten überwinden helfen soll. Ich muß sagen, auch wenn ich die Vorstellung von einer Unbefleckten Empfängnis niemals richtig begriffen habe, so neige ich heute dazu, in ihr eine Beziehung zu einer gewissen Definition der jüdischen Mutter zu sehen.

Ein Rabbiner, ein Pfarrer, ein Pastor und ein buddhistischer Mönch treffen zusammen. Natürlich reden sie über Gott.
»Gott ist im Himmel«, versichert der Pfarrer.
»Gott ist auf der Erde«, entgegnet der Pastor.
»Gott ist in uns«, setzt der buddhistische Mönch dagegen.
»Gott ist überall dort, wo man ihn einläßt«, erwidert der Rabbiner.

***

Im Mittelalter lebte einst in einem italienischen Städtchen eine kleine Judengemeinde, die beim katholischen Priester verhaßt war. Eines Tages sann er auf ein radikales Mittel, um sich die Leute vom Hals zu schaffen: Er dachte an eine Disputatio, eine jener theologischen Debatten, die bei den Angehörigen der verschiedenen Glaubensrichtungen damals sehr beliebt waren. Auf den Tag genau in einer Woche, so beschloß der Geistliche, sollte eine Disputation stattfinden, aber nicht mit Worten, sondern mit Handzeichen, mit

dem Mienenspiel und mit dem Hinweis auf Gegenstände. Bei einer Niederlage sollten die Juden die Stadt verlassen müssen, bei einem Sieg sollten sie bleiben dürfen.
Die Angst in der kleinen Gemeinde war groß: Zwar war ihr Rabbiner ein gelehrter Mann, aber schweigend, nur in Zeichensprache debattieren ... Wie sollte er das machen?
Nur Schimon, der Geflügelhändler, war als einziger in der Gemeinde bereit, den Kampf mit dem Priester aufzunehmen. Seine Frau begehrte auf:
»Mein armer Schimon, bist du meschugge geworden? Was verstehst du denn von Theologie? Alle Gelehrten der Gemeinde haben diese zweifelhafte Ehre abgelehnt.«
»Meine liebe Frau«, antwortete Schimon, »ich habe doch keine Wahl. Wer sonst hat sich gemeldet? Wenn keiner sich zu diesem Schritt entscheidet, ist uns die Vertreibung sicher.«
Am Tag, an dem die Disputation stattfinden sollte, fand sich die ganze Stadt auf dem Marktplatz ein, die Juden auf der einen, die Katholiken auf der anderen Seite. Der Priester trug eine lange weiße Robe, Schimon erschien in einer blauen Bluse.
Der Disput begann: Der Priester zeichnete mit der Hand einen weitläufigen Kreis in die Luft. Daraufhin trat Schimon vor und stampfte mit den Füßen auf den Boden. Erschreckt blickte ihn der Priester an.
Dann aber fuhr er gefaßt fort: Er trat wieder vor und streckte drei Finger in die Luft. Schimon trat vor und streckte einen Finger in die Luft. Ein betretener Ausdruck huschte über des Priesters Gesicht, dann hielt er einen Augenblick inne und machte schließlich weiter: Er nahm einen Kelch mit Wein und ein Stück Brot in die Hand, brach das Brot, nahm aus dem Kelch einen Schluck und trat zufrieden zurück. Schimon zog einen Apfel aus der Tasche und biß ein großes Stück heraus. Der Priester hob verzweifelt die Hände:
»Ich gebe mich geschlagen!« verkündete er. »Die Juden dürfen in Frieden bleiben!«

Die Juden wagten nicht, ihrem Jubel vor den betretenen Katholiken, die sich um ihr geistliches Oberhaupt drängten, freien Lauf zu lassen. Diese fragten:
»Pater, sagt uns, was hatten diese Zeichen zu bedeuten?«
»Meine Schäflein«, antwortete der Priester, »mit dem großen Kreis habe ich den Juden bedeutet, daß Gott überall ist. Daraufhin hat mich der Jude mit dem Stampfen seiner Füße darauf gestoßen, daß Gott nicht in der Hölle ist. Mit den drei erhobenen Fingern habe ich die Heilige Dreifaltigkeit bezeichnet. Er aber hat mit seinem ausgestreckten Finger darauf hingewiesen, daß Gott nur einer und unteilbar sei. Zum Abschluß nahm ich das Brot und den Wein als den Leib und das Blut unseres Erlösers, die uns das ewige Leben und das Heil sichern, worauf der Jude mich mit seinem Apfel an die Ursünde erinnert hat. Da mußte ich mich geschlagen geben.«
Am anderen Ende der Stadt wurde Schimon von der jubelnden Gemeinde auf Händen durch die Straßen getragen.
»Du bist ein hochgebildeter Mann«, sagte ihm der Rabbiner, »und nun erkläre uns, was die Zeichen, die ihr ausgetauscht habt, zu bedeuten hatten.«
»Nichts leichter als das«, antwortete Schimon. »Mit seinem Kreis zeigte der Priester in eine Richtung, um uns zu verstehen zu geben, daß wir Juden aus der Stadt verschwinden und uns einen anderen Lebensraum suchen sollten. Ich habe auf den Boden gestampft, um deutlich zu machen, daß wir keinen Schritt weichen und vielmehr weiter hier leben würden. Daraufhin hat er mir bedeutet, wir hätten drei Tage Zeit, um die Stadt zu verlassen. Ich aber habe meinen Finger gehoben, um ihm zu sagen, daß nicht einer von uns gehen würde. Schließlich sah ich, daß er von der Disputation genug hatte: Er zog sein Mittagessen heraus, und das tat ich ihm nach!«

***

In einer kleinen Stadt im Elsaß waren einst Spielsalons und Glücksspiele streng verboten. Wegen der Verbote trafen

sich vier unverbesserliche Spieler jede Woche heimlich auf einem Dachboden zum Kartenspiel: zwei katholische Pfarrer, ein Pastor und ein Rabbiner.
Mehrere Wochen trafen sie sich unbehelligt, bis ihnen auf eine anonyme Anzeige hin schließlich der Bischof der Stadt auf den Leib rückte. Sofort versteckten sie die Karten unter dem Tisch. Der Bischof trat rasend vor Zorn auf den Dachboden, drohte ihnen mit dem Pranger, ja mit dem Kerker. Starr vor Schreck leugneten alle heftig.
»Bist du bereit, bei Gott zu schwören, daß du nicht gespielt hast?« fragte der Bischof den einen Pfarrer.
»Ich schwöre bei unserem Herrn Jesus, ich habe nicht gespielt. Wir haben uns als Freunde getroffen. Wir haben ... geredet!«
»Und du? Schwörst du mir bei Gott, daß du nicht gespielt hast?« fuhr der Bischof beim zweiten Pfarrer fort.
»Ich schwöre es bei Gott. Ich habe nicht gespielt.«
»Und du? Schwörst du mir bei Gott, daß du nicht gespielt hast?« fragte er den Pastor.
Nach den beiden Pfarrern beschloß auch der Pastor zu leugnen:
»Ich schwöre, ich habe nicht gespielt.«
»Und du, Rabbiner, schwörst du vor Gott, daß du nicht gespielt hast?«
Der Rabbiner deutete empört auf seine Komplizen:
»Mit wem hätte ich denn spielen sollen?«

***

Zwei ehemalige Klassenkameraden treffen sich auf der Straße. Der eine ist katholischer Priester, der andere Rabbiner geworden. Nach einer freundschaftlichen Umarmung tauschen sie Erinnerungen aus und erkundigen sich schließlich nach dem Wohlergehen des anderen.
»Ist das Priesteramt nicht anstrengend?«
»Ach nein, es geht.«
»Es ist doch gewiß ein aufopferungsvolles Leben.«
»Ach, so schlimm ist es nicht.«

»Und viel Geld wirst du auch nicht verdienen. Wirst du überhaupt satt?«
»Mein Verdienst ist erbärmlich, aber ich leiste mir dennoch regelmäßig die Sünde der Völlerei.«
»Aha! Und wie machst du das?«
»Ich gehe einmal im Monat in eines der feinen Speiselokale der Stadt, immer in ein neues. Ich komme früh am Abend, bestelle sämtliche Gerichte und esse dann alles, was man mir aufträgt. Bezahlen tue ich nicht, denn soviel Geld habe ich natürlich nicht. Ich bleibe bis spät in die Nacht und warte, bis das Lokal schließt. Bis dahin ist der Kellner, der mich bedient hat, längst abgelöst worden. Wenn die Rechnung kommt, gebe ich mich erstaunt: ›Aber ich habe doch längst bei Ihrem Kollegen bezahlt! Er ist sicher schon gegangen!‹ Das ist natürlich nicht nachprüfbar, und das Wort eines Priesters zieht keiner so leicht in Zweifel! Dann gehe ich seelenruhig.«
Der Rabbiner ist beeindruckt.
»Heute ist zufällig mein Restauranttag«, sagt der Priester. »Komm mit, dann reden wir weiter.«
Die beiden Freunde gehen ins Restaurant, plaudern und essen sich den ganzen Abend kreuz und quer durch die Speisekarte. Tief in der Nacht, als das Lokal geschlossen wird, bringt der Kellner die Rechnung.
»Wir haben schon bezahlt!« sagt der Priester bestimmt. »Vor mindestens einer Stunde, bei Ihrem Kollegen.«
Und der Rabbiner setzt hinzu:
»Und wir warten immer noch auf das Wechselgeld!«

***

Einst fragte ein Pfarrer einen Rabbiner, warum Juden ihre Töchter so früh verheiraten.
»Ich will es Ihnen verraten«, antwortete der Rabbiner: »Vor langer Zeit lebte eine Jüdin namens Maria. Da man sie nicht rechtzeitig verheiratet hat, geriet sie in eine peinliche Lage!«

* * *

Ein Rabbiner und ein Priester unterhalten sich über ihren Beruf.
»Sind Sie ehrgeizig?« fragt der Priester.
»Oh«, antwortet der Rabbiner, »ich denke, ich könnte schon eine größere Gemeinde bekommen. Und wie steht's mit Ihnen?«
»Ich meine, ich könnte es zum Kardinal bringen.«
»Und weiter?«
»Weiter? Genügt das nicht? Soll ich vielleicht Gott werden?«
»Wissen Sie«, antwortet der Rabbiner sanftmütig, »einer von uns hat das schon geschafft.«

* * *

Woran erkennt man, daß Jesus wirklich Jude war?

1. Er war mit dreißig Jahren noch unverheiratet und lebte bei seiner Mutter.
2. Er ist bei seinem Vater ins Geschäft eingestiegen.
3. Er hielt seine Mutter für eine Jungfrau.
4. Und seine Mutter hielt ihn für Gott.

* * *

Mose und Jesus sind wiederauferstanden. Einvernehmlich beschließen sie, Juden und Christen am See Genezareth zu einer Demonstration ihrer göttlichen Macht zusammenzurufen. Beide beschließen, erneut über das Wasser zu schreiten. Mose tritt als erster auf den See hinaus und schreitet vor den staunenden Blicken der Zuschauer sicher über die Wellen. Als Jesus in den See tritt, versinkt er beim ersten Schritt bis zum Hals in den Fluten. Mose eilt ihm zu Hilfe, reicht ihm die Hand und flüstert:
»Auf die Steine! Auf die Steine!«

***

Ein Bischof und ein Rabbiner sitzen bei einem festlichen Abendessen nebeneinander. Schweinebraten wird aufgetragen. Der Rabbiner lehnt entschieden ab. Der Bischof mit spöttischer Miene:
»Essen Sie nichts, mein lieber Rabbi?«
»Nein, mein lieber Bischof, meine Religion verbietet es mir.«
»Schade! Sie wissen ja nicht, was Ihnen entgeht!«
Nach dem Essen verabschiedet sich der Rabbiner vom Bischof:
»Lieber Bischof, grüßen Sie Ihre Gattin von mir.«
»Ich bin nicht verheiratet, meine Religion verbietet es mir.«
»Schade! Sie wissen ja nicht, was Ihnen entgeht!«

***

Ein Rabbiner und ein Bischof werden an die Tafel des Staatspräsidenten geladen. Der Rabbiner nimmt die Einladung an, bedingt sich aber aus, daß ihm koscheres Essen in koscherem Geschirr serviert wird. Der Wunsch wird respektiert.
Beim Essen läßt der Bischof seinen Blick auf den Gerichten des Rabbiners ruhen und sagt schließlich mit lauter Stimme:
»Lieber Rabbi, wann wird der Tag kommen, da Sie und ich das gleiche essen dürfen?«
Der Rabbiner ebenfalls laut:
»So Gott will, lieber Bischof, am Tag Ihrer Hochzeit!«

***

Ein Rabbiner, ein Pfarrer und ein Pastor begegnen sich. Sie reden über die Verwendung des Geldes, das in der Synagoge und in den Kirchen gesammelt wird.
»Ich ziehe mit Kreide eine Linie über den Boden«, sagt der

Pfarrer. »Dann stelle ich mich auf die Linie und werfe das Geld aus dem Opferstock in die Luft: Was auf die rechte Seite fällt, ist für die Kirche, was auf die linke fällt, ist für mich.«

»Sehr gut«, sagt der Pastor, »aber ich mache es anders: Ich ziehe einen Kreis und stelle mich hinein. Was in den Kreis fällt, ist für die Kirche, was draußen zum Liegen kommt, ist für mich.«

»Sehr gut«, sagt der Rabbiner, »aber ich mache es noch einmal anders: Ich werfe das Geld einfach in die Luft und sage: ›Gott, nimm, was Du brauchst, und überlasse den Rest mir.‹ Und was dann zu Boden fällt, ist für mich.«

***

Ein Pfarrer und ein Jude sitzen sich im Zug gegenüber. Sie reden über Religion, über Gott und über Jesus.

»Ich begreife nicht, wie Judas nur so dumm sein konnte«, beginnt der Pfarrer.

»Wieso?«

»Er hat Jesus für ganze dreißig Silberlinge verkauft, das war doch wohl kaum angemessen.«

»Glauben Sie mir, Hochwürden, wenn Judas ihn für so wenig Geld verkauft hat, war er nicht mehr wert.«

***

Der Rabbiner Perez und der Pfarrer Morinet haben es als gute Freunde stets vermieden, über Religion zu reden. Eines Tages wagt der Pfarrer sich vor:

»Sagen Sie mir: Glauben Sie an die alles durchwaltende Vernunft Ihres Gottes?«

»Selbstverständlich!«

»Warum läßt er die Knaben dann nicht alle beschnitten zur Welt kommen, um ihnen den Schmerz zu ersparen?«

»Nun, Hochwürden, da bin ich überfragt!« lacht der Rabbiner.

Sekunden später fragt er seinerseits:
»Und Sie, Hochwürden, glauben Sie an die alles durchwaltende Vernunft Ihres Gottes?«
»Selbstverständlich!«
»Aber warum läßt Gott, wenn er doch weiß, daß ihr Priester unverheiratet bleibt, euch dann nicht ohne ..., Sie wissen schon, zur Welt kommen?«

***

Ein Jude und ein Christ diskutieren:
»Stell dir vor«, sagt der Christ, »Mose wäre beim Aufstieg auf den Berg Sinai tödlich verunglückt. Wärst du dann vielleicht jetzt nicht Jude?«
»Vielleicht nicht. Aber stell du dir vor, die Jungfrau hätte eine Fehlgeburt erlitten, wärst du dann jetzt vielleicht nicht Christ?«

***

Ein Rabbiner und ein Pfarrer sitzen im selben Zugabteil. Sie finden sich sympathisch, kommen ins Gespräch und diskutieren miteinander. Irgendwann fragt der Pfarrer:
»Rabbi, erlauben Sie die Frage, haben Sie je Schweinefleisch ...«
»Nun ja, ich gestehe ... der Hunger, die Versuchung ... Aber Gott in seiner Güte verzeiht viel ... Darf ich Ihnen meinerseits eine Frage stellen: Ist es Ihnen je passiert, mit einer Frau ...«
»O ja, ich gestehe es. Das Fleisch ist schwach, ein Augenblick der Torheit, und schon ist die Sünde geschehen ... Doch ich hoffe auf die Vergebung des Herrn.«
Eine besinnliche Pause. Dann stößt der Rabbiner den Pfarrer mit dem Ellenbogen an:
»Ist aber besser als Schweinefleisch, was?«

***

Ein Pastor, ein Pfarrer und ein Rabbiner trumpfen auf:
»Ich bin Jesus Christus«, behauptet der Pastor, »seht, ich besitze seine Jugend, seine Schönheit und seine stattliche Erscheinung. Seht meinen Bart, mein Haar, seht meine Kleider! Ich bin es wirklich, Jesus Christus!«
»Unsinn«, widerspricht ihm der Pfarrer. »Ich bin Jesus: Ich habe seine Barmherzigkeit, seine Liebe zu den Menschen. Wenn ich einen Menschen weinen sehe, bin ich bis ins Mark erschüttert und kann nicht anders, als ihm zu helfen. Dafür tue ich alles. Da bin doch wohl ich Jesus Christus.«
»Was mich betrifft, ich brauche keine Argumente«, kontert da der Rabbiner, »Ihr werdet von selbst begreifen, daß ich Jesus bin.«
Am nächsten Morgen um fünf Uhr früh führt er beide zu einem Bordell. Er klopft an die Tür. Schließlich blinzelt eine Frau durch die Luke und ruft laut aus:
»Jesus Christus! Du schon wieder!«

3

Das Reisen

Reisen bildet, sagt der Volksmund. Vor kurzem wurde ich darauf aufmerksam gemacht, daß viele jüdische Anekdoten und Witze in Zügen spielen. Der Grund ist leider recht einfach: Die Juden wurden immer wieder aus Ländern, in denen sie wohnten, vertrieben, wurden in ihrer Berufsausübung und ihrer Handelstätigkeit beschränkt und durften meistens auch keinen Boden kaufen: So blieben sie bis in die jüngere Zeit hinein stets ein Volk auf Wanderschaft. Karikaturen zeigen den jüdischen Hausierer mit einem Bündel über der Schulter, ein Bild, das nur allzu oft der Wirklichkeit entsprach.
Heute kennen die Juden die meisten Flughäfen dieser Welt: ob Tel Aviv, New York, London, Bangkok, Brüssel, Zürich, Rom oder Hongkong.
Im Duty-Free-Geschäft des Airports von Tel Aviv gibt es übrigens neben Jerusalemer Luft in Konservendosen auch Phiolen mit Wasser aus dem Toten Meer und kleine Schachteln mit (heiligem) Staub aus Jerusalem, aber nur, solange der Vorrat reicht!

Am Bahnhof von Lodz treffen sich zwei Juden, die geschäftlich miteinander konkurrieren.
»Guten Tag, Rosner. Wo geht's denn hin?«
»Guten Tag, Ploteck. Nach Krakau geht die Reise.«
»Schwindler!« ärgert sich Ploteck. »Wenn du mir sagst, du fährst nach Krakau, dann willst du, daß ich glaube, du reist nach Warschau. Und dabei weiß ich ganz genau, daß du nach Krakau fährst. Warum also lügst du?«

***

Ein russischer Muschik trifft auf der Straße einen Juden:
»Wohin gehst du?« fragt ihn der Bauer.
»Nach Kiew«, sagt der Jude.«
»Wieso nach Kiew? Weißt du nicht, daß es bis nach Kiew dreißig Kilometer sind? Und du bist allein zu Fuß ...«
»Ja, das weiß ich.«
»Und was treibt dich nach Kiew?«

»Oh, nichts, aber ich werde schon einen finden, der mich wieder hierher zurücknimmt.«

***

Eine Postkutsche, die zum Bersten voll besetzt ist, hat noch einen langen Weg vor sich. Ein Fahrgast jammert ständig:
»Ich habe Durst! O Gott! Ich komme um vor Durst!«
Er jammert während der ganzen Strecke, so daß es die anderen Fahrgäste nicht mehr mit anhören können. Beim nächsten Halt steigt eine Frau aus, holt einen Krug randvoll mit Wasser und reicht ihn dem Mann. Der stürzt das Wasser gierig in sich hinein. Mit einem tiefen Seufzer bedankt er sich:
»Oh, ich hatte einen schrecklichen Durst, solch einen Durst ...!«

***

Ein Jude kehrt nach seinem ersten Besuch in Warschau in sein Schtetl zurück. Staunend berichtet er seinen versammelten Freunden:
»Warschau ist eine phantastische Stadt! Ich habe einen Juden kennengelernt, der war ein großer Gelehrter des Talmud. Ganze Abschnitte aus dieser Schrift kannte er auswendig! Ich habe einen Juden kennengelernt, einen glühenden Kommunisten, wie er im Buche steht! Und einen Juden mit einem großen Geschäft mit über fünfzig Angestellten, mit einem riesigen prachtvollen Haus und zahlreichen Dienern! Und einen Juden, der war fanatischer Atheist. Welch eine Vielfalt in Warschau!«
»Aber in einer großen Stadt wie Warschau ist es doch normal, daß du so vielen verschiedenen Juden begegnet bist. In Warschau gibt es wohl eine Million Juden. Was ist daran so besonders?«
»Ihr habt nicht begriffen! Es war immer derselbe Jude!«

***

Ein Jude aus Osteuropa ist vor kurzem in Amerika eingetroffen. An einem Sabbat sieht er auf einer Parkbank einen anderen Juden sitzen, der eine jiddische Zeitung liest und eine Zigarre raucht.
»Großartig«, freut er sich, »hier lesen selbst Gojim Jiddisch.«

***

Paris–New York, Hinflug.
Eine strahlende Schönheit stöckelt in der Abflughalle an einem jüdischen Geschäftsreisenden vorüber. Der junge Mann ist begeistert und läßt sie nicht mehr aus den Augen. Besonders reizt ihn ihr leicht hochmütiger Gesichtsausdruck.
Es gelingt ihm, im Flugzeug den Platz neben ihr zu bekommen. Konzentriert blättert sie in einem Modemagazin. In Französisch mit stark jiddischem Akzent versucht er, ein Gespräch anzuknüpfen, stellt sich vor, sagt, er sei auf Geschäftsreise und freue sich, neben einer so hübschen jungen Frau zu sitzen.
Statt zu antworten, starrt die Schöne angestrengt in ihr Modejournal.
Der junge Mann fährt fort, sagt, er steige im Hotel Sheraton ab, vielleicht könnten sie zusammen zu Abend essen ... *(Eisiges Schweigen ...)* Nach dem Essen, so fährt er fort, könnten sie ja dann in seinem Hotelzimmer ein letztes Glas zusammen trinken ... Und dann könnten sie ...
Die Schöne fährt plötzlich herum und zischt ihn an:
»Never!«
Der junge Mann entzückt:
»Neuvér, Neuvér et demi ...«*

***

New York–Paris, Rückflug.
In der Abflughalle des Kennedy-Airports vor dem nächsten

* »Neuf heures, neuf heures et demi« (Neun Uhr, halb zehn) mit jiddischem Akzent.

Flug nach Paris entdeckt der junge jüdische Geschäftsreisende ein schönes Mädchen, sehr gepflegt, mit großen, schmachtenden Augen, seidig glänzendem langem Haar, einem sinnlichen Mund, dem Teint eines Pfirsichs und nur spärlich bekleidet ... Kurz, genau sein Typ!

Dank eines glücklichen Zufalls sitzt er im Flugzeug neben ihr. Genießerisch zieht er ihr Parfum in die Nase. Sie spricht ihn offenherzig an:

»Wissen Sie, ich komme soeben von einem Kongreß der Nymphomaninnen. Wie anregend! Wirklich, ich liebe Männer. O ihr Männer! Ich liebe Ärzte, besonders Ärzte mit breiter behaarter Brust, wenn die obersten Knöpfe ihres weißen Kittels nicht geschlossen sind. Oh, diese Ärzte! Und natürlich bin ich verrückt nach Indianern, nach ihrer rötlichen Haut, diesen hohen Wangenknochen und den schmalen Augen! Aber am aufregendsten finde ich die Juden: Dieses fehlende kleine Ding gibt ihnen das gewisse Etwas!«

Der junge Geschäftsreisende nach einer kleinen Gesprächspause:

»Ja, wir reden und reden, und ich habe mich noch nicht einmal vorgestellt: Doktor Geronimo Cohen!«

***

Ein Rabbiner auf Pilgerfahrt in Israel fährt in seinem Subaru nach Bethlehem. In der Nähe des Grabes der Patriarchen hält er abrupt an. Er sperrt die Augen auf, zieht sich am Bart und faßt sich an den Rabbinerhut. Dann startet er wieder, fährt ein paar Meter weiter und hält erneut. Er fixiert einen Punkt in seiner Nähe, schüttelt ungläubig den Kopf und fährt weiter. Schließlich hält er vor dem Unfaßbaren: vor einem alten Mann mit einem langen weißen Bart in einem weißen Gewand mit einem Esel, auf dem eine weiß gekleidete schwangere Frau sitzt. Der Rabbiner fragt den Alten:

»He! Sie da! Heißen Sie zufällig Joseph?«

»Richtig!« antwortet der Alte.

»Und die schwangere Frau auf Ihrem Esel, die heißt doch nicht etwa Maria, oder?«
»Doch, so ist es.«
»Mein Gott! Und das Knäblein, das da geboren werden soll, werdet ihr das Jesus nennen?«
»Ach was! Wir sind doch keine Portugiesen!«

***

Eine Frau in einem New Yorker Büro der El Al möchte ein Flugticket nach Israel kaufen. In ihrer Reisetasche trägt sie einen Hund.
»Den Hund möchte ich mitnehmen.«
»Das geht nicht«, bedauert der Angestellte.
»Aber ich muß ihn mitnehmen!«
»Das ist leider verboten, aber an Bord gibt es auch einen Bereich für Haustiere. Ihr Hund ist dort vollkommen sicher. Sonst kann ich Sie und Ihren Hund nicht mitfliegen lassen.«
Die Frau willigt schließlich ein und gibt mit ihrem Gepäck den Hund auf. Bei der Ankunft auf dem Flughafen Ben Gurion stellt der Steward erschreckt fest, daß der Hund tot ist. Was soll er der Frau sagen? Rasch ruft er einen Angestellten der Fluggesellschaft zu Hilfe:
»Sehen Sie sich den Hund genau an«, verlangt er, »es ist ein hellbrauner Cockerspaniel. Sie fahren sofort nach Tel Aviv und kaufen genau so ein Tier in dieser Größe. Kommen Sie aber so rasch wie möglich zurück. Dann bemerkt es die Frau nicht.«
Der Steward hält die Frau mit Erklärungen hin: Die Formalitäten für die Einreise von Hunden seien besonders aufwendig.
Als der Angestellte mit dem neuen Hund schließlich eintrifft, tauscht der Steward ihn gegen das tote Tier aus, geht zu der Frau und übergibt ihr den Kasten. Kaum hat sie einen Blick hineingeworfen, schreit sie auf:
»Das ist nicht mein Hund! Er ist es nicht!«

»Aber sicher, meine Dame. Das ist ganz gewiß Ihr Hund!«
»Nein!« wiederholt die Dame und bricht in Tränen aus.
»Und wie kommen Sie darauf, daß er es nicht ist?« fragt der Steward.
»Mein Hund ist tot. Ich bin doch eigens hierher geflogen, um ihn ins Heilige Land zu überführen!«

* * *

Ein polnischer Jude zu Besuch in New York spricht einen Passanten an:
»Do you speak yiddisch?«
Der Mann schüttelt den Kopf. Der Jude fragt einen zweiten Passanten und erhält wieder eine negative Antwort. Schließlich fragt er einen dritten Passanten:
»Do you speak yiddisch?«
»Sure!« erhält er zur Antwort.
»Please, what time is it?«

* * *

Aaron und Jeremias wollen die Ferien auf Hawaii verbringen. Während des Fluges streiten sie sich über die richtige Aussprache des Wortes Hawaii: Aaron behauptet, es werde *Hauaii* ausgesprochen, während Jeremias dagegenhält, die Insel werde *Havaii* ausgesprochen. Am Ende schließen sie eine Wette ab. Gleich nach der Landung stürzen sie sich auf den erstbesten Passanten:
»Entschuldigung«, fragt Aaron, »können Sie mir sagen, wie die Insel, auf der wir uns befinden, ausgesprochen wird?«
»Havaii«, antwortet der Mann.
»Danke«, triumphiert Jeremias.
»You're velcome*«, antwortet der Mann.

* »Keine Ursache.« Normalerweise mit dem englischen Halbvokal W, hier aber mit jiddischem Akzent mit dem Konsonanten V.

4

Das Geld

Geld ist für Juden kein Tabuthema, das peinlich oder heikel wäre. Der Mammon ist den Juden so wichtig wie den Schotten, Amerikanern, Schweizern, Polen, Griechen, Japanern, Italienern, Armeniern oder Franzosen, wie den Katholiken, Protestanten, Christlich-Orthodoxen oder Muslimen. Geld allein macht zwar nicht glücklich, aber alle sind sich einig, daß es etwas zum Glück beitragen kann. Und auch Juden wollen glücklich sein! Oder nicht?
Der Filmregisseur Ernst Lubitsch zitierte einst einen jüdischen Fluch, den er für den schlimmsten hielt: »Du sollst als einziger deiner Familie reich sein!« Fürchterlich!
Im folgenden Kapitel findet man keine antisemitischen Witze über den Juden und sein Geld. Juden sind nicht habgieriger oder unehrlicher als andere. Unter ihnen gibt es Geizhälse und großzügige Spender, Arme und Reiche, und nicht alle sind Rothschilds oder … Rockefellers (Preisfrage: War Rockefeller Jude?) Und wenn manche Juden ihr Geld zur Schau stellen, so deshalb, weil sie Geheimniskrämerei nicht mögen.

Nach dem New Yorker Börsenkrach treffen sich zwei Freunde.
»Mein Gott, ich habe alles verloren! Ich bin vollkommen ruiniert! Es raubt mir den Schlaf!«
»Ich bin noch übler dran: Meine Eltern sind letztes Jahr gestorben, meine arme Frau ist schwerkrank, mein Sohn hat Bankrott gemacht, und meine Tochter, Gott schütze sie, verzweifelt, weil sie keinen Ehemann findet. Vom Geschäft ganz zu schweigen: Ich habe alles verloren. Aber trotz alledem schlafe ich wie ein Säugling!«
»Ach wirklich? Und wie machst du das?«
»Nun, ich schlafe zwei Stunden, dann wache ich auf und weine, dann schlafe ich für zwei Stunden wieder ein und wache auf und weine, und dann schlafe ich wieder ein …«

* * *

Furth hat während eines Banketts seine Geldbörse verloren. Nachdem er es bemerkt hat, greift er zum Mikrofon:

»Meine Damen und Herren, ich bitte um Ihre Aufmerksamkeit. Ich habe heute Abend meine Börse mit eintausendfünfhundert Mark verloren. Der ehrliche Finder erhält einhundert Mark.«
Eine Stimme aus dem Saal:
»Ich biete zweihundert!«

***

Didier Malka ist ein passionierter Spieler. Leider hat er an diesem Tag nur dreißig Mark dabei. Als er gerade alles setzen möchte, hört er eine Stimme:
»Setz alles auf die 12!«
Didier zuckt zusammen und blickt sich verblüfft um.
»Du brauchst mich nicht zu suchen, ich bin nur eine Stimme. Setze auf die 12, und du sollst es nicht bereuen!«
Völlig perplex setzt Didier auf die 12. Viel zu verlieren hat er nicht. Das Rad dreht und dreht sich und kommt schließlich zum Stehen. Die 12 gewinnt! Großartig! Der Croupier schiebt ihm Chips im Wert von über tausend Mark zu. Didier ist überglücklich, er denkt an seine Frau und will das Casino verlassen. Da meldet sich die Stimme erneut:
»Setze auf die 20.«
»Aber ... aber ... Ich möchte nach Hause!«
»Auf die 20!«
Didier setzt auf die 20. Das Rad dreht und dreht sich und kommt schließlich zum Stehen: Die 20 gewinnt. Unglaublich! Didier kassiert um die viertausend Mark. Jetzt will er das Schicksal keinesfalls noch einmal herausfordern. Er freut sich auf zu Hause, wenn er das Geld seiner Frau übergibt.
Eindringlich meldet sich die Stimme erneut:
»Jetzt auf die 15.«
»Nein! Ich gehe nach Hause!«
»Auf die 15, sage ich!«
Didier kann sich der Stimme, die ihm zweimal zu einem Riesengewinn verholfen hat, einfach nicht entziehen. Er

setzt auf die 15. Diesmal gewinnt er dreißigtausend Mark. Das gab es noch nie: dreimal hintereinander gewonnen! Fabelhaft! Didier will endgültig gehen, aber die Stimme läßt ihn nicht:
»Setze alles auf die 8!«
Wie in Trance setzt Didier alles auf die 8. Das Rad dreht und dreht sich. Die Kugel springt ins Loch der 9. Darauf die Stimme:
»O Scheiße!«

***

Aaron kommt nach Frankreich und hat keine Ahnung, wie die Dinge hier funktionieren ... Sein Freund weiht ihn in alles ein:
»Das mit der Bank geht ganz einfach: Du eröffnest ein Konto, zahlst Geld ein, kriegst ein Scheckheft und brauchst kein Bargeld mehr bei dir zu tragen. Du zahlst alles mit Scheck: eine Unterschrift, und das war's!«
Begeistert geht Aaron zur Bank und eröffnet ein Konto:
»Bitte schön«, sagt der Mann am Schalter, »jetzt müssen Sie nur noch zweihundert Francs einzahlen, dann überreiche ich Ihnen das erste Scheckheft.«
Aaron zahlt zweihundert Francs ein ...
Mit dem Scheckheft in der Tasche greift er in die Vollen: Noch am selben Tag leistet er sich einen neuen Wagen, eine Eigentumswohnung, einige Möbel und neue Anzüge.
Nach zwei Tagen wird er zum Bankdirektor zitiert.
»Aber Monsieur! Haben Sie denn nicht bemerkt, daß Ihr Konto tief in den roten Zahlen steckt?«
»Was soll das heißen?«
»Daß Sie Ihr Konto gewaltig überzogen haben! Sie haben vollkommen über Ihre Verhältnisse gelebt. Sie schulden der Bank um die zwei Millionen Francs!«
Aaron zückt lächelnd sein Scheckheft:
»Kein Problem, Herr Direktor, das ist gleich erledigt ...«

***

Samuel liebt seine Frau über alles und will ihr dies mit einem großartigen Geschenk beweisen:
»Sag mir, was du willst, Liebling, Geld spielt keine Rolle.«
»Aber Samuel, du sollst doch nicht ...«
»Doch, mein Schatz. Sag mir, was du willst. Einen Cadillac?«
»Nein.«
»Was dann? Das Kaufhaus Lafayette?«
»Ja! Wie hast du das erraten?«
»Weil ich dich liebe, meine Sarah! Ich mache mich sofort auf den Weg!«
Samuel betritt das weltberühmte Pariser Kaufhaus. An eine Verkäuferin:
»Ich möchte bitte den Geschäftsführer sprechen.«
»Oh! So einfach ist das nicht. Lassen Sie sich bei der Sekretärin einen Termin geben.«
Samuel geht zur Sekretärin.
»Ich möchte bitte den Geschäftsführer sprechen.«
»Das geht nicht, der hat zu tun.«
»Sagen Sie ihm, es sei sehr dringend.«
Samuel bearbeitet die Sekretärin so lange, bis er schließlich vorgelassen wird. Als er dem Geschäftsführer gegenüber sitzt, eröffnet er ihm:
»Ich möchte Ihr Kaufhaus kaufen.«
»Wie bitte? Das Kaufhaus Lafayette steht nicht zum Verkauf!«
»Ich kaufe es! Wieviel wollen Sie? Nennen Sie einen Preis!«
»Was stellen Sie sich vor! Selbst wenn es verkäuflich wäre, würden Sie soviel Geld niemals zusammenbekommen! Sie belieben zu scherzen!«
»Wieviel wollen Sie? Hundert Millionen neue Francs?«
»Machen Sie sich nicht lächerlich! Aber mit diesem Preis liegen Sie ungefähr richtig.«
»Dann sind Sie einverstanden? Ich muß sofort telefonieren! ... Hallo, Sarah? Es ist unter Dach und Fach, ich kaufe das Lafayette. Hör genau zu! Geh ins Schlafzimmer und schau unter das Bett. Dort liegen zwei Koffer, ein größerer und

ein kleinerer. Nimm den kleineren und bring ihn sofort hierher.«

***

In einer unbelebten Straße begegnet Benny im feinen Nadelstreifenanzug dem abgerissenen Saul. Saul verkauft in der Straße Eis.
»Benny! Lange nicht gesehen! Was machst du denn hier?«
»Ich arbeite in der Nähe in einer Bank. Und du? Was tust du hier, Saul?«
»Siehst du doch, ich verkaufe Eis.«
»Na hör mal, Saul, hier kommt doch keiner vorbei. Hier ist kein Blumentopf zu gewinnen! Warum postierst du dich nicht vor meine Bank? Da reißt man dir das Eis aus der Hand.«
Gesagt, getan: Saul postiert sich mit seinem Eis vor Bennys Bank, und das Geschäft beginnt zu florieren. Irgendwann kommt ein Freund von Saul vorbei:
»Saul! Welche Freude! Dein Geschäft läuft ja prima!«
»Ich kann nicht klagen, es geht sehr gut.«
»Das freut mich für dich. Hör mal, könntest du mir fünfhundert Mark leihen? Du bekommst sie nächsten Monat zurück. Ich hoffe, ich kann etwas verkaufen.«
»Tut mir leid, Joschua. Aber als ich den Standplatz bezogen habe, habe ich mit der Bank ein Abkommen getroffen: Sie verkaufen kein Eis, und ich verleihe kein Geld!«

***

Rabbi Isaak bekommt eines Tages Besuch von seinem ehemaligen Schüler Benny. Kaum ist der Schüler zum erfolgreichen Geschäftsmann avanciert, hat er alle religiösen Traditionen über Bord geworfen.
»Rabbi«, beginnt Benny, »ich weiß ja, ich habe gesündigt, aber ich brauche dringend Beistand. Nur Sie können mir helfen.«
Rabbi Isaak lächelt:

»Mit deinem Kommen zeigst du, daß du nie aufgehört hast zu glauben. Sprich nur, mein Sohn, wo liegt dein Problem?«
Benny erklärt, er befinde sich in einer ausweglosen Lage. Wenn die nächste Geschäftssaison nicht ein großer Erfolg werde, sei er ruiniert.
Der Rabbiner konzentriert sich einen Augenblick und spricht:
»Der Umsatz in der kommenden Saison wird deine kühnsten Erwartungen übertreffen. Aber nur unter einer Bedingung.«
»Alles, was Sie wollen, Rabbi.«
»Du gibst mir Brief und Siegel, daß du die Hälfte deines Gewinns an die Synagoge abführst.«
Erleichtert willigt Benny ein und verabschiedet sich überglücklich vom Rabbiner. Tatsächlich kann er von seiner Ware doppelt soviel verkaufen wie im Vorjahr. Aber nach seiner anfänglichen Begeisterung und Freude beschleichen Benny auf dem Weg zu seinem Rabbiner erneut die Zweifel.
Der Rabbi empfängt ihn herzlich mit strahlendem Lächeln:
»Hast du mitgebracht, was du versprochen hast?«
»Ja, Rabbi. Ich habe ein großartiges Ergebnis erzielt. Aber wenn ich Ihnen das Geld gebe, ist für mich die Hälfte vom Gewinn verloren!«
Mit funkelnden Augen und einem kurzen Nicken antwortet der Rabbiner:
»Natürlich, mein Sohn, aber du kannst es von der Steuer absetzen.«

***

Ein Mann, der berühmt war dafür, Gelder für die zionistische Weltbewegung zu sammeln, empfing einst einen geizigen Multimilliardär zum Mittagessen. Dieser zückte am Ende des Essens sein Scheckbuch und stellte gönnerhaft einen Scheck aus: ganze hundert Dollar! Gelassen reagierte der andere:
»Vielen Dank, aber das Essen habe ich schon bezahlt!«

***

Drei Freunde treffen sich auf der Hochzeit eines gemeinsamen Freundes.
Der erste: »Ich habe ein Kaffeeservice für zwölf Personen geschenkt.«
Der zweite: »Von mir ist ein Teeservice für vierundzwanzig Personen.«
Darauf der dritte: »Und meine Zuckerzange ist für zweihundertfünfzig Personen!«

***

An einem schwülheißen Nachmittag im August sitzen Smadja und Arroche in ihren Sesseln und debattieren, wer von beiden der sparsamere ist.
»Meine zehn Hausangestellten«, trumpft Smadja auf, »kosten mich gerade mal tausend Francs im Monat.«
»Für meine zwanzig Bediensteten gebe ich nur siebenhundert Francs aus«, kontert Arroche.
»Ich verköstige sie mit angefaulten Kartoffeln, die kosten fast nichts.«
»Ich gebe meinen angeschimmelten Reis! Ich habe Geld dafür bekommen, daß ich sie abnehme!«
Smadja hält die Hitze nicht mehr aus.
»Sag mal, Arroche, du hast da einen hübschen Fächer. Der war doch gewiß teuer? Ist der neu?«
»Aber nein, das ist ein alter. Und ich habe ihn fast umsonst bekommen.«
»Aber wieso ist er noch so gut erhalten?«
»Ich werde dir mein Geheimnis verraten: Statt heftig zu wedeln und zu fächeln, bewege ich ihn ganz sanft hin und her. So behält er seine zarten Farben ... Aber dein Fächer ist ja auch prachtvoll, diese leuchtenden Farben, dieses seidenweiche Material. Sicher hat er ein Vermögen gekostet!«
»Den habe ich im Schwimmbad gefunden.«
»Und wie machst du das, daß er aussieht wie neu?«

»Ich werde dir jetzt mein Geheimnis verraten: Ich breite ihn zum Fächeln vor meinem Gesicht aus und bewege dann den Kopf sanft hin und her …«

***

Schacha besitzt einen Esel, der für ihn schwere Säcke mit Waren trägt. Nur eines bereitet Schacha Kopfzerbrechen: Der Esel frißt zuviel. So beschließt Schacha, den Esel an einem Tag fasten zu lassen. Der Esel fastet und arbeitet trotzdem weiter.

»Aha!« sagt Schacha, »wenn er einen Tag ohne Futter gut übersteht, will ich sehen, was geschieht, wenn ich ihn einmal die Woche nicht füttere.«

Er streicht dem Esel einmal pro Woche die Ration, aber das Tier arbeitet trotzdem. Begeistert beschließt Schacha, ihm die Ration noch öfter zu kürzen, und gibt ihm zweimal in der Woche nichts. Der Esel macht auch das mit, so daß Schacha dazu übergeht, ihn auf drei Tage einen Tag fasten zu lassen. Noch immer geht das gut. Schließlich streicht er ihm eine ganz Woche lang das Futter. Das abgemagerte Tier arbeitet weiter. Welch ein tapferer Esel! Wie sparsam er ist, sagt sich Schacha und gibt ihm einen ganzen Monat nichts. Bis er schließlich verendet.

»Schade«, beklagt sich Schacha bei seinem Nachbarn, »ausgerechnet jetzt, wo ich meinen Esel daran gewöhnt hatte, ohne Futter auszukommen!«

***

Der Galerist Adler ist ein notorischer Geizkragen. Eines Tages begegnet ihm sein Freund Pinski.

»Guten Tag, Adler.«

»Guten Tag, Pinski.«

»Sag einmal, Adler, könntest du mir hundert Mark leihen?«

»Hundert Mark? Warte … *(Er kramt zum Schein in seinen Taschen.)* Leider habe ich soviel nicht bei mir.«

»Vielleicht in deiner Galerie, die ist doch nicht weit.«
»Nein, Pinski, wenn die Galerie einmal geschlossen ist, öffne ich erst am nächsten Morgen wieder.«
»Und zu Hause?«
»Zu Hause … Nun, zu Hause geht es sehr gut, danke! Und auf Wiedersehen!«

5

Arbeit und Geschäft

Etwas, das einem gehört, an einen zu verkaufen, der es haben will, ist kein besonderes Geschäft. Aber etwas, das einem nicht gehört, an einen zu verkaufen, der es nicht haben will, das ist ein gutes Geschäft!

Zwei Freunde treffen sich:
»Wie gehen die Geschäfte?«
»Na ja ...«
»Also für dieses Jahr gar nicht so schlecht.«

***

Jakob wälzt sich seit Stunden schlaflos im Bett. Schließlich fragt seine Frau Myriam besorgt:
»Was ist denn los, Jakob, warum schläfst du nicht? Hast du Sorgen?«
»Nein nein.«
»Warum wälzt du dich dann immer hin und her?«
»Nur so.«
»Komm schon, Jakob! Was hast du?«
»Na, morgen ist doch der 31.«
»Na und?«
»Dann muß ich zahlen.«
»Was mußt du zahlen?«
»Goldberg von gegenüber hat mir Geld geborgt, das wird morgen fällig.«
»Na und?«
»Na und! Ich habe keinen Heller.«
»Und deshalb schläfst du nicht?«
Myriam steht auf, öffnet das Fenster und ruft Goldbergs Namen hinaus.
Goldberg öffnet das Fenster.
»Was ist denn los! Brennt es bei Ihnen?«
»Das nicht, Goldberg, aber stimmt es, daß Jakob Ihnen morgen Geld zurückzahlen muß?«
»Ja, das ist richtig!«
»Er hat das Geld aber nicht!«

Myriam klappt das Fenster zu und sagt zu ihrem Mann:
»So, jetzt ist es Goldberg, der nicht mehr schläft!«

***

Gaby und Raphael sind verzweifelt. Das Geschäft lief miserabel, und die Saison ist zu Ende. Sie sind auf zwanzigtausend Sportjacken in allen Größen und Farben sitzengeblieben. Die Kartons stapeln sich bis unter die Decke, ein Konkurs scheint unausweichlich. Dann aber tritt an einem Spätnachmittag ein Einkäufer aus Brasilien in ihre Geschäftsräume.
»Haben Sie noch Sportjacken der diesjährigen Mode vorrätig? Ich habe überall gefragt, alles schon vergriffen.«
Sofort preisen die Geschäftspartner ihre zwanzigtausend Sportjacken an, bieten einen Superrabatt und versprechen dem Kunden eine gewaltige Gewinnmarge.
»Einen Kauf in dieser Größenordnung muß ich mit dem Chef absprechen. Im Prinzip geht das in Ordnung, aber falls Schwierigkeiten auftauchen, schicke ich Ende der Woche ein Telegramm.«
Für die beiden Geschäftspartner beginnen schreckliche Tage bangen Wartens. Freitag nachmittag, kurz vor Geschäftsschluß, klingelt es an der Tür: ein Telegramm!
Beide sind wie erstarrt. Gaby nimmt schließlich den Umschlag entgegen und reißt ihn mit zitternden Händen auf. Ein Lächeln breitet sich über ihr Gesicht:
»Raphael, eine großartige Nachricht! Dein Bruder ist tot!«

***

Ein junger Optiker hat eine neue Stelle angetreten. Der Geschäftsinhaber erläutert ihm die Regeln des Hauses:
»Wenn ein Kunde eine neue Brille möchte, präsentieren Sie ihm die Kollektion.«
»Die Brillen sind ja nicht ausgezeichnet«, wendet der junge Mitarbeiter ein.

»Eben«, antwortet der Inhaber, »wenn der Kunde nach dem Preis fragt, sagen Sie: Vierhundertfünfzig Mark. Wenn er keine Miene verzieht, fügen Sie hinzu: Plus siebzig Mark für die Gläser. Und wenn er immer noch keine Miene verzieht: Pro Stück!«

***

Händlergeschrei auf einem Pariser Markt:
»Zehn Pitot*, fünf Francs! Zehn Pitot, fünf Francs!«
Eine Dame empört:
»Was, fünf Francs für zehn Pitot! Drüben kosten zehn Pitot nur vier Francs!«
»Dann kaufen Sie Ihre Pitot doch drüben!«
»Drüben sind Pitot ausgegangen.«
»Wenn meine Pitot ausgegangen sind, verlange ich auch nur noch vier Francs!«

***

Slama steht mit einem Begleiter bei Sitbon im Laden und will eine Hose kaufen:
»Zweihundertfünfundsiebzig Francs«, sagt Sitbon, »aber du kriegst sie für zweihundertfünfzig.«
»Hör mal, Sitbon, wir sind seit langem Freunde! Für zweihundertzwanzig Francs nehme ich sie.«
»Slama, wir wollen Freunde bleiben: Ich habe die Hose für zweihundertzwanzig Francs eingekauft und muß auch leben. Zweihundertvierzig, und sie gehört dir!«
»Sitbon, weil die Hose für meinen Jungen ist, will ich nicht lange handeln: Zweihundertdreißig, und die Sache ist geritzt.«
»Topp! Für zweihundertdreißig.«
»Pack sie ein und schick sie mir nach Hause. Bis bald.«
Auf der Straße fragt der Begleiter Slama erstaunt:

* Pita (Mz.: Pitot): eine Art Fladenbrot, das mit Salat, Grillfleisch, Pommes frites oder Brätlingen aus Kichererbsenteig gefüllt wird.

»Wieso hast du so hartnäckig gehandelt? Du zahlst die Hose ja doch nicht!«
»Nein, aber Sitbon ist ein netter Kerl. Sein Verlust soll möglichst gering bleiben!«

***

Ein Kaufmann in Jitomir hat Waren in Odessa bestellt. Als Antwort kommt ein Telegramm:
»Lieferung erst nach Bezahlung der vorigen Bestellung.«
Der Kaufmann telegrafiert zurück:
»Bestellung storniert. So langes Warten nicht möglich.«

***

Vor der Börse trifft Kaplan erstaunt auf Stein, einen notorischen Schnorrer.
»Nanu, Stein? Was treibt dich hierher?«
»Ich spekuliere auf Minen.«
»Nanu! Hast du etwa Geld?«
»Nein, das nicht. Ich mache es so: Wenn jemand mit finsterer Miene aus dem Börsensaal herauskommt, lasse ich ihn in Ruhe, wenn aber einer eine fröhliche Miene zeigt, spreche ich ihn an.«

***

Jeremias trifft auf einen glücklich strahlenden Ruben.
»Sag, Ruben, du siehst aus, als hättest du das große Los gezogen.«
»Ja, ich habe jetzt einen Handlungsbevollmächtigten. Der kümmert sich um alle meine Probleme.«
»Aber das ist doch sicher teuer?«
»Siebzigtausend im Jahr.«
»Und woher nimmst du das Geld?«
»Das ist sein Problem.«

***

Mosche eilt auf der Suche nach einem Uhrmacher durch eine Geschäftsstraße. Schließlich entdeckt er einen Laden mit einer überdimensionalen Armbanduhr im Schaufenster. Erwartungsvoll tritt er ein: In dem fast leeren Raum sitzt ein Mann mit Bart und Schläfenlocken auf einem Stuhl. Erstaunt fragt Mosche, ob er ihm seine Uhr reparieren könne.
»Ich repariere keine Uhren, ich bin Mohel*«, antwortet der Mann.
»Oh! ... Und warum haben Sie dann eine riesige Armbanduhr im Schaufenster?«
»Was soll ich sonst ins Schaufenster stellen?«

* * *

Stein ertappt seinen Buchhalter Grünbaum am Fenster.
»Grünbaum, beobachten Sie die Passanten gefälligst mit dem Hintern und stecken Sie Ihre Augen in die Bücher.«
»Das tue ich doch oft, Herr Stein.«
»Ach? Und was sagen die Passanten dazu?«
»›Guten Tag, Herr Stein!‹«

* * *

Ein Malergeselle kurz vor der Rente streicht die Wände im Haus des Arztes Cohen. Die Arbeiten dauern mehrere Tage. Am Abend des ersten Tages zeigt die Dame des Hauses ihrem Mann die frisch gestrichenen Wände im Schlafzimmer. Gedankenlos legt der Arzt die Hand auf die noch feuchte Farbe.
Als der Maler am nächsten Morgen wiederkommt, bittet ihn Cohens Frau:
»Folgen Sie mir bitte ins Schlafzimmer. Ich möchte Ihnen die Stelle zeigen, auf die mein Mann gestern nacht seine Hand gelegt hat.«

* Ein Mohel vollzieht berufsmäßig Beschneidungen.

»Entschuldigung«, antwortet der Maler, »aber ich bin nicht mehr so jung. Ich hätte lieber eine Tasse heißen Kaffee.«

***

Rosenkranz trifft verspätet im Büro ein und entschuldigt sich beim Chef:
»Verzeihen Sie, meine Frau hatte eine schwere Geburt.«
Wenige Tage später erscheint Rosenkranz überhaupt nicht im Büro. Am folgenden Tag entschuldigt er sich beim Chef:
»Verzeihen Sie, meine Frau hatte eine schwere Geburt.«
»Sie machen sich wohl lustig über mich!«
»Aber nein, Rebekka ist Hebamme!«

***

Ariel bestellt beim Herrenschneider Schlomo eine Hose. Schlomo nimmt Maß und bittet Ariel, nächste Woche wiederzukommen. Ariel kommt erst übernächste Woche wieder, aber die Hose ist nicht fertig. Auf seine Beschwerde antwortet Schlomo:
»Nur noch eine Kleinigkeit, noch ein paar Tage. Kommen Sie nächste Woche wieder, und Ihre Hose sitzt tadellos!«
Ariel kommt nächste Woche wieder, aber die Hose ist immer noch nicht fertig. Ariel außer sich:
»Gott hat die Welt in sechs Tagen erschaffen, und Sie schaffen es nicht, eine Hose in drei Wochen zusammenzunähen!«
»Ja, aber Sie wissen ja auch, wie es in der Welt aussieht!«

***

Apfelzweig geht mit seinem Sohn Samuel zu seinem Freund Rosenstock einen Anzug kaufen.
»Tag, Rosenstock, ich brauche für meinen Sohn einen Sommeranzug.«
»Da habe ich genau das Richtige: ein flotter Marineanzug

aus reinem Leinen – und nicht einmal teuer.«
»Was kostet der?«
»Normalerweise hundert Mark, aber du bekommst ihn für fünfundsiebzig.«
»Ist der strapazierfähig?«
»Unzerreißbar.«
»Und geht er beim Waschen ein?«
»Keine Spur! Das ist reinstes Leinen, beste Qualität!«
»Garantiert?«
»Ehrenwort!«
Apfelzweig kauft den Anzug. Nach drei Wochen kommt er mit seinem Sohn wieder: Die Hosenbeine sitzen auf den Waden, die Ärmel der Jacke reichen bis zu den Ellenbogen. Rosenstock ist sprachlos, faßt sich aber sogleich und ruft begeistert:
»So ein hübscher Bub! Und wie geschwind er wächst! Ein wahrer Riese!«

***

Slama muß dem Chef Rede und Antwort stehen:
»Warum sind Sie gestern schon wieder nicht erschienen? Vergessen Sie nicht: Ihre Großmutter ist schon zweimal gestorben!«

***

Ein berühmter Filmproduzent ruft seinen Regisseur, einen äußerst gewitzten Mann, zu sich:
»Gabriel, Sie müssen mir helfen. Ich brauche dringend zwei Haflinger.«
»Kein Problem. Ich habe soeben zwei gesehen, die zum Verkauf standen. Wieviel wollen Sie anlegen?«
»Viertausend Mark.«
»Was! Viertausend Mark! Soll das ein Witz sein? Das können Sie sich abschminken!«
»Beruhigen Sie sich, Gabriel! Wieviel brauchen Sie?«

»Mindestens das Doppelte!«
»Na schön! Aber es sind doch hoffentlich schöne Tiere?«
»Prachtvolle Tiere!«
»Wann bekomme ich sie?«
»In drei Tagen.«
»Ich verlasse mich ganz auf Sie!«
Gabriel geht hinaus. Auf dem Gang in der Regie trifft er ein befreundetes Scriptgirl:
»Sag mal, Susanne, was sind eigentlich Haflinger?«

***

Samuel arbeitet seit kurzem in einer Großbank. Eines Tages ruft er bei der Beschaffungsabteilung an:
»Ich habe schon vor zwei Wochen Bleistifte bestellt und bis heute nichts bekommen! Was ist das für ein verdammter Sauladen! Ich gebe Ihnen bis heute abend Zeit. Wenn die Bleistifte bis dahin nicht da sind, bekommen Sie Ärger!«
Darauf die Stimme im Hörer:
»Wissen Sie eigentlich, mit wem Sie reden?«
»Nein.«
»Sie sprechen mit dem Direktor dieser Bank.«
Nach einer Pause Samuel:
»Und wissen Sie, mit wem Sie reden?«
»Nein.«
»Um so besser!« sagt Samuel und legt rasch auf.

***

In der Talsohle einer Wirtschaftskrise: Überall stockt der Absatz, viele Läden machen dicht. Ganem, Benhamou und Brahmy, die nebeneinander Kleidergeschäfte betreiben, sind verzweifelt. Ganem hängt ein Schild in sein Schaufenster: »Alles 30 % billiger.« Dann hängt Brahmy ein Schild in sein Schaufenster: »Jeder Artikel 50 %.« Schließlich hängt Benhamou, dessen Laden zwischen den beiden anderen liegt, ein Schild in sein Schaufenster: »Haupteingang.«

***

Isaak begegnet seinem Bekannten Julius.
»Weißt du, Julius, daß sich jemand bei mir nach dir erkundigt hat?«
»Ach, tatsächlich?«
»Ja, ich habe etwa gesagt: ›Julius ist ein Ehrenmann, der viele Geschäfte macht und im Jahr mindestens eine halbe Million Mark ausgibt.‹«
»Alter Schmeichler, aber du übertreibst etwas ... Und wer hat sich nach mir erkundigt?«
»Ach, irgend so ein Steuerfahnder.«

***

David sucht einen Bankier auf und fragt ihn, ob er einen Wechsel diskontieren würde, der mit einem renommierten Namen unterzeichnet ist.
»Sicher«, antwortet der Bankier. »Von wem ist die Unterschrift?«
»Von Rothschild.«
»Welche Frage! Bringen Sie mir das Papier sofort her.«
David geht und kehrt mit dem Wechsel wieder.
»Aber ...«, fragt der Bankier, »wo ist die Unterschrift?«
»Wie? Bei Rothschild brauchen Sie eine Unterschrift?«

***

Toledano betreibt ein Modegeschäft. Eines Tages kommt Ohayon vorbei und will ihm seine Seidenbänder präsentieren.
»Danke, mein Bedarf ist gedeckt.«
»Sie irren, diese Qualität bekommen Sie sonst von keinem. Schauen Sie, reinste Seide, und erste Güte. Prüfen Sie, Sie werden zufrieden sein. Sehen Sie, dieses malvenfarbene Band, dieser seidige Glanz!«

Um den Vertreter loszuwerden, bestellt Toledano malvenfarbenes Band.
»Und wieviel Meter dürfen es sein, Monsieur Toledano?«
»Nun, ich möchte als Muster ein Stück, so lang wie der Abstand zwischen Ihrer Nasenspitze und der Spitze Ihres ...«
»Oh! Ich habe verstanden, abgemacht!«
Drei Tage später kommt das bestellte Band. Vor Toledanos Geschäft halten vier vollbeladene Lieferwagen. Toledano ist verblüfft:
»Aber Monsieur Ohayon! Haben Sie vergessen, was wir ausgemacht hatten?«
»Keineswegs. Sie sagten, von meiner Nasenspitze bis zur Spitze meines Dings. Sie müssen wissen, Monsieur Toledano, ich wurde im marokkanischen Meknès beschnitten.«

***

Ungeduldig ruft Vassin bei Gross an:
»Sie haben mir vor drei Monaten einen Scheck versprochen. Der ist bis jetzt nicht eingetroffen!«
»Wie?! Sie haben ihn noch nicht bekommen?«
»Nein!«
»Gut! Dann schicke ich ihn sofort los.«

***

Ein angesehenes Verlagshaus bringt eine neue Bibelausgabe heraus. Um eine größere Auflage zu verkaufen, sollen Vertreter auf Provisionsbasis engagiert werden. Unter den zahlreichen Bewerbern befindet sich ein Stotterer. Der Verlagsleiter ist skeptisch, stellt den Mann aber ein. Am Ende des ersten Tages der Verkaufsaktion hat der Stotterer fünfzig Bibeln verkauft, der beste von den anderen gerade mal sechs. Am zweiten Tag bringt es der Stotterer auf hundert Bibeln! Am dritten sind es hundertzwanzig! Voller Neid und Bewunderung fragen die anderen, wie er dieses Ergebnis erzielt hat.

»DDDaaas iiist gar nicht ssso schwwwer«, antwortet er. »IIIch fraaage sssie, oooob sssie die Bbbbibel kkkkaufen wolllen uuuund lelelese ddddaraus vvvor. DDDDannn kkkkkaufen sssie aaalle sssofort!«

***

Sydney Bellahsen stottert. Seit fünf Jahren arbeitet er in einem Unternehmen und erfüllt sorgfältig seine Aufgaben, hat aber noch nie eine Gehaltserhöhung bekommen. Er hat einfach nicht danach gefragt. Inzwischen sind alle Gehälter erhöht worden. Ein Kollege drängt ihn, sich endlich beim Chef einen Termin geben zu lassen. Sydney nimmt seinen ganzen Mut zusammen und greift zum Hörer:

»GGGGuten TTTTag, Chchchef, Entschschuldigung, wwwenn ich sstöre. HHHHätttten Sssie eeeine Ssstunde ZZZeit für mmmich, dddamit iiich ffffünf Minuten mmmit IIIhnen rrrreden kkkann.«

6

Recht und Sicherheit

Die Juden, ein hochgebildetes, talmudgeschultes Volk mit wenigen Analphabeten, lieben besondere Hobbys: So die Beschäftigung mit dem Gesetz oder mit der Frage, wie man dieses umgehen kann.
Und richtig kniffelig wird die Frage, wenn es darum geht, wie man es hageln oder einen Orkan übers Land fegen lassen kann, um die Versicherungssumme zu kassieren.

Silberstein ist mit Rubin im Rechtsstreit. Er fragt seinen Anwalt, ob es Sinn mache, wenn er dem Richter ein Geschenk schicken würde.
»Auf keinen Fall! Sie verlieren den Prozeß und riskieren eine Anklage wegen versuchter Bestechung!«
Einen Monat später hat Silberstein den Prozeß gewonnen. Der Anwalt ist stolz auf seine Strategie, sein Plädoyer und den Erfolg.
»Sehen Sie, Herr Silberstein, ich hatte recht: Es war doch besser, das Präsent nicht zu schicken.«
»Aber ich habe es doch losgeschickt!«
»Wie?! Sie haben ...!«
»Ja, mit Rubins Visitenkarte!«

***

Ein New Yorker Jude aus Brooklyn muß sich vor Gericht verantworten. Als er vor den Richter tritt, stellt er fest, daß man ihm einen Dolmetscher zur Seite gestellt hat. Wütend beschwert er sich:
»Halten Sie mein Englisch für so schlecht? Sie müssen wissen, Euer Ehren, ich habe eine der führenden Schulen in dieser Stadt besucht! Und ich habe in Harvard studiert! Meinen Sie denn, ich brauche einen Dolmetscher?!«
Darauf der Richter auf Jiddisch zum Dolmetscher:
»Was hat er gesagt?«

***

Der israelische Fiskus untersucht Rubinsteins plötzlichen Reichtum.
»Rubinstein, vor zehn Jahren haben Sie nur eine kleine Wohnung am Boulevard Herzl, Nr. 100, besessen. Heute sind Sie Eigentümer mehrerer Hochhäuser an dieser Prachtstraße. Wie haben Sie das gemacht?«
»Das kann ich Ihnen erklären: Vor fünf Jahren erschien mir im Traum ein Engel und sagte: ›Steige in deinen Garten hinab und grabe unter dem Apfelbaum. Dort findest du einen Schatz.‹ Ich habe gegraben und den Schatz gefunden.«
»Ich glaube Ihnen ja gerne, aber haben Sie einen Beweis für Ihre Behauptungen?«
»Na, die Hochhäuser! Sind das vielleicht keine Beweise?«

***

Der Versicherungsvertreter Nataf bearbeitet Bensoussan:
»Ein kleiner Beitrag jährlich, und Sie sind gegen alle Schadensfälle versichert!«
»Vielleicht, aber ...«
»Hören Sie zu, angenommen, Sie brechen sich ein Bein: Das gibt zehntausend Francs. Oder einen Arm: Dann sind es zwölftausend Francs. Und stellen Sie sich das Glück vor, Sie brechen sich beides! Dann sind Sie ein reicher Mann!«

***

Pérez hat verdorbenes Fleisch verkauft und wird deshalb vor den Richter zitiert:
»Herr Richter, könnten Sie mein Verfahren nicht auf nächste Woche verschieben?«
»Wieso sollte ich?«
»Sie scheinen heute so schlecht gelaunt.«

***

Benjamin zu Joseph:
»Ich habe gehört, deine Fabrik ist abgebrannt?«
»Psst. Erst nächste Woche!«

***

James begegnet Daniel:
»Du wirkst heute so aufgeräumt, Daniel. Was ist so erfreulich?«
»Ja, ich bin sehr aufgeräumt. Ich habe mich soeben gegen Hagel und Feuer versichert.«
James denkt nach:
»Feuer leuchtet ein, aber wie willst du das mit dem Hagel machen?«

***

Lazarus sitzt ohne gültigen Fahrschein im Zugabteil. Als ihn der Schaffner zur Rede stellt, gibt er zu, daß er schwarzgefahren ist. Der Schaffner verpaßt ihm ein paar Ohrfeigen und wirft ihn am nächsten Bahnhof aus dem Waggon. Als der Zug wieder anfährt, gelingt es Lazarus, auf einen anderen Waggon aufzuspringen. Bald entdeckt ihn der Schaffner erneut in einem Abteil. Beim nächsten Halt treibt er ihn mit Tritten in den Hintern zum Bahnhofsvorsteher.
»Und?« herrscht ihn der Vorsteher an, »hast du die Absicht, dieses Spiel noch länger weiterzutreiben?«
»Bis Marseille, Monsieur, falls mein Hintern das aushält.«

***

Ein alter Mann begibt sich zu einem Versicherungsvertreter:
»Ich möchte eine Lebensversicherung abschließen.«
Der Vertreter blickt ihn entgeistert an:
»Entschuldigen Sie, mein Herr, wie alt sind Sie?«
»Fünfundsiebzig.«
»Tut mir leid, aber einen Mann in diesem Alter können wir nicht mehr versichern.«

»Wieso nicht? Mein Vater hat bei Ihnen erst letzte Woche eine Lebensversicherung abgeschlossen!«
»Das ist unmöglich! Wir haben unsere Regeln.«
»Wenn ich es Ihnen sage!«
»Völlig unmöglich. Wie alt ist Ihr Vater denn?«
»Siebenundneunzig.«
»Na bitte!«
»Schauen Sie in den Akten nach! Dann sehen Sie, daß es stimmt.«
Der Vertreter zieht eine Akte heraus und stellt verblüfft fest, daß der Mann recht hat.
»Ist mir völlig unverständlich«, entschuldigt er sich kopfschüttelnd, »das hat der Kollege bearbeitet. Vielleicht kann ich doch etwas für Sie tun. Kommen Sie nächsten Donnerstag wieder, dann habe ich mit der Geschäftsleitung gesprochen.«
»Nächsten Donnerstag kann ich nicht. An dem Tag heiratet mein Großvater.«
»Ihr Großvater? Und wie alt ist Ihr Großvater?«
»Hundertsiebzehn.«
»Und weshalb heiratet er erst jetzt?«
»Er hält es bei seinen Eltern nicht mehr aus.«

***

In einer Pariser Kanzlei klingelt das Telefon:
»Bonjour! Kanzlei Lévy, Lévy, Lévy und Lévy.«
»Bonjour, könnte ich bitte Monsieur Lévy sprechen?«
»Leider nein, Monsieur Lévy ist gerade in einer Verhandlung.«
»Könnte ich dann Monsieur Lévy sprechen?«
»Monsieur Lévy ist heute leider unterwegs.«
»Und Monsieur Lévy?«
»Monsieur Lévy ist heute erst ab 15 Uhr im Büro.«
»Na schön, dann geben Sie mir Monsieur Lévy.«
»Am Apparat.«

7

Juden in der Armee

Es versteht sich von selbst, daß die russischen Juden sich nicht gerade danach drängten, in die Armee eingezogen zu werden. Wie sollten sie auch? Wo der Zar sie doch schon im zarten Alter von acht Jahren für zwanzig Jahre zwangsverpflichtete. Und die meisten kehrten nie mehr zurück. Zudem stand auf der gegnerischen Seite oft ein polnischer Vetter oder ein rumänischer Schwager, und wer schießt schon gerne auf seine Familie?

Vor der Schlacht schreitet der Zar ein Regiment ab.
»Name!«
»Iwanow, Eure Majestät!«
»Wirst du deinen Deutschen töten?«
»Jawohl, Majestät!«
»Und du!«
»Russanow, Eure Majestät!«
»Wirst du deinen Deutschen töten?«
»Majestät, ich werde sogar zwei Deutsche töten!«
Darauf Russanows Nebenmann Abraham:
»Fein. Dann kann ich ja gehen ...«

***

Mosche Rosenberg ist in die britische Armee eingetreten. Der Offizier:
»Dein Name?«
»Mosche Rosenberg.«
»Wenn du einem Offzier der britischen Armee antwortest, heißt das immer noch ›Sir‹!«
»Jawohl: Sir Mosche Rosenberg.«

***

Ein junger tunesischer Jude wird während des Algerienkriegs Soldat in der französischen Armee. Bei der Parade versucht der General, die Moral der Truppe zu stärken.

»Du, Dupont, warum bist du hier?«
»Ich bin hier, um für mein Vaterland möglichst viele Feinde zu töten, mein General!«
»Gut! Und du, Duchemin, warum bist du hier?«
»Ich bin hier, um den Feind zu vernichten, mein General!«
»Sehr gut. Und du, Attia, warum bist du hier?«
»Ja, gute Frage: Warum?«

8

Verfolgung, Antisemitismus und Politik

Und nun zum längsten Kapitel dieses Buches ... und der Geschichte der Juden. Fast zwanzig Jahrhunderte antisemitischer Verfolgungen haben die jüdische Kultur zutiefst geprägt. Man muß schon Antisemit sein, um an ein »internationales Judentum« zu glauben, das wie eine riesige Krake die politische, wirtschaftliche und finanzielle Macht der Welt an sich reißen will. So sagte der Rabbiner Teluschkin: »Wenn die Juden wirklich so mächtig gewesen wären, hätten sie den Holocaust verhindert oder zumindest die Alliierten gezwungen, die Schienenwege in die Vernichtungslager zu bombardieren. Daß dies nicht geschah, beweist, daß die politische Macht der Juden eine Illusion ist.«

Chaim Weizmann, der erste Präsident des Staates Israel, verkündete kurz vor Ausbruch des Zweiten Weltkrieges: »Es gibt zwei Arten von Staaten auf der Welt: die einen, die Juden vertreiben, und die anderen, die sie nicht ins Land lassen.«

Die Machtergreifung Hitlers hat die deutschen Juden in zwei Lager gespalten: Die Pessimisten flohen ins Exil, die Optimisten blieben in Deutschland und starben in den Gaskammern. Ist das nicht komisch? Nein, das ist eher zum Heulen. Es ist auch kein Witz, sondern vielmehr ein Kommentar voller Bitterkeit und Verzweiflung.

Am verheerendsten hat der christliche Antisemitismus gewirkt. Es war ein theologisch begründeter Antisemitismus, der auf dem Vorwurf des Gottesmordes fußte und unzählige Anklagen wegen vorgeblich begangener barbarischer Grausamkeiten nach sich zog: Sie seien Ritualmörder, die zu Passah geschlachtete Christenkinder zu Matzen verarbeiteten, Hexer, Brunnenvergifter, Verbreiter der schwarzen Pest und anderer Unbilden. Der Vorwurf des Gottesmordes gehört zu denen, die am spontansten kommen, so bei dem folgenden banalen Beispiel:

Eine Jüdin und eine Christin streiten im Supermarkt um ihren Platz in der Schlange: »Jesusmörderin!« zischt die Christin. Die Jüdin zurück: »Raten Sie mal, was ich erst mit Ihnen mache, wenn ich schon Ihren Gott getötet habe!«

Der Antisemitismus ist das schmerzlichste Kapitel in der Geschichte des Judentums, dem man auf Schritt und Tritt begegnet.

Die heutige Generation von Juden in Europa und den USA hat die Verfolgungen zwar nicht körperlich erlitten, aber der Holocaust ist in allen Köpfen als eine offene Wunde präsent. Und wenn wir Juden schon keine Gewißheit haben, auf welche Weise Hitler ums Leben gekommen ist, so ist doch auch der Humor eine Möglichkeit zu töten, sowohl Hitler als auch Leute wie Goebbels, Stalin, oder den KGB, die Gestapo, die großen oder kleinen Inquisitoren oder die kleinen Antisemiten von nebenan.
Ja, das Lächerliche kann manchmal tödlich sein!

Der Großinquisitor Spaniens hat den Oberrabbiner der Stadt Toledo als Hexer in den Kerker werfen lassen. Der Oberrabbiner beteuert seine Unschuld und wird von einem großen Teil des Volkes unterstützt. Wissend, daß er ein gewagtes Spiel spielt, tritt der Großinquisitor vor den Beschuldigten:
»Du erklärst dich für unschuldig. Wir werden sehen, ob dein Gott dir hilft. Ich nehme zwei Zettel. Auf den einen schreibe ich ›schuldig‹, auf den anderen ›unschuldig‹. Du wirst einen von beiden ziehen. Ist es ›schuldig‹, endest du auf dem Scheiterhaufen, ist es ›unschuldig‹, bist du frei.«
Der Rabbiner, der die List der Inquisition und ihre schwarzen Seelen bestens kennt, zieht einen Zettel, steckt ihn in den Mund und verschluckt ihn, noch ehe jemand es verhindern kann.
»Wie? Du hast den Zettel verschluckt! Wie wissen wir jetzt, was auf ihm stand?«
»Das ist nicht schwer«, antwortet der Rabbiner.
Rasch ergreift er den zweiten Zettel, breitet ihn aus und zeigt den Zuschauern die Schrift. Wie jedermann lesen kann, steht auf ihm »schuldig« geschrieben.
»Auf dem anderen stand also ›unschuldig‹!«
Der Inquisitor schäumte vor Wut, doch blieb ihm nichts anderes übrig, als den Rabbiner freizulassen.

***

Zur Zeit der Inquisition verschafft sich an einem Freitag ein Spion überraschend Zutritt bei einem erst kurz zuvor (unter Zwang) Getauften. Der sitzt bei Tisch und ißt Hühnchen!
»Aha! Hühnchen ißt du! Du bist also ein falscher Christ!«
»Keineswegs, dies ist doch Fisch! Ich weiß genau, daß freitags kein Fleisch gegessen werden darf.«
»Du willst mir weismachen, dies sei Fisch, obwohl ich genau sehe, daß es Hühnchen ist!«
»Aber nein! Ich habe getan, was ihr tut: Ich habe es mit Wasser besprengt, das Zeichen des Kreuzes gemacht und gesprochen: ›Du warst Hühnchen, du wirst Fisch! Du warst Hühnchen, du wirst Fisch!‹ Und siehe, jetzt ist es ein Fisch!«

***

Zwei russische Gutsherren, die sich von Herzen haßten, hatten beide einen jüdischen Gutsverwalter.
Der eine Jude beschwerte sich eines Tages bei seinem Herrn:
»Herr, ich war in Euren Diensten unterwegs, da begegnete mir Euer Herr Nachbar, fiel über mich her und schlug mich beinahe tot!«
Wie zu erwarten, geriet der Gutsherr in so großen Zorn, daß er sofort zu seinem Nachbarn eilte und ihn anschrie:
»Wenn du meinen Juden noch einmal schlägst, dann schlage ich deinen Juden, bis er sich nicht mehr aufrichten kann.«

***

Zwei russische Juden reisen nach Moskau. Jakob hat einen Reisepaß, Isaak hat keinen. Sie hecken eine List aus:
»Wenn ein Polizist unsere Pässe verlangt«, schlägt Jakob vor, »laufe ich davon. Wenn er mich erwischt, kann ich mich ausweisen, und du hast dich längst aus dem Staub gemacht.«
Tatsächlich tritt ein Polizist auf die beiden zu und verlangt die Pässe. Jakob rennt sofort los, und der Polizist heftet sich

an seine Fersen. Nach fünf Minuten bleibt Jakob stehen, worauf ihn der Gesetzeshüter atemlos einholt.
»Saujud! Zeig sofort deinen Paß!«
Jakob zeigt zum Erstaunen des Verfolgers tatsächlich einen Paß.
»Der ist in Ordnung! Und warum bist du davongelaufen?«
»Das werde ich Euch sagen, Herr. Ich leide unter einer gestörten Verdauung, und mein Arzt empfiehlt mir, nach jeder Mahlzeit fünf Minuten zu laufen. Eben hatte ich gegessen und bin losgelaufen.«
»Aber du hast doch gesehen, daß ich hinter dir her laufe. Warum hast du nicht angehalten?«
»Ich habe geglaubt, Ihr befolgt den gleichen ärztlichen Rat!«

***

Ephraim brüstet sich vor einem Freund mit seinen Beziehungen:
»Mit dem Gouverneur beispielsweise bin ich auf du!«
»Das gibt es nicht!«
»Aber sicher! Gestern habe ich bei ihm vorgesprochen, und weißt du, was er mir gesagt hat? ›Verschwinde, du dreckiger Jude!‹«

***

Ein russischer General, der seinen Hund dabei hat, reist im Zugabteil mit einem alten Juden. Der General ruft das Tier immer wieder zur Ordnung: »Bei Fuß, Mose! Mose, sitz!« Der Hund gehorcht aufs Wort.
»Na, Jude, wie findest du meinen Hund?«
»Großartig, mein General! Wenn er nicht Jude wäre, hätte er es längst zum General gebracht!«

***

In den dreißiger Jahren, mitten im November, in Moskau: Morgens um vier Uhr versammeln sich im Schneegestöber

Dutzende von Menschen vor einem Schuhgeschäft. Die Schlange wird immer länger, aber die Menschen fügen sich ins Unvermeidliche. Gegen Mittag, als alle durchgefroren sind, erscheint der Geschäftsführer und schreit:
»Ich habe erfahren, daß nicht genug Schuhe für alle kommen! Die Juden können die Schlange verlassen!«
Betreten gehen die Juden, von denen viele als erste gekommen sind, unter den triumphierenden Augen der anderen nach Hause. Geduldig versuchen die Verbliebenen sich im Schneegestöber mit Bewegungen der Arme und mit Füßestampfen etwas Wärme zu verschaffen.
Gegen drei Uhr – es beginnt schon wieder zu dämmern, und die meisten haben das Warten im eisigen Wind satt – taucht der Geschäftsführer erneut auf:
»Alle ohne Parteibuch können gehen, die Ware reicht nicht für alle!«
Vom Kummer gebeugt und verbittert, verläßt ein weiteres Drittel den Platz vor dem Schuhgeschäft. Übrig bleiben die Hundertprozentigen, die zuverlässigsten Stützen des Regimes. In der Eiseskälte warten sie weiter, voller Zuversicht in die Fürsorge der Partei, welche die Ihren niemals im Stich läßt.
Doch bald zerplatzt die Hoffnung: Um sechs Uhr – es ist schon stockdunkle Nacht – tritt der Geschäftsführer zum drittenmal vor die Menge:
»Ihr könnt alle nach Hause gehen! Es wird heute keine Schuhe mehr geben. Der Lieferwagen ist zweihundert Kilometer von hier liegengeblieben.«
Daraufhin einer der Privilegierten, die bis zum Schluß ausharren konnten:
»Verdammt ungerecht! Diese Juden erfahren immer alles zuerst!«

***

Mosche, Ebbie und Jo sind zum Tode verurteilt. Vor der Hinrichtung fragt der befehlshabende Offizier des Exekutionskommandos Mosche:

»Wollen Sie eine letzte Zigarette?«
»Ja, sehr gern.«
Mosche erhält eine Zigarette. Der Offizier fragt Ebbie dasselbe. Ebbie nimmt die Zigarette beflissen entgegen. Dann kommt die Reihe an Jo. Jo lehnt die Zigarette ab. Mosche aufgebracht zu Jo:
»Verdammt, Jo! Deinetwegen kriegen wir noch Ärger!«

***

Ein Agent des KGB ertappt im Gorki-Park einen Juden bei der Beschäftigung mit einer hebräischen Grammatik. Höhnisch stellt er ihn zur Rede:
»He, Jude! Wieso verschwendest du deine Zeit mit Hebräisch? Du weißt doch genau, du bekommst die Ausreise nach Israel nie genehmigt!«
»Ja, das weiß ich«, antwortet der Jude. »Aber vielleicht spricht man ja im Paradies Hebräisch.«
»Und was macht dich so sicher, daß du ins Paradies kommst?«
»Sicher bin ich nicht, aber Russisch kann ich bereits, falls ich in die Hölle komme!«

***

Ein Astrologe im Mittelalter sagt seinem König den baldigen Tod seiner Favoritin voraus. Tatsächlich stirbt sie kurze Zeit darauf. Der König verdächtigt den Astrologen, er habe eine Mitschuld an ihrem Tod. Er ruft ihn zu sich und fragt:
»Verrate mir, wann du sterben wirst.«
Der Astrologe, vermutend, daß der König ihn beseitigen will, ganz vorsichtig:
»Ich weiß nicht, wann ich sterben werde, mein König. Ich weiß nur, daß der König drei Tage nach mir stirbt.«

***

Vor langer Zeit hat Moischele, ein polnischer Schneider aus dem Londoner Judenviertel, die englische Staatsbürgerschaft beantragt. Er hat den Antrag längst vergessen, da kommt die frohe Kunde, daß er Engländer geworden ist. Seine Freunde raten ihm:
»Moischele, du bist jetzt Engländer, du mußt dich fein anziehen!«
Moischele wirft sich in Schale: Er rasiert sich gründlich, legt seinen schönsten Anzug an, achtet auf Bügelfalten und setzt ein Monokel auf. Als er sich schließlich im Spiegel bewundert, sagt er halblaut:
»Wirklich schade, daß wir Indien verloren haben ...!«

***

Ein Pole, ein Tscheche und ein Jude sind wegen Spionage zum Tode verurteilt. Alle drei dürfen einen letzten Wunsch äußern.
»Ich möchte, daß meine Asche auf ein Foto des verstorbenen Pilsudski gestreut wird«, sagt der Pole.
»Ich möchte, daß meine Asche auf ein Foto des verstorbenen Masaryk gestreut wird«, sagt der Tscheche.
»Und ich wünsche mir«, sagt der Jude, »daß meine Asche auf ein Foto des Genossen Kossygin gestreut wird.«
»Das geht nicht«, so die Antwort, »Kossygin ist noch nicht tot.«
»Das macht nichts, ich kann warten.«

***

»Was ist Kapitalismus?«
»Die Ausbeutung des Menschen durch den Menschen.«
»Und Kommunismus?«
»Das genaue Gegenteil.«

***

»Woher weiß man, daß Adam und Eva Kommunisten waren?«
»Am Anfang waren sie nackt, aßen Kräuter und wähnten sich im Paradies auf Erden.«

***

Isy Lifschitz, ein bescheidener Schneider in einer ukrainischen Kleinstadt, hat seine Aufnahme in die Partei beantragt. Der Kommissar befragt ihn:
»Wer war Karl Marx?«
»Nie gehört.«
»Kennst du Lenin?«
»Ist mir noch nicht begegnet.«
»Und Joseph Stalin?«
»Keine Ahnung.«
»Du hältst uns wohl für Idioten«, brüllt der Kommissar.
»Aber Genosse Kommissar, wie kommen Sie darauf. Sagen Sie, kennen Sie Menachem Goldmann?«
»Nein.«
»Und Moschele Beizer?«
»Nie gehört.«
»Und Avronel Salzmann?«
»Keine Ahnung, wen du meinst.«
»Na also, Genosse Kommissar! Ich kenne Ihre Freunde nicht, und Sie kennen meine nicht.«

***

Ein Vertreter der KPdSU erhält eine Einladung, vor dem Parteikongreß der KP Chinas in Peking eine Rede zu halten. Nach einer Viertelstunde Ansprache erhebt sich sein Dolmetscher und sagt:
»Ching!«
Die Delegierten applaudieren.
Der sowjetische Vertreter redet eine halbe Stunde weiter, dann erhebt sich der Dolmetscher erneut und verkündet:

»Ching-Chang!«
Donnernder Applaus.
Der Vertreter Moskaus dankt den Zuhörern, spricht eine weitere halbe Stunde und beschließt die Rede mit triumphalen Sätzen. Der Dolmetscher übersetzt:
»Ching-Chang-Chong!«
Die gesamte Versammlung erhebt sich und spendet stehende Ovationen.
Der Sowjet, begeistert über den großartigen Empfang, sucht anschließend einen Freund auf, der Chinesisch versteht:
»Eine konzise Sprache, dieses Chinesisch! Der Dolmetscher hat es geschafft, meine lange Rede in so knappen Worten zusammenzufassen!«
»Ja«, antwortet der Freund, »beim ersten Mal hat er gesagt: ›Er erzählt Unsinn.‹ Beim zweiten Mal: ›Er erzählt gewaltigen Unsinn!‹ Und beim dritten Mal: ›Er ist mit seinem Unsinn zu Ende!‹«

***

Das Rußland der Sowjets hat die Woche der Freiwilligen eingeführt. Zu diesem Anlaß findet auf dem Roten Platz eine Militärparade statt. Als Stalin eine mitreißende Rede über die Bedeutung des Augenblicks hält, hört man aus der hintersten Reihe der Soldaten plötzlich ein Niesen. Stalin bricht die Rede abrupt ab und läßt für einige Augenblicke über dem Platz Totenstille herrschen.
»Wer hat geniest?« fragt er dann.
Keine Antwort. Alle Soldaten sind wie erstarrt.
»Feuert auf die erste Reihe«, brüllt Stalin.
Ein Kommando feuert, worauf die Soldaten der ersten Linie tödlich getroffen zusammenbrechen.
»Wer hat geniest?« brüllt Stalin erneut.
Wieder nur angstvolles Schweigen.
»Feuert auf die zweite Reihe«, brüllt Stalin. »Ich frage noch einmal: Wer hat geniest?«

Schließlich aus der letzten Reihe eine zitternde Stimme:
»Ich, Genosse Stalin! Ich habe geniest!«
»Also du warst das!« ruft Stalin. »Gesundheit!«

***

Der Direktor der Moskauer Postzentrale ist nervös, er hat eine Mitteilung an das Sekretariat der kommunistischen Partei: Zur Verabschiedung des Fünfjahresplanes ist eine neue Serie Briefmarken mit Stalin erschienen, und die soll nun eingestampft werden.
»Wieso?« wird er gefragt.
»Sie kleben nicht.«
»Minderwertiger Leim?«
»Nein, die Leute spucken auf die falsche Seite.«

***

Schlojmo ist zum erstenmal in Moskau. Sein Freund Jakow führt ihn durch die Stadt und zeigt ihm den Roten Platz.
»Das ist der Rote Platz, Schlojmo, und dort siehst du den Kreml.«
»Sag mal, Jakow, wozu dienen die dicken Mauern um den Kreml?«
»Zum Schutz vor kriminellen Elementen.«
»Vor welchen? Vor denen draußen oder vor denen drinnen?«

***

»Warum haben sie Isaak Horowitz dreizehn Jahre Gefängnis aufgebrummt?«
»Er hat den Minister als Dummkopf bezeichnet: drei Jahre wegen Beamtenbeleidigung, zehn Jahre wegen Verrats eines Staatsgeheimnisses.«

***

»Wie heißt du denn, mein Kleiner?« fragt der Polizeibeamte.
»Joseph«, antwortet das Kind.
»Hat man Töne«, murmelt der Polizist verblüfft, »so klein und schon ein Jud!«

***

Davidowitsch wird in den Büros des KGB schonungslos verhört.
»Jetzt sag schon, Davidowitsch! Warum willst du dein Vaterland verlassen? Du bist hier aufgewachsen, und der Staat hat viel für dich getan!«
Davidowitsch antwortet nicht.
»Hast du keine Arbeit?«
»Doch«, murmelt Davidowitsch.
»Wohnst du nicht billig?«
»Doch.«
»Wirst du nicht kostenlos medizinisch versorgt?«
»Doch.«
»Gehen deine Kinder nicht umsonst zur Schule?«
»Doch.«
»Also, du verdammter Saujude, warum willst du dann weg von hier?«
»Jetzt ist es mir wieder eingefallen, Genosse Inspektor. Du hast mich gerade wieder daran erinnert.«

***

Ein russischer Jude, der sein erbärmliches Leben und die Verachtung der Mitmenschen satt hat, will sich das Leben nehmen. Wie aber soll er das anstellen? Mitten im Winter ist der Fluß zugefroren, so daß er nicht ins Wasser gehen kann. Er besitzt keine Pistole, Gift ist nirgendwo zu bekommen, und er hat nicht einmal Geld für einen Strick. In seiner Verzweiflung findet er schließlich doch eine Lösung. Er eilt rasch zum Roten Platz, stellt sich vor eine Gruppe schwer bewaffneter Polizisten und schreit:

»Tod Stalin! Nieder mit der Unterdrückung! Zum Teufel mit dem Kommunismus! Weg mit der Partei!«
Mehrere Minuten lang ruft er immer wieder diese Parolen, bis die Polizisten schließlich zu seiner Verblüffung die Waffen wegwerfen, auf ihn zulaufen, ihm um den Hals fallen und begeistert schreien:
»Hurra! Hurra! Die Amerikaner sind da!«

***

»Welches sind die vier Katastrophen der russischen Landwirtschaft?«
»Der Frühling, der Sommer, der Herbst und der Winter.«

***

Mendel trifft auf einer Straße in Odessa seinen Jugendfreund Benny wieder.
»Benny!« ruft Mendel, entsetzt über den Aufzug seines Freundes, »du siehst abgebrannt aus.«
»Nicht abgebrannt, gefeuert ...!«

***

Rätsel
Was ist das? Es ist mindestens fünfzig Meter lang, hat Hunderte von Beinen, ißt gerne Fleisch und muß sich meistens mit Kartoffeln begnügen?
Die Schlange vor einer russischen Metzgerei.

***

Ein hochrangiger Apparatschik besucht eine Kolchose. Er fragt einen Dorfbewohner:
»Sagen Sie, Genosse Boris, wie hat sich das neue Wirtschaftsprogramm auf die Kartoffelernte ausgewirkt?«
»Glänzend!« antwortet der Bauer. »Die Ernte war hervor-

ragend! Hätten wir die Kartoffeln alle aufeinander gestapelt, hätten sie bis vor Gottes Thron gereicht.«
»Erzähl keine Märchen!« weist ihn der Parteivertreter zurecht. »Du weißt genau, es gibt keinen Gott!«
»Ja«, gibt der Bauer zurück, »aber du weißt auch genau, daß es keine Kartoffeln gibt!«

***

Beamte des KGB klopfen morgens um vier Uhr bei Wladimir Gronstein. Gronstein öffnet zitternd die Tür. Ein Beamter schreit:
»Lebt hier Wladimir Gronstein?«
»Nein«, stammelt Wladimir starr vor Kälte und Angst.
»Nein? Und du? Wie heißt du?«
»Wladimir Gronstein.«
Der Mann vom KGB verpaßt Gronstein eine schallende Ohrfeige und brüllt:
»Wieso sagst du, du lebst nicht hier?«
»Nennst du das ›leben‹, Genosse?«

***

Der amerikanische Konsul in Rußland trifft in einem Moskauer Restaurant einen jüdischen Professor zu einem Meinungsaustausch. Sie bestellen Königsberger Klopse. Beim Essen winkt der Konsul den Kellner herbei:
»Die beiden ersten Klopse waren köstlich und zart, aber der dritte war so zäh, daß ich ihn nicht einmal auf die Gabel spießen konnte.«
»Das tut mir leid«, antwortet der Kellner, »aber Ihr Klops war das Mikrofon ...«

***

Der berühmte Violinist Isaac Stern wurde einmal gefragt, warum er sich gerade für Geige entschieden habe. Darauf Stern mit bitterem Lächeln:

»Weil eine Geige bei einem Pogrom besser transportiert werden kann.«

***

»Stimmt es, daß Chruschtschow alle Witze über sich gesammelt hat?«
»Ja, und auch all diejenigen, die sich an ihrer Verbreitung beteiligt haben.«

***

Auf dem zwanzigsten Parteitag der KPdSU hielt Chruschtschow eine flammende Rede über die Schrecken des Stalin-Regimes. Eine Stimme aus den Rängen rief erschüttert:
»Wenn das alles wirklich so passiert ist, wie Sie sagen, warum haben Sie nie protestiert?«
Chruschtschow hielt einen Augenblick inne und rief dann mit lauter Stimme in die Menge:
»Welcher Genosse hat diese Zwischenfrage gestellt? Er möge sofort aufstehen!«
In der sich einstellenden Stille wurde die Angst für jedermann körperlich spürbar.
Chruschtschow kostete den Schrecken einige Minuten lang aus und verkündete schließlich vor den erstaunten Zuhörern:
»Seht ihr, Genossen, jetzt wißt ihr, warum ich all die Jahre geschwiegen habe.«

***

Ein russischer Jude hat das Geld für einen Kühlschrank zusammengekratzt. Er geht ins Geschäft und bestellt ein Gerät. Auf die Frage, wann geliefert wird, kommt die lakonische Antwort:
»In zehn Jahren.«
»Morgens oder nachmittags?«

Der Verkäufer betroffen:
»Was soll die Frage?«
»Nun, morgens kommt schon der Klempner.«

***

Wenige Monate vor Ausbruch des Zweiten Weltkrieges unternehmen einige Engländer, unter ihnen ein Jude, eine organisierte Reise durch Deutschland. In Weimar besichtigen sie das Arbeitszimmer Schillers.
»In diesem Raum verlieh der große Dichter der deutschen Volksseele eine Stimme«, erklärt der Führer.
»Entschuldigen Sie eine Richtigstellung«, unterbricht ihn der Jude. »Schiller war kein nationalistischer, sondern ein internationalistischer Dichter. Gewiß ist Ihnen bekannt, daß er für die Engländer die *Maria Stuart,* für die Franzosen die *Jungfrau von Orléans* und für die Schweizer den *Wilhelm Tell* geschrieben hat.«
»Und was hat er für die Deutschen geschrieben?«
»Die Räuber.«

***

1939 tritt ein Jude in ein Reisebüro und will eine Schiffspassage kaufen.
»Wohin soll die Reise gehen?«
»Augenblick, ich sehe auf dem Globus nach.«
Der Jude blickt auf den Globus und nennt ein Land nach dem anderen, aber jedesmal rät der Verkäufer ab.
»O nein, dafür brauchen Sie ein Visum ... Hier läßt man inzwischen Juden nicht mehr ins Land ... In diesem Land beträgt die Wartezeit augenblicklich zehn Jahre.«
Der Jude blickt schließlich auf:
»Entschuldigung, haben Sie nicht noch einen anderen Globus?«

***

In den ersten Jahren seiner Diktatur kamen Hitler Dutzende von Witzen über sich zu Ohren. Darüber geriet er in heftige Wut, wußte aber nicht, wie dem Einhalt zu gebieten war. Er rief einen seiner Spione und beauftragte ihn mit diesem Fall. Bald schon war der Urheber ausgemacht: ein gewisser Hans Mendelsohn. Dieser hatte sich die Witze ausgedacht und sie unter seinen jüdischen Freunden in Umlauf gebracht.

Mendelsohn wurde unverzüglich verhaftet und von Hitler persönlich verhört. Er zitierte nacheinander die Witze, die ihn lächerlich machten, worauf Mendelson sich jedesmal dazu bekannte, daß sie von ihm stammten. Hitler brüllte ihn schäumend vor Wut und mit hochrotem Kopf an:

»Wie kannst du es wagen, mich so lächerlich zu machen?! Ich bin der Führer des Dritten Reichs, der der arischen Rasse zum Endsieg verhelfen wird!«

»Der ist jetzt aber nicht von mir!«

* * *

Zwei jüdische Freunde sitzen in einem Wiener Park nebeneinander. Der eine liest eine jiddische, der andere eine antisemitische Zeitung. Der erste erstaunt:

»Du liest ein antisemitisches Blatt? Ekelt dich das nicht an?«

»Im Gegenteil«, antwortet der Freund. »Die jüdischen Zeitungen machen mich unglücklich und deprimiert: Pogrome in der Tschechoslowakei, Verfolgungen in Ungarn, Judenhaß in Polen, Übergriffe in Rumänien, Elend in Bulgarien und Angriffe der Araber auf die Juden Israels. Ich ertrage das einfach nicht mehr! Dagegen versetzt mich diese antisemitische Zeitung in helle Freude. Da heißt es, die Juden regierten die Welt, sie hätten ganze Industriezweige unter Kontrolle, beeinflußten die politischen Entscheidungen aller Länder, seien Finanzgenies und verschafften überall ihrer Meinung Gehör. Das alles erfüllt mich mit unendlicher Freude.«

***

Hitlers Propagandaminister Goebbels besucht eine Berliner Schule und fordert die Schüler auf, vaterländische Parolen zu rufen:
»Heil Hitler!« fängt ein Kind an.
»Deutschland über alles!« schreit ein zweites.
»Großartig!« freut sich Goebbels, »aber kennt jemand eine noch kraftvollere Parole?«
»Unser Volk ist unsterblich!« schreit ein drittes Kind.
»Ausgezeichnet! Das ist die großartigste Parole, die ich bislang gehört habe«, ruft Goebbels begeistert. »Wie heißt du denn, mein Kleiner?«
»Aaron Schmuel Levi.«

***

Zu Beginn der Nazizeit wird Hans, der einzige jüdische Schüler der Klasse, vom Lehrer gefragt:
»Hans! Wer war schuld an der Niederlage der Deutschen im vergangenen großen Krieg von 1914 bis 1918?«
»Die Juden!« platzt der kleine Hans heraus.
»Großartig!« freut sich der Lehrer. »Und welche Juden?«
»Die jüdischen Generäle!« antwortet Hans.
»Was?« schreit der Lehrer. »Du willst doch wohl nicht sagen, die Helden der deutschen Armee seien von jüdischen Generälen befehligt worden?«
»Nein, nein«, wehrt der kleine Hans ab, »aber ihre Gegner ...«

***

Eine blonde stämmige Frau kommt in ein Berliner Fleischgeschäft, blickt sich mißtrauisch um und fragt den Metzger:
»Ist das ein arisches oder ein jüdisches Geschäft?«
»Wat meinen denn Sie?« antwortet der Metzger. »Wir sind 'ne hundertprozent arische Metzgerei! Hier finden Se nur Schweine!«

***

Hitler besucht eine psychiatrische Klinik. Vor einem Kranken bleibt er stehen und fragt:
»Weißt du, wer ich bin?«
»Nein.«
»Ich bin dein Führer!« schreit Hitler den Kranken wütend an. »Heute regiere ich Deutschland! Und morgen die Welt!«
Der Kranke schüttelt mitleidig den Kopf:
»Ja, so fing es bei mir auch an.«

***

Hitler hat sich zu einem Besuch in einem psychiatrischen Krankenhaus angemeldet. Helle Aufregung herrscht. Alle Insassen werden angewiesen, den Führer mit erhobenem Arm und einem kraftvollen »Heil Hitler!« zu begrüßen.
Am großen Tag tritt Hitler in die Klinik und wird von einer endlosen Reihe von Patienten begrüßt, die mit erhobenem Arm »Heil Hitler!« schreien. Nur einer steht schweigend mit den Händen in den Hosentaschen abseits. Hitler ist empört:
»Was ist mit dir los? Wieso grüßt du nicht wie die anderen?«
»Ich bin kein Irrer«, antwortet der Mann, »Ich bin als Hausmeister hier.«

***

Ein deutscher Bursche hat sich freiwillig zur Wehrmacht gemeldet. Der Offizier fragt ihn:
»Als Freiwilliger können Sie sich Ihr Armeekorps aussuchen: Infanterie, Panzerverbände, Luftwaffe, Fallschirmjäger oder Marine.«
»Ich will im Hauptquartier dienen.«
»Wohl verrückt, was?« höhnt der Offizier.
»Wieso? Ist das fürs Hauptquartier Bedingung?«

***

Hitler besucht Soldaten an der Ostfront und fragt einen deutschen Offizier:
»Stellen Sie sich vor, Sie sehen eine russische Bombe auf sich niedergehen. Was wäre Ihr letzter Wunsch?«
Der Offizier schlägt die Hacken zusammen: »Meinen tapferen Führer an meiner Seite zu haben, mein Führer!«

***

1942, als die Wehrmacht den Westteil Rußlands überrennt, versteckt sich ein Russe hinter einem großen Baum. Aus sicherer Entfernung beobachtet er, wie die Nazis alle Juden aus dem Dorf treiben und Zug um Zug erschießen.
»Ihr Schweine. Was macht ihr mit unseren Juden!« denkt der Russe empört und schwört sich: »Wartet ab, bis wir in Deutschland stehen, dann werdet ihr sehen, was wir mit euren Juden machen!«

***

Hitlers Propagandaminister Goebbels wird zu einer Stippvisite ins Paradies eingeladen.
»Herrlich«, sagt Goebbels, »Zucht, Ordnung und Sauberkeit, allerdings auch etwas langweilig. Zeigen Sie mir jetzt bitte die Hölle.«
In der Hölle ist Goebbels überrascht:
»Das ist ja noch besser! Fressen, saufen und Skat! Und diese Rasseweiber, einfach fabelhaft!«
Nach seinem Tod klopft er an der Pforte der Hölle an und erbittet Einlaß. Betrunkene Kerle nehmen sich seiner an: Sie schlagen ihn grün und blau und werfen ihn in eine Wanne mit siedendem Pech.
»Was ist das?« schreit Goebbels dem Satan zu. »Das hast du mir bei meinem Besuch aber nicht gezeigt!«
»Natürlich nicht«, antwortet Satan. »Das war nur Propaganda.«

***

Eine Frau kommt in eine Berliner Buchhandlung und erkundigt sich nach einem spannenden Buch für ihren bettlägerigen Mann.
»Wie wäre es denn mit *Mein Kampf* von unserem Führer«, schlägt der Buchhändler vor.
»Wat soll ick koofn?«, antwortet die Frau. »Na soo krank is er nu ooch wieder nich!«

***

Hitler und sein Reichsprogagandaminister Goebbels holpern in ihrer Limousine im Eiltempo durch die Felder. Unversehens gerät ihnen eine Sau unter die Räder.
»Verdammt!« schreit Hitler, »wir sind auf die Unterstützung des deutschen Bauern angewiesen! Wir müssen sofort anhalten, uns entschuldigen und Entschädigung anbieten.«
Keine fünf Minuten sind vergangen, als Goebbels vom Bauernhof zurückkommt, beladen mit Würsten, Fleisch, Kartoffeln und Weinflaschen.
»Nanu? Hat der Bauer Verständnis gezeigt?« wundert sich Hitler.
»Ich verstehe gar nichts mehr. Ich bin hineingegangen und habe gerufen: ›Heil Hitler! Die Sau ist tot!‹ Sofort sprangen alle in die Luft, fielen mir um den Hals und luden mir diese Geschenke auf.«

***

Bei einer Stippvisite im besetzten Paris läßt Hitler sich durch eine Schule führen. In einer Klasse fragt er die Kinder, was sie werden wollen, wenn sie groß sind.
»Ich werde Nationalsozialist!« meldet sich ein Knabe zu Wort.
Hitler blickt ihn befriedigt an und fragt den nächsten nach seinem Berufswunsch.

»Ich bin Republikaner und hoffe, Frankreich wird bald wieder eine freie Republik!« verkündet der Bub.
»Wieso bist du Republikaner?« fragt Hitler.
»Weil mein Vater und mein Großvater und mein Urgroßvater Republikaner waren.«
»Und wenn sie Verbrecher gewesen wären, wolltest du dann auch Verbrecher werden?« fragt Hitler aufgebracht.
»Nein, dann würde ich bestimmt Nationalsozialist werden!«

***

Ein alter Berliner Jude wird von einem Nazi-Schlägertrupp umringt. Sie prügeln auf ihn ein und werfen ihn zu Boden. Einer fragt:
»Los, Saujude, sach schon, wer hat den Krieg anjezettelt?«
»Die Juden und die Radfahrer«, antwortet der Jude.
»Wat? Wieso die Radfahrer?«
»Wieso die Juden?«

***

Ein Jude wird einem Nazirichter vorgeführt.
»Nur Jude?« fragt der Richter. »Oder weitere Vorstrafen?«

***

Ein Parkwächter im Dritten Reich sieht in einer Grünanlage in Berlin einen Juden auf einer Bank sitzen.
»Verdammter Saujude«, brüllt er ihn an, »haste det Schild nich jesehen oder kannste nich lesen oder wat: ›Zutritt für Juden und Hunde verboten.‹«
»Schon«, gibt der Jude lächelnd zurück, »aber Sie sind ja auch hineingegangen ...«

***

Ein Beauftragter der NSDAP besucht eine Schule und fragt eines der Kinder:

»Wer ist dein Vater?«
»Unser aller Führer, Adolf Hitler!«
»Und wer ist deine Mutter?«
»Die Hitlerjugend unseres tapferen Führers!«
»Was willst du einmal werden?«
»Vollwaise!«

***

Ein stämmiger SA-Mann steigt in einen Zug und findet keinen Platz. Er blickt sich um und sieht in einer Ecke einen Juden sitzen, daneben auf der Bank einen großen Koffer. Der SA-Mann tritt an ihn heran und verlangt:
»Nimm den Koffer da weg!«
»Warum sollte ich?« antwortet der Jude.
»Stell sofort den Koffer da weg, oder ich rufe den Schaffner.«
»Rufen Sie den Schaffner«, antwortet der Jude gelassen.
Wütend stürzt der SA-Mann aus dem Abteil und kehrt Sekunden später mit dem Schaffner zurück.
»Wenn Sie den Koffer nicht sofort wegstellen, werden Sie es bereuen«, droht der Schaffner.
Der Jude zuckt nur die Achseln und reagiert nicht. Der Schaffner öffnet das Fenster im Abteil, nimmt den Koffer und wirft ihn aus dem Zug.
»Zufrieden?« schleudert der SA-Mann dem Juden grinsend entgegen.
»Ich habe keinen Grund, mich zu beklagen«, antwortet der. »Aber der Koffer hat ja auch nicht mir gehört.«

***

Zalmen ist wegen Verunglimpfung des Nazi-Regimes angeklagt. In einem Café im Freundeskreis soll er die NS-Regierung beleidigt haben. Vor dem Richter verteidigt er sich:
»Ich habe doch nicht die Regierung unseres Führers, sondern die Kommunisten gemeint!«
»Jude, lüg nicht!« brüllt der Staatsanwalt. »Nach Zeugen

hast du gesagt: ›Verbrecher, Diebe, Lügner, Abschaum der Menschheit!‹ Wenn das kein Beweis ist!«

***

Ein Jude spaziert durch eine stockfinstere Straße und spürt plötzlich einen Revolverlauf im Rücken. Eine Stimme:
»Einen Mucks, und es knallt!«
Der Jude bleibt wie erstarrt stehen und hebt zitternd die Hände.
»Das Geld her! Sofort!«
Der Jude zieht sein Portemonnaie heraus und überreicht es dem Straßenräuber:
»Mein Gott«, sagt er erleichtert, »haben Sie mich erschreckt. Ich dachte, es sei die Gestapo.«

***

Nach der Niederlage Frankreichs reist Hitler im Kreis seiner engsten Vertrauten nach Calais. Er deutet über den Ärmelkanal nach England:
»Und wie kommen wir dort hinüber?« fragt er.
Tiefes Schweigen. Da findet Goebbels die Lösung:
»Wir machen es wie die Juden, als sie das Rote Meer durchquerten.«
»Großartige Idee!« ruft Hitler, »bringt mir sofort einen Mose.«
Hitler und seine Offiziere lassen sich eine ganze Reihe gefangener Juden vorführen und suchen fieberhaft nach dem richtigen Mann.
»Kannst du das Meer teilen?« schreit Hitler einen Mann namens Mose an.
»Selbstverständlich«, antwortet Mose, »ich brauche nur einen Stab, dann teile ich das Meer.«
»Und wo ist dieser Stab?« brüllt Hitler.
»Im Britischen Museum.«

***

Norwegen ist von den Nazis besetzt. Ein dort ansässiger deutscher Kaufmann bekommt das Gespräch zweier alter Norweger mit. Der erste:
»Bei meiner Arbeit sind mir hundert Deutsche lieber als ein einziger Norweger.«
Positiv überrascht spricht der Deutsche ihn an:
»Entschuldigen Sie, mein Herr, welchen Beruf üben Sie denn aus?«
»Sargträger.«

***

Goebbels leidet unter schrecklichen Migräneanfällen. Unter strengster Geheimhaltung ruft er einen jüdischen Arzt zu sich und fragt ihn um Rat. Der Arzt hört sich die Beschwerden an und empfiehlt dem Kranken Kopfbäder.
»Und wie soll das gehen?«
»Sie tauchen den Kopf dreimal in Wasser und tauchen zweimal wieder auf.«

***

In einer Nazi-Werkstatt für Zwangsarbeiter lacht Avram Davidoff vergnügt in sich hinein. Überrascht fragt ihn sein Nebenmann Leon, was ihn so fröhlich stimme.
»Kennst du den SS-Unteroffizier Hermann?«
»Wie nicht?«
»Den habe ich reingelegt! Und wie ich den reingelegt habe!«
»Und wie?«
»Als er vorhin vorbeigekommen ist und gefragt hat, ob ich Mosche Klein sei, habe ich gesagt, ich bin Mosche Klein. Daraufhin verpaßt er mir eine schallende Ohrfeige, glaubt es und geht. So habe ich den reingelegt!«

***

Ein Beamter der Auswanderungsbehörde fragt einen Überlebenden der Gaskammern, der seine gesamte Familie verloren hat, in welchem Land er sich denn danach niederlassen wolle.
»In Australien«, antwortet der Mann.
»In Australien! Das ist aber weit!« wundert sich der Beamte.
»Weit von wo?« gibt der Jude zurück.

***

Beim Überqueren der Straße rempelt ein Jude versehentlich einen Passanten an.
»Judensau«, schimpft der.
»Angenehm!« erwidert der Jude höflich. »Ich heiße Eisenberg!«

***

Levy trägt seinen Namen in den Meldezettel des Hotels ein.
»Oh! Tut mir leid, an Juden vergeben wir kein Zimmer!«
»Aber ich bin doch kein Jude.«
»Sie heißen Levy und wollen mir weismachen, Sie seien kein Jude?«
»Nein, ich versichere Sie, ich bin trotz meines Namens wirklich kein Jude. Im übrigen kennen Sie doch sicher die Geschichte unseres Herrn Jesus Christus: Sein Vater hieß Joseph.«
»Allerdings. Na und?«
»Und seine Mutter hieß Maria.«
»Ja, ganz richtig.«
»Und er wurde in einem Stall geboren.«
»Ja, natürlich.«
»Und wissen Sie auch, warum er in einem Stall zur Welt kam?«
»Nun, weil ...?«
»Weil es schon damals in Herbergen Schurken gab, die Juden kein Zimmer vermieten wollten!«

***

Eine kräftig gebaute jüdische Frau mit einem starken jiddischen Akzent kommt in ein antisemitisches Restaurant. Der Kellner eilt auf sie zu und sagt:
»Man serviert hier keinen Juden.«
»Oh, aber ich habe nicht die Absicht, einen zu essen!«

***

Ein notorischer Judenhasser ist Gast einer Abendgesellschaft, zu der ohne sein Wissen auch Mose Montefiore, ein engagierter englischer Zionist, eingeladen wurde. Der Antisemit erzählt der Gesellschaft laut von seiner letzten Reise:
»Japan ist ein herrliches Land! Ich habe dort nirgendwo einen Juden oder ein Schwein gesehen!«
Am Tisch betretenes Schweigen. Dann, vom anderen Ende, Montefiores sanfte Stimme:
»Beidem hätten wir gemeinsam abhelfen können.«
»Wieso abhelfen?«
»Wir hätten nur gemeinsam nach Japan reisen müssen.«

***

Groucho Marx ist mit einer Goje verheiratet und hat mit ihr einen Sohn. Der Sohn hat die Aufnahme in einen vornehmen Club beantragt und ist abgewiesen worden. Groucho schickt ein Telegramm:
»Da mein Sohn nur Halbjude ist, darf der dann doch wohl wenigstens bis zur Taille in Ihren Swimmingpool steigen!«

***

Goldstein brennt darauf, in einen exklusiven Pariser Club aufgenommen zu werden. Da die Mitglieder antisemitisch gesonnen sind, ändert Goldstein für den Antrag sogar seinen Namen.

»Guten Tag, ich würde gerne Mitglied Ihres renommierten Clubs werden.«
»Gewiß, Monsieur«, antwortet der Bedienstete und zieht ein Formular aus dem Stapel. »Darf ich um Ihren Namen bitten?«
»Philippe de la Closerie.«
»Sehr schön, Monsieur de la Closerie. Darf ich noch Ihren Beruf erfahren?«
»Ich besitze und leite eine Import-Export-Firma.«
»Wunderbar, Monsieur. Und Ihre Adresse?«
»Rue Saint-Dominique 110, Paris, 7. Arrondissement.«
»Sehr schön, Monsieur. Entschuldigen Sie, Monsieur, aber die Clubregeln zwingen mich, Ihnen eine letzte Frage zu stellen. Hoffentlich nehmen Sie es nicht übel: Welcher Religion gehören Sie an?«
»Welcher Religion? Ich bin natürlich Goj.«

***

Ein jüdisch-amerikanischer Golf-Champion will in einen vornehmen Golfclub aufgenommen werden. Leider ist Juden die Aufnahme versperrt, sogar der jüdischen Prominenz. Was tun? Der Champion tritt eine lange Reise nach Europa an, ändert dort seinen Namen, unterzieht sich einer Gesichtsoperation, verändert sein gesamtes Äußeres und kehrt in die USA zurück. Er läßt seinen schwarzer Chauffeur in der Limousine am Haupteingang warten, geht hinein und schreibt sich mühelos in den Club ein. Zwei Stunden später kommt er mit blutender Nase, einem verschwollenen Gesicht, blauen Flecken und zerrissenen Kleidern wieder heraus. Der Chauffeur ist bestürzt:
»O Chef, ich sagte es Ihnen doch, es wird nicht gehen. Die riechen Juden, wie sie Schwarze sehen. Man sollte ihren Rassenhaß nicht herausfordern!«
»Aber nein, es war alles ganz anders.«
»Was ist denn passiert, Chef?«
»Ich bin zunächst freundlich aufgenommen worden und

habe eine Partie begonnen. Eine herrliche Anlage, bestens gepflegter Rasen. Um keinen Verdacht zu erregen, habe ich die ersten fünf Bälle erst nach mehreren Schlägen eingelocht. Das sechste Loch lag jenseits eines Teichs. Ich habe den Ball gezielt abgeschlagen und weiß nicht, wie mir geschieht: Der Ball platscht in den Teich, und die Fluten teilen sich!«

***

In San Francisco veranstaltet eine traditionsbewußte Dame der High Society eine Teegesellschaft. Wegen akuten Herrenmangels bittet sie den Kommandanten der hiesigen Militärbasis, ihr zehn Offiziere zu schicken. Unter der Einladung vermerkt sie mit kleiner Schrift: »Aber bitte keine Juden.«

Am Tag der Einladung – ihre Freundinnen sind schon da – halten mehrere Militärfahrzeuge vor dem Haus der Dame. Kurz darauf entsteigen ihnen zehn frisch herausgeputzte, geschniegelte und gebügelte, über das ganze Gesicht strahlende ... schwarze Offiziere.

Die Dame, ganz schockiert, ringt nach Worten:

»Aber das ist nicht möglich! Das ist ein Irrtum!«

»Nein, Ma'me!« grinst einer der Offiziere. »Commander Cohen irrt sich nie!«

***

Bei einem Bummel durch die Straßen bekommt Salomon Lust auf Eis. Als er einen Eisverkäufer sieht, liest er auf dessen Truhe ein Schild: »Für Juden verboten.«

»Was heißt hier: ›Für Juden verboten‹? Ich bringe Sie vor Gericht! Wie heißen Sie?«

»Simeon Cohen.«

»Was? Ein Cohen! Schämen Sie sich nicht? Nach allem, was wir durchgemacht haben! Ein Jude als Antisemit!«

Darauf der Verkäufer ganz leise:

»Haben Sie das Eis schon probiert?«

***

Weinberg steigt alljährlich im Negresco ab, dem Grandhotel von Nizza. Für die Geschäftsführung ist er der liebste Gast im Jahr: Er reserviert die größte Suite, bleibt einen ganzen Monat und lädt täglich Freunde ein – ein glänzendes Geschäft!

Als er wieder einmal dort zu Gast ist, ruft er schon nach drei Tagen Aufenthalt den Etagenkellner zu sich und verlangt die Rechnung. Der Kellner informiert verblüfft die Direktion. Bestürzt eilt der Hoteldirektor auf Weinbergs Suite.

»Lieber Monsieur Weinberg, ich bin überzeugt, ein Irrtum: Ich habe gehört, Sie wollen das Negresco verlassen?«

»So ist es, bitte geben Sie mir sofort die Rechnung. Ich reise ab!«

»Also doch, Monsieur Weinberg! Aber was ist denn geschehen? Sind Sie mit dem Zimmerservice nicht zufrieden? Ich schicke sofort einen anderen Kellner!«

»Ich war mit dem Kellner zufrieden, aber ich reise ab!«

»Gefällt Ihnen die Suite nicht? Ich lasse sofort eine andere herrichten, Monsieur Weinberg!«

»Die Suite gefällt mir, aber geben Sie mir jetzt bitte die Rechnung!«

»Aber Monsieur Weinberg, wir kennen uns seit fünfzehn Jahren. Was ist geschehen?«

»Ich habe erfahren, daß Sie ein Antisemit sind!«

»Ich? Antisemit? Aber Monsieur Weinberg! Wie könnte ich? Doch nicht in der Hochsaison!«

9

Tod und Jenseits

Im jüdischen Humor ist nicht einmal der Tod tabu ... Doch ist das Thema mit einem gewissen Unbehagen behaftet. Schließlich weiß man ja nicht, wohin die Reise geht. Gen Eden oder in die Gehenna, die Hölle?
Sicher ist immerhin soviel, daß man auch im Jenseits Gesellschaft hat, Bekanntschaften schließt und Besuche macht, kurz, daß man sich auch dort nicht langweilt.

In Bagdad lebte einst ein Kalif mit seinem Wesir. Eines Tages erschien der Wesir blaß und bebend vor dem Kalifen:
»Verzeiht mein Entsetzen, Licht der Gläubigen. Vor dem Palast stieß ich in der Menge mit einer Dame zusammen. Kaum wandte ich mich um, erkannte ich an ihrem bleichen Gesicht, dem dunklen Haar und der roten Schärpe um ihren Hals, daß sie der Tod war. Als sie mich erblickte, gab sie mir Zeichen. Erlaubt mir, da der Tod mich hier sucht, weit weg ins ferne Samarkand zu entfliehen.«
Der Wesir stieg auf sein Pferd, sprengte im Galopp davon und verschwand hinter einer Staubwolke. Da trat der Kalif aus seinem Palast und begegnete ebenfalls dem Tod:
»Was erschreckst du meinen Wesir? Er ist noch jung und kerngesund!« fragte er.
Da antwortete der Tod:
»Ich wollte ihn nicht erschrecken. Ich war nur überrascht, ihn hier in Bagdad zu sehen; ich erwarte ihn doch für diesen Abend in Samarkand.«

***

Ruben liegt, umgeben von der ganzen Familie, auf dem Sterbebett. Mit letzter Kraft haucht er:
»Joseph, mein Sohn, ist er hier?«
»Ja, Vater, ich bin bei dir.«
»Und ist meine liebe Frau Sarah hier?«
»Ja, mein armer Ruben, ich bin bei dir.«
»Und ist mein Bruder Juda hier?«

»Ja, ich bin bei dir.«
»Und sind meine Lieblinge Dina und Ephraim hier?«
»Ja, Vater, wir sind bei dir.«
»Dann seid ihr alle hier?«
»Ja, beruhige dich, wir alle sind bei dir.«
»Und wer kümmert sich dann um den Laden?«

***

Der achtzigjährige Joseph ist angefahren worden und liegt schwerverletzt auf dem Gehsteig. Ein herbeigeeilter Polizist ruft sofort einen Notarzt und einen Priester.
Der Pfarrer, der als erster zur Stelle ist, sieht sofort, daß dem Mann das letzte Stündlein geschlagen hat. So murmelt er die Fragen:
»Glaubst du an die Heilige Dreifaltigkeit, an den Vater, den Sohn und den Heiligen Geist?«
Joseph hebt mit letzter Kraft den Kopf, öffnet die Augen und sagt zu den Umstehenden:
»Ich liege sterbend am Boden, und er stellt mir dumme Fragen.«

***

Der Notar verliest den letzten Wunsch des Verstorbenen:
»Meiner Frau Hanna vermache ich die Hälfte meines Besitzes. Von der verbleibenden Hälfte geht je ein Drittel an jedes meiner drei Kinder. Und an meinen Schwager, dem ich eine Erwähnung in meinem Testament versprochen habe, richte ich folgende Worte: ›Hallo, Jojo, sei mir herzlich gegrüßt.‹«

***

Ein Armer bewundert auf dem Friedhof die prachtvoll geschmückte marmorne Gruft des reichsten Mannes der Stadt. Er schüttelt den Kopf und murmelt vor sich hin:
»Ja, das nenne ich die wahre Kunst zu leben!«

***

Ein Mann beantragt einen Kredit für die Beerdigung seiner verstorbenen Frau.
»Aber Sie haben doch schon vor drei Jahren von uns einen Kredit für die Beerdigung Ihrer Frau erhalten.«
»Ja, aber ich habe wieder geheiratet.«
»Das wußte ich nicht. Mazel tov!«

***

Ein armer Alter schleppt tief gebeugt eine schwere Last die Straße entlang. Als es steil bergauf geht, verlassen ihn die Kräfte. Er keucht laut und beugt sich noch tiefer hinab, bis schließlich seine Last zu Boden fällt. Da jammert er:
»Ich habe das Leben satt! Möge doch der Tod mich holen!«
Kaum gesagt, erscheint vor ihm der Tod:
»Du hast mich gerufen? Was willst du?«
»Ja, hilf mir, die Last wieder auf meinen Rücken zu laden!«

***

Ein Ehepaar, beide um die fünfundachtzig Jahre und sehr rüstig, kommt bei einem Verkehrsunfall ums Leben. Staunend treten sie ins Paradies ein: Alles ist aufs beste bestellt, die Sonne scheint, niemand sorgt sich, man nimmt sie freundlich auf, die Menschen sind liebenswürdig und sympathisch. Die beiden fühlen sich auf Anhieb wohl. Der Mann wendet sich zu seiner Frau:
»Herrlich, nicht?«
»Einfach wunderbar!«
»Ja, und ohne deinen Gesundheitskram hätten wir das schon vor dreißig Jahren haben können!«

***

Schlomo, ein beliebter Kellner in einem gutgehenden Restaurant, ist gestorben. Über ein Medium versuchen die Stammgäste zu dem Verstorbenen Kontakt aufzunehmen.
»Klopft auf den Tisch«, befiehlt das Medium, »so wie ihr ihn damals im Restaurant gerufen habt. Dann wird er sich bemerkbar machen.«
Alle am Tisch klopfen vorsichtig auf das Holz. Kein Zeichen, nichts. Sie klopfen erneut und diesmal lauter. Wieder nichts. Dann noch lauter, aber immer noch nichts. Schließlich rufen sie den Kellner beim Namen, worauf dieser tatsächlich erscheint.
In der gespannten Stille wagt einer sich vor: »Schlomo, warum bist du uns nicht gleich erschienen?«
»Das war ja nicht mein Tisch!«

***

Ein Mann, der auf ein erfülltes Leben voller guter Taten zurückblickt, erhält Einlaß ins Paradies. Erstaunt stellt er fest, daß er fast völlig allein ist. Am ersten Tag erhält er zum Frühstück nur Wasser und Brot. »Gewiß werde ich einer Prüfung unterzogen«, sagt er sich, »ob ich würdig bin, im Paradies zu verweilen.«
Zum Mittagessen gibt es erneut Wasser und Brot, und so auch am Abend. Geduldig bescheidet sich der einsame Gast im Paradies mit Wasser und Brot.
Auch am zweiten und am dritten Tag ist das Mahl das gleiche. Und nach einer Woche – schon glaubt er die Prüfung erfolgreich bestanden zu haben – blickt er zur Hölle hinab und entdeckt Unglaubliches: Inmitten eines riesigen Gedränges von Menschen schuftet den ganzen Tag ein Koch und zaubert dampfende Braten, Steaks, Grillhähnchen, dicke Suppen und knackige Gemüse hervor; überall türmen sich Kuchen und köstliches Obst, allenthalben stehen Flaschen mit erlesenen Weinen, Likören und Spirituosen. Da wird es dem Gast im Paradies zuviel. Er geht zum Wächterengel und fragt:

»Entschuldige, Wächterengel, darf ich dir eine Frage stellen?«
»Selbstverständlich, lieber Freund.«
»Eines verstehe ich nicht: Hier ist das Paradies, aber unten in der Hölle wird geschlemmt und geschmaust, während ich bei Wasser und Brot sitze!«
»So ist das eben! Bei einem so schwachen Andrang lohnt es sich nicht, den Herd anzuwerfen!«

***

Der Besitzer einer Kaufhauskette wird unter großem Gepränge zu Grabe getragen. Ein schäbig gekleideter Trauergast weint zum Steinerweichen.
»Sind Sie ein Angehöriger?« fragt ein anderer Trauergast betroffen.
»O nein!« sagt er und bricht wieder in Tränen aus.
»Ja, warum weinen Sie dann?«
»Eben deshalb!«

***

Mit Schimon geht es zu Ende. Er ruft seinen Sohn:
»Jakob, es duftet nach Apfelstrudel! Sag deiner Mutter, bevor ich sterbe, will ich noch ein Stück.«
Jakob eilt in die Küche und kehrt sogleich wieder zurück:
»Mutter sagt, es geht nicht. Der Strudel ist für das Leichenbegängnis!«

***

Ruben ist gestorben. Im Paradies wird er von einem Engel empfangen und erhält sogleich eine Führung.
»Sie werden sehen, daß die Seelen hier nach Gruppen getrennt leben: Hier sehen Sie Seelen aus Marrakesch ...«
»Sehr erfreut!«
»Und hier nebenan aus Warschau ...«
»Sehr erfreut!«

»Und hier Seelen aus Marseille ...«
»Guten Tag!«
»Und diese Seelen daneben sind aus Tel Aviv ...«
»Angenehm!«
»Dort hinten sehen Sie die Seelen der Sippe Lubawitsch ...«
»Freut mich, Sie kennenzulernen.«
»Und jetzt bitte ganz leise: Dort hinten sitzen Mitglieder der Sekte der Neture Kartha ...«
»Und warum ganz leise?«
»Die meinen, sie seien allein hier ...«

* * *

Der Papst ist in den Himmel gekommen. Geduldig wartet er auf einen standesgemäßen Empfang, aber keiner beachtet ihn. Und das dem Papst!
Schließlich tritt er vor den Thron Gottes und flüstert:
»Lieber Gott! Hier bin ich! Ich bin es, der Papst!«
»Ach so? Der Papst? Und wer bist du gleich noch?«
»Aber ... der Nachfolger Petri! Der Stellvertreter Christi auf Erden! Das geistliche Oberhaupt der Christenheit!«
»Der Christenheit?«
»Ja, aber du wirst dich doch wohl noch erinnern: Maria, Bethlehem, dein Sohn Jesus, das Kreuz ...«
»Was war das für eine Geschichte? ... Ach ja! Richtig! Jetzt fällt es mir wieder ein! Das hatte ich vor zweitausend Jahren inszeniert. Geht das denn immer noch?«

* * *

In einer eisigen Sturmnacht im Winter spürt der alte Jakow, daß es zu Ende geht. Er bittet seine Frau:
»Rasch, lauf zum Pfarrer. Sag ihm, er soll sofort kommen.«
»Der Pfarrer, Jakow? Du sprichst im Wahn! Du meinst den Rabbiner!«
»Nein, ich meine den Pfarrer. Bei so einem Sauwetter hole ich doch den Rabbiner nicht aus dem Haus!«

***

David und Ephraim, zwei üble Gauner, streiten sich, wer von beiden gerissener ist. Schließlich sagt David zu Ephraim:

»Du mußt bestimmt nicht befürchten, daß du nach deinem Tod ins Paradies kommst.«

»Daß du dich bloß nicht täuschst! Ich komme in den Himmel.«

»Kommst du nicht!«

»Und ob! An der Himmelspforte schiebe ich das Tor auf, blicke hinein und schließe es wieder. Dann schiebe ich es wieder auf und schließe es wieder. Und dann noch einmal und noch einmal. Und irgendwann wird es dem Wächterengel zu bunt, und er schreit: ›Jetzt rein oder raus, und dann Schluß!‹ Und dann gehe ich hinein.«

***

Ein Bösewicht fährt nach seinem Tod direkt zur Hölle. Nach zwei Wochen Höllenqualen erblickt er das Licht der Gerechtigkeit und Güte und beginnt zu bereuen. Daraufhin wird er ins Paradies geschickt. Zwei Wochen lang genießt er den Aufenthalt in vollen Zügen. Dann aber fährt er erneut zur Hölle hinab. Sofort beschwert er sich:

»Wieso werde ich aus dem Paradies gejagt? Ich war doch schon in der Hölle und habe bereut!«

Darauf ein Engel:

»Im Paradies warst du, weil dein Sohn auf deinen Namen Spendenschecks ausgestellt hat.«

»Na also!«

»Ja, aber nach zwei Wochen sind sie zurückgekommen! Sie waren nicht gedeckt!«

***

Bialik, einer der größten Dichter Israels, sagte einst zu einem frommen Freund:
»Wir kommen beide nicht in die Hölle, und weißt du, warum?«
»Nein, warum?«
»Weil du es nicht verdienst, und weil ich an die Hölle nicht glaube.«

***

Auf dem Grabstein eines Hypochonders:
»Ich habe es ja schon immer gesagt!«

Titel der französischen Originalausgabe
La Bible de l'humour juif
erschienen 1995 bei Editions Ramsay, Paris

ISBN 3-7918-1160-6

Umschlaggestaltung und typographische Gestaltung:
Bernd & Christel Kaselow, München
Gesetzt aus der Adobe Garamond
Druck und Bindung:
Graphischer Großbetrieb, Pößneck

Frank Farelly
Frannies Welt
Eine Kindheit in Missouri

ISBN 3-7918-2540-2

Ein Kind entdeckt die Welt, und die Frische und Unbekümmertheit, mit der es das tut, berührt uns seltsam vertraut. Zu Frannies Welt gehört die große elterliche Farm mit dem Wald, dem Fluß, den vielen Tieren, den elf Geschwistern, der Schule, den Freunden – und Gott gehört dazu. Mit Gott spricht er, Gott fragt er, über Gott denkt er nach, und kommt zu den erstaunlichsten Schlüssen.

Quell Verlag Stuttgart

Yitta Halberstam/ Judith Leventhal (Hg.)
Auch du darfst an Wunder glauben
Wahre Geschichten
ISBN 3-7918-1210-6

Auch du darfst an Wunder glauben! Das ist die Botschaft, die Yitta Halberstam und Judith Leventhal in ihren wahren Geschichten erzählen: Geschichten vom Wiederfinden einer großen Liebe, von »blinder« Hilfe, von Rettern in Not und vielen anderen seltsamen Begebenheiten und Wundern, wie sie jeder, der dafür bereit ist, selbst auch erleben kann.

Quell Verlag Stuttgart

Yitta Halberstam/ Judith Leventhal (Hg.)
Jeder Tag ist voller Wunder
Wahre Geschichten
ISBN 3-7918-1211-4

Jeder Tag ist voller Wunder – das im eigenen Alltag zu erleben, dafür möchten Yitta Halberstam und Judith Leventhal ihren Lesern mit ihrer Sammlung wahrer Geschichten die Augen öffnen: mit Geschichten von der unglaublichen Erfüllung eines Wunsches, einer wundersamen Verwechslung, eines langen Umwegs zum Glück, einer ehrwürdigen »Ikone«, einer heißen Nacht und vielen weiteren seltsamen Begebenheiten und Wundern.

Quell Verlag Stuttgart